荒木隆人[著]
Araki Takahito

カナダ連邦政治と
ケベック政治闘争

憲法闘争を巡る政治過程

法律文化社

目　　次

はじめに …………………………………………………………………… 1

序　章　問題提起 ………………………………………………………… 9
　1　連邦制とマルチナショナル連邦制　9
　2　マルチナショナル連邦制とカナダ政治の基本的問題　12

第1章　ケベック問題の所在 …………………………………………… 19
　1　ケベック問題の歴史的背景　19
　2　ケベック問題の社会・経済的背景　28
　3　トルドーとレヴェック――ケベック問題への異なる対応　35

第2章　憲法闘争の第1幕 ……………………………………………… 47
　　　　――3つの憲法構想を巡る憲法闘争
　1　ケベックにおける「特別の地位」の構想期　47
　　1　ライアンの「特別の地位」構想　51
　　2　ケベック自由党の「特別の地位」　54
　　3　レヴェックの「主権連合」　56
　　4　トルドーの連邦制論　58
　2　ケベックにおける「特別の地位」の瓦解期　62
　　1　1968年の連邦・州憲法会議におけるケベック州政府の見解　62
　　2　「公正な社会」――「特別の地位」への反発　65
　　3　「特別の地位」の撤回　68
　3　小　括　75

第3章　憲法闘争の第2幕 ……………………………………………… 81
　　　　――ケベック言語法を巡る政治闘争
　1　フランス語憲章の制定前史　82
　2　フランス語憲章の考察　86
　3　フランス語憲章の各論の考察　94

4　小　　括　99

第**4**章　憲法闘争の第 3 幕 ……………………………………… 105
　　　　　──カナダ1982年憲法および人権憲章制定を巡る憲法闘争
　　1　トルドーの憲法改正案とケベック州政府の立場　105
　　　1　トルドーの憲法改正案　109
　　　2　権利の概念についてのケベック州政府の立場　112
　　　　　──1975年におけるケベックの人権憲章を巡る議論
　　2　カナダとケベックの間の人権憲章を巡る闘争　119
　　　　　──1980年および1981年の連邦・州憲法会議を中心に
　　　1　1980年の連邦・州憲法会議　119
　　　2　1981年の連邦・州憲法会議　136
　　　3　憲法闘争の総括──トルドーとレヴェックの対決の意味するもの　145

第**5**章　カナダ憲法闘争の今日的意義 ………………………… 163

結　論 ……………………………………………………………… 175

　あとがき
　参考文献
　索　引

【カナダおよびケベック州全図】

This is a royalty free image that can be used for your personal, corporate or education projects. It can not be resold or freely distributed, if you need an editable PowerPoint or Adobe illustrator version of this map please visit www.bjdesign.com or www.mapsfordesign.com. This text can be cropped off. ⓒCopyright Bruce Jones Design Inc. 2009

©2000-2006 Her Majesty the Queen in Right of Canada, Natural Resources Canada
Sa Majesté la Reine du chef du Canada, Ressources naturelles Canada

This is a royalty free image that can be used for your personal, corporate or education projects. It can not be resold or freely distributed, if you need an editable PowerPoint or Adobe illustrator version of this map please visit www.bjdesign.com or www.mapsfordesign.com. This text can be cropped off. ©Copyright Bruce Jones Design Inc. 2009

出所：http://www.freeusandworldmaps.com

はじめに

　多様なネイション（nation）の共存を志向するマルチナショナル連邦制論（multinational federation）は、近代の国民国家論の再検討を志向する諸々の研究において今日広く議論されるようになっている。このようなマルチナショナル連邦制論の源流の1つが、カナダ連邦政府とカナダ連邦内の1つの州であるケベック州との1982年憲法闘争の中での論争から生じたものである。本書はこの憲法闘争を検討し、さらにこの憲法闘争の渦中に登場したケベック州政府の独自の人権理解、とりわけ言語権の主張の政治的な特徴を明らかにすることで、マルチナショナル連邦制を巡る見解に新たな像を提示しようとするものである。より具体的に述べれば本書の課題は、1967年から1982年に至るカナダ憲法闘争の政治過程分析を通じて、カナダにおけるケベック問題の本質を明らかにすることである。

　人口約3500万のカナダの東部に位置するケベック州は、州人口が約820万人であり、その約80％がフランス語系である。この州では、20世紀に入り産業化が進展した後も、経済は英語系カナダ人や外国資本（とりわけアメリカ合衆国資本）の手に握られていた。ところが、1960年に、ケベック州で近代化の改革が開始されると、フランス語系カナダ人の中から、経済的にも文化的にも州内において主要な立場を獲得するべきであるという主張が高まった。こうしたフランス語系カナダ人の主張は、さらに明確な政治的な方向をとることになった。すなわち、ケベック州はカナダの他州と同じではなく、フランス語系カナダ人のネイションを代表する「特別の地位（statut particulier）」をもつ州であるという政治的な主張や、ケベックが残りの諸州からなるカナダと国家連合を形成

I

する「主権連合（souveraineté-association）」の主張が登場した。

　1982年には、かつての宗主国であるイギリスから憲法改正権を獲得する、いわゆる憲法移管を目的として、新たに1982年憲法が制定された。しかしながら、この憲法は、ケベックの政治的主張を承認するものではなく、代わりに、新たにカナダ連邦国家全体に拘束力をもつ、個人の権利の保障を中心とする「権利および自由のカナダ憲章（Canadian Charter of Rights and Freedoms）」という名称の人権憲章（以下「カナダ人権憲章」と呼ぶ）を制定することになった。全体的に観て、この憲法は個人の権利の保護を優先する性格のものであったと言われている。確かに、1982年憲法は、先住民の権利保護の規定にみられるように、集団的権利を承認している面もある。[6] しかし、この憲法にはケベック州を特別の権限をもつ州とする規定は一切盛り込まれることがなかったため、ケベック州はこの憲法の批准を拒否した。他方で、1982年憲法に対しては、この憲法はケベック州が承認せずとも、その効力はケベック州にも及ぶとするカナダ最高裁判決が出されている。しかしながら、カナダ国家の人口の24％を占めるケベック州が憲法を承認していないということは、国家秩序の正当性にとって甚だしく大きな問題である。

　ケベック州の憲法非承認という事態を解決するべく、カナダ連邦政府によって1987年のミーチレーク協定（Meech Lake Accord）が提起された。この協定によって、ケベック州がカナダの中で独特の社会を構成していることを承認するという「独特な社会（distinct society）」条項の主張を含む、新しい連邦構想、すなわちマルチナショナル連邦制の特徴をもったカナダ連邦の構想が一時は承認されるかのような情勢となった。しかし、このミーチレーク協定は英語系の2州、マニトバ州とニュー・ブランズウィック州の州議会において賛同を得られず流産に終わった。その2年後、1989年に開かれたシャーロットタウン協定（Charlottetown Accord）でも合意に至ることがなかった。[7] 1997年には、カルガリーにおいて、ケベック州首相ルシアン・ブシャール（Lucien Bouchard）を除く各州首相とジャン・クレティエン（Jean Chrétien）連邦首相は「フランス語系多数派やその民法の伝統を含むケベック社会の独特な性格」を認める宣言を発する（カルガリー宣言）。また、2006年には、連邦議会は「ケベック人は

はじめに

統一カナダの中でのネイションを形成している」という決議を行っている。しかしながら、注意すべき点は、これらの決定は、憲法的性格をもつものではないという点であり、さらに、連邦制の原理に関しては、州間平等の原理にたっておりケベックに特別な権限を与えるのではないという点である。その意味では、連邦政府側からするこれまでの対応の中で、ミーチレーク協定がマルチナショナル連邦制を実現する最も憲法的な方策であった。

　それでは、なぜミーチレーク協定が失敗したのであろうか。その主要な理由は、英語系のカナダ人が、ミーチレーク協定に組み込まれた「独特な社会」条項を、1982年憲法に組み込まれたカナダの人権憲章に象徴される、個人の権利の優越の原理に反するものと考えたからである。すなわち、ケベック州にフランス語の言語使用権に代表される特別な権限を付与することは、1982年憲法の中核をなしている個人の権利の優越を定めた人権憲章の原理に反するという批判が提起された[8]。

　それでは、ケベック州はなぜフランス語を唯一の公用語とする主張を行うのであろうか。その理由として、まず第1に、ケベック社会に独特な歴史的かつ社会経済的背景を挙げることができる。ケベック州にとって言語権の主張は、法的問題であると同時に、生活全般におけるフランス語の使用によって保障される、ケベック市民の尊厳に関わる問題であった。それゆえ、もしもフランス語の優越的使用を主張する言語権への批判が、フランス語系ケベック人に対する英語系カナダ人の主要な批判の根幹であるとするならば、カナダの連邦制の正当性を巡る問題は、英語系カナダ人が主張する個人主義的な人権の権利と、フランス語系ケベック人が主張する言語権に代表される、ある意味で集団主義的な権利の対立の問題であると解されてもよいであろう。事実、ハーバード大学ケネディ行政大学院で人権論やカナダ政治を講じた政治学者であり、2009年から2011年までカナダ連邦自由党党首を務めたマイケル・イグナティエフ（Michael Ignatieff）も、カナダの国家体制の正当性を巡る問題は、個人主義的な権利と言語の使用権に象徴される集団主義的な権利の対立の問題であると主張している。イグナティエフは以下のように述べる。「不幸なことに、1968年以来のカナダの政治史は、平等な処遇と個人的権利を享受するためには多数派（英

3

語系カナダ人—筆者加筆）に同化しなければならないという考え方を多数派が捨てるのをしぶってきた歴史として語られる。というのも、個人と集団の関係をどうするかがこの国をまとめ上げるための鍵だと考えられているからである……政治的共同体はどのように運営されるべきかを巡って２つの相反する見方の間で対立が繰り返されてきた。一方は個人の権利（individual rights）を優先する見方であり、他方は集団的権利（collective rights）を優先する見方である[10]」。

　ミーチレーク協定において、英語系の諸州に「独特な社会」条項への反対を促したのは、カナダ人権憲章の作成者であるピエール・E・トルドー（Pierre Elliott Trudeau）カナダ連邦首相である。彼は、個人の権利を擁護する立場にたち、ケベックの言語法を反自由主義的であり、ケベック社会は非自由主義的な社会であると批判した[11]。

　ケベック州の主張を集団主義的な権利主張であり、英語系の諸州の主張を個人主義的な権利主張であるとする上記のような２分法的理解は今日のカナダの政治的言説において決して珍しいことではない。このような２項対立的理解に対して、本書はケベック州の知識人および政治指導者の人権（言語権）に関わる主張を明らかにすることで、ケベック社会を集団主義的な原理が優越する社会であるという通説に再考を促し、もって不均等連邦制、より一般的にはマルチナショナル連邦制を巡る議論に新たな問題提起を行おうとするものである。

　ここで本書の副題にある「憲法闘争（Constitutional Conflict）」について定義しておきたい。1867年にカナダはイギリス帝国の「自治領（Dominion）」として成立した。その後、徐々に外交権や自国の最高裁判所の設立など、政治的権限を獲得してきたが、憲法改正権限がまだイギリス議会に残されていた。憲法を自国に取り戻すための試みは、イギリスからの憲法移管（patriation）[12]と呼ばれるが、この憲法移管の様式を巡って、1927年にマッケンジー・キング（Mackengie King）連邦首相が憲法会議を開催して以来、憲法会議が断続的に開かれてきたが、合意に至ることがなかった。この事態に変化が生じるのは、1960年代後半、ケベック州におけるモントリオール大学の憲法学者であったトルドーが連邦政界入りを果たしてからである。1967年以後、連邦司法大臣に就任したトルドーはこの憲法移管事業に、個人の権利を中核とするカナダ人権憲章を組

み入れることを提起し、積極的に移管事業を展開し始めた。それゆえ、1967年から1982年のカナダ憲法制定までのカナダの政治上の主要な争点は、憲法問題であったと言ってもいいであろう。また、この1982年の憲法は、現在のカナダの国制を、個人の権利の優越する国制に転換するという歴史的転機をもたらしたと言われている。したがって、本書では、この時期（1967年から1982年まで）におけるカナダ連邦政府とケベック州政府の憲法問題を巡る争いを憲法闘争とする。本書の構成を示すと以下のようになる。

　序章では、本書の分析課題を設定する。まず、現在のカナダ国家の統合にとって最も重要なテーマである、マルチナショナル連邦制論の1つの形態である不均等連邦制論の展開について説明し、その関連において、不均等連邦制論についての先行研究を整理する。

　第1章では、これまで公刊された内外の研究書に依りながら、カナダにおけるケベック問題の発生と展開について検討する。マイノリティが、自らをネイションであると主張する背景には、その言語、歴史、さらには社会経済的背景が存在する。それゆえ、ケベック問題の背景を理解するには、歴史的な背景と社会経済的な背景の2面から検討することが欠かせない。したがって、1では、ケベック問題の歴史的な背景について検討する。2では、ケベック問題の社会経済的背景について検討する。3では、本書において主要な政治的アクターとなるカナダ人権憲章の制定者トルドーと、そのトルドーに対抗し、ケベック州の「言語法（フランス語憲章）」を制定したルネ・レヴェック（René Lévesque）の2人の人物の経歴を検討する。この2人の人物は、1960年代前半は共にケベックの未来を議論する同志であったが、激しい政治闘争の渦中において、全く異なる理論に基づいて、カナダ国制の将来をかけて争うことになった。彼ら2人の経歴を検討することは、第2章以下の本論の検討課題の理解にとって必要不可欠である。

　第2章では、1960年代後半のカナダ連邦とケベック州における主要な新聞、公刊された政党の資料、個人の回顧録等の資料を用いながら、憲法闘争の第1幕として、1960年代後半にケベックの独自性の主張を巡って交わされた2つの憲法構想の形成の過程を検討する。この憲法構想の1つは、不均等連邦制の構

想の端緒となる、ケベック自由党による「特別の地位」の構想であり、第2の構想は、後にケベック党を結成することになるレヴェックによる「主権連合」という国家連合の構想である。さらに、トルドー連邦政府はこれらの憲法構想に対し、国民国家の原理に基づくカナダ連邦制の維持を掲げたが、そのトルドーの構想の基本的内容を検討する。最後に、トルドーの憲法構想の中心が、連邦レベルでの2言語主義政策であったことが示される。トルドーの政策の中では、フランス語系住民の保護は連邦レベルでの2言語主義政策によって対応するものであった。

　第3章では、ケベック州議会の議事録を主要な資料として利用しながら、憲法闘争の第2幕として、ケベック州におけるフランス語の保護を定めたフランス語憲章の制定に関する検討を行う。1では、1977年に制定されたフランス語憲章が制定されるまでの前史を検討し、言語の使用権に関わる2つの潮流を紹介する。2では、フランス語憲章、とりわけその序文の内容を検討し、それが諸々の政治的闘争の過程で重大な修正が加えられたことを明らかにする。3では、フランス語憲章の各論を検討し、とりわけ、経済言語としてのフランス語使用権の確立の過程を明らかにする。

　第4章は、連邦・州憲法会議とケベック州議会の議事録を主な資料として用いながら、1982年の憲法制定を巡る闘争の最終章として、カナダ全州の首相が参加し討議した主要な2つの憲法会議を中心に検討する。ここでは、1982年憲法に導入された、カナダ人権憲章の制定を巡る連邦政府とケベック州政府の対立、特に、それぞれの政府の代表者トルドーとレヴェックの間で交わされた、連邦制の構造と権利の理解に関わる対立を検討する。

　第5章では、本書で検討したレヴェックの主張の今日の政治潮流からみた意義を検討する。特に、ベルギー、スペイン、イギリスにおける国内ネイションの政治的自己決定権を主張する運動に対して、レヴェックの議論が先進的な主張を行っていることを確認する。

　最後に、結論において、本書で明らかにした知見を改めて整理し、結びとする。

はじめに

1） 近年、ケベック州の研究者アラン・ギャニオン（Alain-G. Gagnon）らが中心となっ て、マルチナショナル連邦制についての国際比較研究を展開している。例えば、 Alain-G. Gagnon and James Tully, *Multinational Democracies* (Cambridge: Cambridge University Press, 2001)。また、Alain-G. Gagnon, Montserrat Guibernau and François Rocher, *The Conditions of Diversity in Multinational Democracies* (Montreal: IRPP, 2003) や、Michael Burgess and John Pinder（eds.）, *Multinational Federations*（London: Routledge, 2007）を参照。

2） Statistics Canada, 'Population by year, by province and territory,' http://www.statcan.gc.ca/tables-tableaux/sum-som/l01/cst01/demo02a-eng.htm（2015年1月16日参照）。

3） 「フランス語系カナダ人」とは、French speaking Canadians の訳語であり、カナダにおけるフランス語を第1言語とする人のことを意味する。この語は、フランス人を先祖とする「フランス系カナダ人（French Canadians）」とは必ずしも同義ではない。しかし19世紀までのケベックでは、フランス系カナダ人とフランス語系カナダはほぼ重なるとされる。以下、本書において、フランス語系・フランス系と言う場合、上記の意味で使用する。ただし、引用についてはこの限りではない。「フランス語系」と「フランス系」の訳語については、ジェラール・ブシャール（竹中・丹羽監修、立花・丹羽・柴田・北原・古地訳）『ケベックの生成と「新世界」』（彩流社、2007年）の89頁の注を参照のこと。

4） 2011年のケベック州政府の人口統計において、ケベック州の全人口は781万5955人。そのうち、フランス語話者が624万9080人（州全人口の80％）、英語話者が76万7415人（9.8％）、フランス語・英語以外の話者が55万4400人（7.1％）である。http://www.stat.gouv.qc.ca/regions/recens2011_reg/langue_logement/lan_psp_reg.htm.（2013年12月4日参照）。

5） 「ネイション（英語）」、「ナシオン（フランス語）」の訳語としては、「民族」、「国民」あるいは「国家」などが考えられるが、ここでは英語読みをそのまま用いる。本書の文脈においては、一定の文化および言語の共通性に基づいて政治的な自己決定権を主張する集団を意味すると解している。ケベックの政治史において、最も重要な問題はこの自己決定権の範囲をどのように規定するかであった。

6） 時の首相であり、憲法の制定者であるトルドーは、後に述べるように、非常に強固な個人主義的自由主義者であり、その点からみれば、彼が1982年憲法において先住民には集団権の付与を認めたことはトルドーの政治理念からすれば、かなりの譲歩であったと言える。新川敏光「カナダ多文化主義と国民国家」『法学論叢』166巻6号（2010年3月）、52-53頁。

7） 結果的には、最終的に英語系2州の反対によって、ミーチレーク協定は潰えたが、この2州の反対の背後には、英語系カナダ住民の広範な反対があったとステファン・ディオン（Stéphane Dion）は主張する。例えば、1990年3月18日のギャラップ世論調査によれば、英語系カナダ人（Canadian English speakers）のうち19％のみがミーチレー

ク協定支持であり、51％が反対であった。反対に、フランス語系カナダ人（French Speakers）では、41％が支持、19％が反対であった。Stéphane Dion, 'Explaining Quebec Nationalism', in Kent Weaver (ed.), *The Collapse of Canada* (Washington: The Brookings Institution, 1992).
8) *The Globe and Mail*, June 8, 1990.
9) Michael Ignatieff, *The Rights Revolution* (Toronto: Anansi, 2007), p. 63.
10) *Ibid.*, p. 69.
11) *Cité libre*,《Entretien avec Pierre Elliott Trudeau》, (vol. 26 no. 1, 1998), pp. 104-105.
12) Patriationとは、カナダ政治史の文脈で、イギリス議会から憲法改正権を獲得することを意味する。Patria（祖国）化するという意味を含んでいると言えよう。
13) ピーター・ラッセルは、1967年にトルドーが憲法構想を提起した時点から、カナダにおいては他の政治的問題よりも憲法問題が重要な課題になった「メガ憲法政治（Mega constitutional politics）」が始まるとしている。カナダの憲法制定を巡る問題の頂点は1982年憲法の制定である。1987年のミーチレーク協定や1992年のシャーロットタウン協定もメガ憲法政治の継続であると言えるが、それらも1982年憲法の改正を目指すものであったことを考慮すれば、とりわけ1982年憲法がカナダ政治にもった意味がいかに大きいかを理解できよう。Peter Russell, *Constitutional Odyssey: Can Canadians become a Sovereign People? Third Edition* (Toronto: University of Toronto Press, 2004).
14) 確かに、1982年憲法には、個人の権利だけでなく、言語権や先住民の権利など、集団に権利を付与するような規定も存在する。しかし、先住民の権利を例外として（それですら、最も大きなネイションであるケベックには、何ら集団的な権利は認められていない）、言語権は個人を主体として与えられたものである。それゆえ、全体としてみると、テイラーが述べるように、1982年憲法は、個人の権利の保護を優先する憲法という観念が世論において一般的である。Charles Taylor, "Shared and Divergent Values", in *Reconciling the Solitudes* (Montreal/Kingston: McGill-Queen's University Press, 1993), p. 172. また、以下の文献も参照。Alain-G. Gagnon and Raffaele Iacovino, *Federalism, Citizenship, and Quebec: Debating Multinationalism* (Toronto: University of Toronto Press, 2007), pp. 37-38.

序章

問題提起

1　連邦制とマルチナショナル連邦制

　本節では、本書での議論の中心となるマルチナショナル連邦制の検討に先立ち、マルチナショナル連邦制論についての先行研究を検討した上で、本書での検討課題を提起する。

　現在、ヨーロッパや北米において、カタルーニャ、バスク、フランデレン、スコットランド、ウェールズ、そしてケベックという地域では、既存の中央政府に対して、国家内ネイション（internal nation）／マイノリティ・ネイション（minority nation）の自己決定権を主張する運動が生じている。これらの現象は、従来の政治学理論の主流であった、1つのネイションに基づいて国家が建設されるという国民国家の議論、つまりネイション・ステート（Nation State）の原理に対する挑戦であると言うことができる。彼らは、それらの国家内ネイション／マイノリティ・ネイションの自己決定権を基礎づけるために、マルチナショナリズム（multi-nationalism）の理念を提起する。それは、2つ以上のネイションが1つの政治体の下で共存しうるような国家のあり方である。

　ところで、この構想は、今日、政治学の多くの文献で語られる多文化主義／マルチカルチャリズム（multi-culturalism）とは異なる政治的内容を提起している。マルチカルチャリズムは、移民集団の文化だけでなく、ゲイやレズビアンなどの同性愛者の文化をも含むような全ての文化集団とネイションに関わる集団を等しく扱い、それらへの連邦政府の文化支援を意味する。しかし、このよ

うな文化支援を中心とする政策的対応は、国家内のネイションの政治的次元での保護という目的には役立たない[2]。

　マルチナショナリズムが制度的に構想される場合、第1に想起されるのが、連邦制による枠組みである。そもそも連邦制の思想である連邦主義の本質は、権力の集中を否認し、連邦を構成する単位に自治を保障しながらも、1つの国家システムを創り維持しようとする理念である[3]。この連邦制が各構成単位に付与する自治、あるいは自己決定権を国内ネイションに付与することで、マルチナショナル連邦制が成立する。しかしながら、全ての連邦制がマルチナショナリズムの理念に適合的であるというわけではない。その点を明らかにするために、カナダの政治学者フィリップ・レズニック（Philip Resnick）の連邦制の2類型を参照してみることにしよう。第1の類型は国民国家的な思想をもつ連邦制である領域的連邦制（territorial federalism）である。これは1つのネイションからなる連邦制である。この場合は、自治は住民や地域に付与され、連邦制の意義は機能的な面や民主主義的な側面から語られることが多い[4]。例としては、アメリカ合衆国やドイツ連邦共和国の連邦制である。それに対して、マルチナショナリズムの思想を基盤とするのが、マルチナショナル連邦制である[5]。マルチナショナル連邦制の理念は、連邦制内に存在する国内ネイションへの政治的あるいは憲法的承認や自治などの制度的保障を行うことを前提とする。

　マルチナショナリズムの思想に基づく州の形成原理と、領域的連邦制の思想に基づく州の形成原理が1つの国家の中で同時に共存する場合、不均等な形で権限が配分される連邦制が生じる。すなわち、領域的な連邦制の原理で構成された州と、ネイションを単位とした州が1つの国家の中に存在する場合、ある特定のネイションを単位とした州が、それ以外の州に対して、特別な権限を主張する理由があるとされる。そのような制度は、権限がネイションを単位とした州に不均等な配分がなされるという意味で、不均等連邦制（asymmetrical federalism）と定義される。

　1980年代後半から活発になったカナダの不均等連邦制を巡る議論において、理論的な貢献を行った著名な政治理論家として、カナダの政治理論家チャールズ・テイラー（Charles Taylor）とウィル・キムリッカ（Will Kymlicka）を挙げ

ることができる。テイラーは、個人がそれぞれ属するナショナルな集団の中でそれ固有の言語を対話の手段として使いながら、相互に意思疎通することを可能にする不均等連邦制こそが近代の社会的断片化を押しとどめる国家制度であると考える[6]。

　キムリッカも、人間の選択の自由というものは各人の所属するナショナルな集団、すなわち社会構成的文化（Societal culture）の中でこそ育くまれるとした。彼らにとって、不均等連邦制は、マイノリティ・ネイションの政治的・憲法的承認にとって不可欠な制度なのである[7]。マルチナショナル連邦制の観点からすれば、ケベックの「特別の地位」や「独特な社会」の要求をカナダ連邦政府は受け入れるべきであるとされる。すなわち、「ネイションに基づく構成単位」であるケベック州は、政治的に自己統治する社会としてのナショナル・マイノリティの権限を享受し、他方で、「領域に基盤をおく構成単位」であるその他の英語系の諸州は、領域的な基盤に基づき、連邦的な分権的権限を享受する、とされる[8]。

　テイラーもキムリッカも、この不均等連邦制論を、国民国家論に代わる新たな国家制度論として提起しているのであるが、不均等連邦制の実現方法については、論者の間で様々な見解の相違が存在している。1つの見解は、1867年の英領北アメリカ法や1982年憲法などの憲法体制（宗派学校についての規定や、英語とフランス語の使用についての規定）や連邦政府との個別の政治的協定（ケベック年金制度の設立）において、ケベック州は現在の体制の中でもある程度の不均等な権限を保持しているとする見解である。それゆえ、こうした見解からは、憲法改正よりも、具体的な個々の政策からのオプティング・アウト（選択的離脱）を通じて不均等連邦制を実現するのが望ましいとされる。例えば、ジェレミー・ウェバー（Jeremy Webber）[9]やステファン・ディオン（Stéphane Dion）[10]は、そうした見解を提示している。しかしながら、他方でアラン・ギャニオンやラファエル・イアコヴィーノ（Raffaele Iacovino）らの見解によれば、事実上の不均等連邦制は、その時々の政府間の力関係によって容易に撤回される危険性があり、非常に不安定であり、それゆえ、長期的に確実な権限の保障がなされるような憲法上の（法的な）不均等連邦制の実現が必要であるとされる[11]。

しかしながら、事実上の不均等連邦制論者も憲法的不均等連邦制論者も、先に述べたミーチレーク協定における失敗は、現在のカナダではケベック州に特別な権限を付与する不均等連邦制が十分に確立していないことを示す端的な現象であると指摘する点では見解を一致させている。[12]

　いずれにしても、不均等連邦制論は、カナダ・ケベックの政治的文脈の中で生まれた、注目すべき政治理論の1つである。また、その理論的深化にとって決定的な転換点となったのがミーチレーク協定の失敗という政治的事件であった。以下、カナダ・ケベックの政治と不均等連邦制論の発展との相関関係を検討してみよう。

2　マルチナショナル連邦制とカナダ政治の基本的問題

　1960年代半ば以降、とりわけ、1976年のケベック党による州政権獲得や、1980年に実施された「主権連合」に関わる州民投票、1980年代の連邦政府との憲法闘争を通じて、ケベック州は、積極的にケベックの「独自性」の憲法化を追求しようとした。しかし、1980年代の憲法闘争の後、トルドー連邦政府によって制定された1982年憲法では、ケベックの「独自性」に考慮が払われることはなく、逆に個人の権利の保障を謳ったカナダ人権憲章が、ケベックの同意なしで制定されるという事態になった。こうして「はじめに」で述べたように、この不正常な状況を解消するため、連邦政府はケベック州の5つの要求を受け入れた憲法協定であるミーチレーク協定を制定してケベック州を憲法内に再び包摂しようとした。連邦政府は、その中で、ケベック州を「独特な社会」であるとして、カナダ憲法の中に書きこむことを提案した。

　ミーチレーク協定の「独特な社会」条項の条文は以下のようである。

　　第二条1　カナダ憲法（Constitution of Canada）は、その理解において、以下の事項を承認するような解釈で首尾一貫しなければならない。
　　　　　(a)ケベック州に集中して居住しているが、その他のカナダにも居住するフランス語系カナダ人の存在、および、ケベック州以外に居住しているが、ケベック州にも居住する英語系カナダ人の存在は、カナダの基本的特性を構

成していること。
(b)ケベック州はカナダ国内において独特な社会（distinct society）を構成していること。
(c)カナダ政府および州議会の目的は1(a)項で確認されたカナダの基本的特徴を保護すること。
(d)ケベック州政府およびケベック州議会の役割は、1(b)項で確認されたケベックの独特なアイデンティティ（distinct identity of Quebec）を保護し、促進すること。[13]

　しかし、このケベックの「独特な社会」条項が、1982年のカナダ人権憲章の基本的権利と抵触するのではないかという危惧が、英語系カナダ人の間で広がった。つまり、ケベック州に住む英語系カナダ人の教育の言語や商業看板の言語の選択の自由が問題になった際、カナダ最高裁判所がこの「独特な社会」条項を根拠に、ケベック州に居住するフランス語系カナダ人の人々に有利な判決を行う恐れがあるとの主張がなされたからである。[14]

　このように、カナダ連邦制にマルチナショナル連邦制の原理を導入する際に大きな障害となるのが、カナダ人権憲章に象徴される個人の権利の優越の論理である。実際に、ミーチレーク協定において、ケベックの「独特な社会」条項に反対する英語系カナダ人の感情に大きな影響を与えたのが、1982年憲法の制定者であるカナダ連邦首相ピエール・トルドーであった。トルドーは、カナダ連邦がマルチナショナル化することを決して認めなかった。そうしたトルドーの態度は、彼が強固な個人主義的自由主義を信奉していたことと関係している。彼はケベック州でのフランス語の単一公用語化を主張した1977年のケベックの州法101号法に対して、公然と反対を表明していた。なぜならば、トルドーによれば、このケベックの言語法の中核的規定である「ケベックで生まれた英語系の親だけが子供を公立の英語学校に送ることができる」という規定は、他の州で生まれ、ケベック州に移住した英語系の親がその子供を公立の英語学校に送る権利を否定することになり、この規定は個人の選択の自由を侵害していると解釈されるからである。

　トルドーは、ケベックの言語法を批判するために、フランスの思想家エルネ

13

スト・ルナンの「いかなる者も歴史の奴隷ではない」という言葉を引用し、「人は言語を変えることができ、市民権ですら変えることができるのだから、人が言語を変える権利を共同体は侵害してはならない」と主張する。個人の選択の権利を奪うケベック言語法101号法は、自由の精神に基づく法律ではなく、攻撃的ナショナリズム、つまり他の人や集団を犠牲にするようなナショナリズムを生み出すものであるとトルドーは結論づける。[15]

　トルドーのこのような政治哲学を基礎づけているのは、個人の権利の優先的な承認である。彼は、共同体の観念を尊重するけれども、この共同体をなす個人の権利をそれ以上に尊重すべきものと主張する。そして、この1982年のカナダ人権憲章の制定は、彼が政治家になる以前から考えていた最も重要な課題であった。

> 私は、正義の社会と民主主義の社会を作りたかった。国、州、あるいは町において多数者が少数者を抑圧するならば、我々は正義の社会をもつことはできない、と私は思う。それゆえ、カナダの民主主義社会を完全なものにし、議会とその利益を完全なものにするためには、人権憲章を採択することが必要不可欠である、と私には思われた。[16]

　トルドーは、このように普遍的な個人主義を主張し、フランス語系カナダ人をネイションとするのではなく、政治的に単一のカナダ・ネイションを作り、国家統合を図ろうとした。さらにトルドーは、ケベック州のフランス語単一化を求める言語権の主張を、集団主義的な主張であり、個人の選択の自由を奪うものであるとした。[17]それゆえに、トルドーは、ケベック州に特別な権利を認めるような不均等連邦制は承認できないと主張したのである。ここにおいて、不均等連邦制、より一般的にはマルチナショナル連邦制を巡る1つの中心的テーマに行きつくことになる。すなわち、マイノリティ・ネイションにその言語の優越的使用を認めることは、当該の連邦制国家が保障する個人の普遍的権利と衝突することになりはしないかという問題である。この問題に対して十分に説得的な解決案がなければ、マルチナショナル連邦制は、カナダ全体を包摂する連邦制として、深刻な問題を残すことになるであろう。トルドーの主張もまた

序章 問題提起

ある意味でマルチナショナル連邦制に対する重大な問題提起であったと言えるであろう。

しかしながら、他方でケベック州の言語使用権を巡る権利主張に対するトルドーの理解は、カナダ・ケベックの政治過程の文脈に照らして有効な解釈であったであろうか。実際、もしもケベック州の言語権の主張が、トルドーの解釈するような集団主義的な権利観とは別の次元に立つ思考であったとするならば、不均等連邦制がケベック・ネイションの偏狭な集団主義を温存するのではないかという英語系カナダ人の危惧は杞憂に終わるかもしれないのである。つまり、ケベック州の言語権の正当化の論理が、個人の権利と集団の権利のバランスのとれた調整を行うものであるならば、ケベック人がネイションを維持・発展するために連邦制の中で特別な権限を要求する権利もまた、国家統合の制度としての連邦制の新しい可能性を開くものとして評価することも可能である、と思われるのである。

本書は、マルチナショナル連邦制が抱える基本的な問題、すなわちマイノリティ・ネイションの主張する言語権の主張と、個人の普遍的権利の主張との対立を調整するという可能性を吟味し、カナダ連邦とケベック州との間で交わされた政治的言説の応答を検討しようとするものであり、またそれを通じて、マルチナショナル連邦制論の理論的・実践的可能性を追求するための1つの基礎的な実証的政治過程分析を遂行しようとするものである。その際、主要な検討対象となるのは、第1に、ケベック州政府の憲法構想を、特に政治家の言説を通じて探求することである。第2に、ケベック州政府が1977年に作成したケベック州の言語法の性格を探ることである。最後に、1980年代のカナダ憲法制定を巡る憲法闘争の中でのカナダ全州の政治的代表者の言説を紹介し、またその中で、ケベック州政府が言語使用に関して如何なる権利観をもっていたかを探ることである。

また、本研究はカナダ・ケベックの憲法闘争に関する先行研究の不完全性を埋める目的ももっている。トルドーの連邦制構想については、英語系カナダ人の研究者ではケネス・マクロバーツ（Kenneth McRoberts）の著書 *Misconceiv-*

ing Canada[18]や、フランス語系カナダ人の研究者では、ウジェニー・ブルイエ（Eugénie Brouillet）の La Négation de la Nation[19]やギ・ラフォレー（Guy Laforest）の Trudeau and the End of a Canadian Dream[20]など、多くの先行研究がある。これらの研究は、1968年から1982年の一連の憲法闘争の中で行われた1つのネイションによる国家統合を図るトルドーの国家統合戦略を批判している。その際の批判の根拠は、1867年のカナダ連邦結成はフランス系カナダ人と英系カナダ人の契約によって成立したという2つのネイション論（詳細については後述）である。確かに、2つのネイション論という歴史的な視点は、不均等連邦制の必要性を喚起する役割を果たしたが、その2つのネイション論をケベック州が主張する新しい言語権の主張に結びつけ、不均等連邦制の正当性に資する論理は明らかではない。それゆえ、フランス語系ネイションの政治的自立志向がどのように言語権の主張と結び付くのかをケベック政治の文脈で検討する作業が必要である。しかし、ケベックの政治的言説の中で展開された、言語使用権の権利観や「主権連合」構想に関わる研究は、我が国はもとより、カナダにおいてもほとんどない[21]。本研究はこのような研究の間隙を埋めることになるはずである。

1) 例えば、ナショナリズムの代表的理論家アーネスト・ゲルナー（Ernest Gellner）もナショナリズム（Nationalism）を「政治的単位（国家）と民族的単位が一致すべきである原則」として定義づけたが、この点からも彼が近代的領域国家、つまりネイション・ステート（Nation State）の議論に立脚していたことを想起されたい。アーネスト・ゲルナー（加藤節監訳）『民族とナショナリズム』（岩波書店、2000年）。
2) Gagnon, Guibernau and Rocher, The Conditions of Diversity in Multinational Democracies, pp. vi-vii.
3) 岩崎美紀子『分権と連邦制』（ぎょうせい、1991年）、10頁。
4) モンテスキューによれば、連邦制は、市民により近い政治単位を創りだすことができ、民主主義に資するとした。シャルル・ド・モンテスキュー（野田良之他訳）『法の精神』（岩波書店、1989年）。また、ハミルトンらフェデラリストは、中央政府の圧政から市民の権利を守るという連邦制の民主主義的意義を強調する。Alexander Hamilton, James Madison and John Jay, The Federalist Papers with an introduction by Garry Wills (NewYork: Bantam, 1982), p. 317. A. ハミルトン、J. ジェイ、J. マディソン（斎藤眞、中野勝郎訳）『ザ・フェデラリスト』（岩波書店、1999年）、241頁。

5) Philip Resnick, "Toward a Multinational Federalism: Asymmetrical and Confederal Alternatives", in F. Leslie Seidle (ed.), *Seeking a New Canadian Partnership* (Montreal: IRPP, 1994), p. 71.
6) Taylor, *Reconciling the Solitudes*.
7) Will Kymlicka, *Finding our way: Rethinking Ethnocultural Relations in Canada* (Oxford: Oxford University Press, 1998), p. 141.
8) Will Kymlicka, "Multinational Federalism in Canada: Rethinking the Partnership", in Roger Gibbins and Guy Laforest (eds.), *Beyond the impasse toward reconciliation* (Montreal: IRPP, 1998), p. 23.
9) Jeremy Webber, "Chapter 7; An Asymmetrical constitution", in *Reimagining Canada: Language, Culture, Community, and the Canadian Constitution* (Montreal/Kingston: McGill-Queen's University Press, 1994), p. 281.
10) Stéphane Dion, 'Explaining Quebec Nationalism', pp. 102-103.
11) Gagnon and Iacovino, *Federalism, Citizenship, and Quebec*, pp. 166-172.
12) 以下のテイラーの見解と、ディオンの見解を参照。Taylor, "Shared and Divergent Values", pp. 170-171. Stéphane Dion, 'Explaining Quebec Nationalism', pp. 111-120.
13) Constitutional Amendment, 1987.
14) *The Globe and Mail*, June 8, 1990. および、以下の石川とウェバーの文献を参照。石川一雄『エスノナショナリズムと政治統合』(有信堂、1994年)。Webber, *Reimagining Canada*. p. 137.
15) *Cité libre*,《Entretien avec Pierre Elliott Trudeau》, pp. 104-105.
16) *Ibid.*, pp. 104-105.
17) *Ibid.*, pp. 104-105.
18) Kenneth McRoberts, *Misconceiving Canada: The Struggle for National Unity* (Toronto: Oxford University Press, 1997).
19) Eugénie Brouillet, *La Négation de la Nation* (Sillery: Éditions du Septentrion, 2005).
20) Guy Laforest, *Trudeau and the End of a Canadian Dream* (Montreal/Kingston: McGill-Queen's University Press, 1995).
21) 我が国では、石川一雄が『エスノナショナリズムと政治統合』において、ミーチレーク協定の政治過程を詳細に検討している。しかし、1960年代以来のカナダ・ケベック憲法闘争の過程でケベック州の言語使用権に関わる権利観がどのように展開され、それがケベック州の主張する憲法構想とどのような関係にあったかについての検討はなされていない。石川、『エスノナショナリズムと政治統合』を参照。

第1章

ケベック問題の所在

1 ケベック問題の歴史的背景

　本章では、ケベック州政府が憲法構想として「特別の地位」や「独特な社会」を主張するようになった歴史的背景を検討する。
　1534年、フランス人のジャック・カルティエ（Jacques Cartier）がセントローレンス川を遡り、現在のケベックの地に辿りつき、その地をフランス領と宣言し、「村落（kanata）」という意味の先住民の言葉から「カナダ（Canada）」と名づけたことが、カナダの始まりと言われる[1]。その後、フランスは、毛皮交易事業を発展させるために、ブルボン朝のアンリ4世（Henri iv）の下でサミュエル・ド・シャンプラン（Samuel de Champlain）を植民地に送り、その地を「ヌーヴェル・フランス植民地（Nouvelle-France）」と称して、植民地経営を開始した。この植民地では、フランス本国に範をとった伝統的な社会体制が構築された。その柱は、毛皮交易事業、カトリック教会と領主制である[2]。経済の中核は、ビーバーの毛皮の売買を主とする毛皮交易であった。毛皮交易を中心とする経済は、定住型住民を必要としなかったため、人口は1789年のイギリスによる「ヌーヴェル・フランス植民地」の征服まで7万人程度にとどまった。主たる居住者は、先住民にカトリック教を布教するために移住したカトリック神父、毛皮交易に従事する商人に限られた[3]。1664年に植民地の法体系として、フランス本国のパリ慣習法が導入された。
　18世紀の英仏植民地（フレンチ・インディアン）戦争に勝利したイギリスは、

1763年のパリ条約によって、フランスからカナダを獲得した。イギリスは「ヌーヴェル・フランス植民地」を「ケベック植民地」へと名称を変更し、植民地経営を開始した。イギリス本国は当初、植民地に留まったフランス系住民の英系住民への同化を考えていた。1763年にイギリス本国が発令した「国王宣言（Proclamation royale）」では、①イギリス国教会を植民地の教会とすること、②領主制の廃止、③英語を公用語とすることが宣言された。しかし、この「国王宣言」は実際に実施されることはなかった。その理由は、フランス系住民の人口に比較して、英系住民の人口の圧倒的な少なさやケベック植民地の南に位置するアメリカ13植民地の独立運動が活発になってきたことを考慮して、イギリスはフランス系住民に厳格な同化政策をとることに躊躇したからである。[4]

　このように、英系住民によるフランス系住民の同化の試みは、当時の政治状況により一定の修正がなされることになった。1774年、イギリスはフランス系住民に対する妥協として、カトリック教会の存続、および、フランス植民地時代から続く領主制の存続、また、フランス民法を認める「ケベック法（Acte de Québec）」の制定を遂行した。それ以降、ケベック州ではケベック法の保護の下で、イギリス領であるにもかかわらず、カトリック教会は活動を継続し、領主制も存続しえた。他方で、経済的にはフランス系の毛皮商人は、フランス本国との交易が困難になり没落していった。フランス系の毛皮商人に代わって、植民地の経済の担い手として英系の商人が毛皮の交易活動や林業に従事するようになった。また、英系は金融業にも進出した。他方で、経済活動の手段を奪われたフランス系は主として農業に従事した。フランス系を農業に向かわせたのは、当時農本主義を唱道していたカトリック教会である。19世紀末に、ケベック州において工業化が徐々に進展し、都市化の進行が始まっても、フランス系カナダ人の中に生きるこうした農本主義的な思考傾向は、フランス系カナダ人の主要な思考として1960年前後まで存続することになった。

　1783年にアメリカ独立革命が終結すると、ケベック植民地の状況は大きく変化することになる。およそ9万人の王党派（Royalist）がイギリス植民地に移住した。王党派の約半数がノヴァスコシア植民地に移住し、残りの半数がケベック植民地に移住した。[5]そのことによって、ケベック植民地における英系の人口

が急激に増加した。ケベック植民地でフランス民法やカトリック教の信仰が許可されている体制に英系は不満をもち、別個の政治体制を求めた。イギリス本国は英系の訴えを聞き入れ、1791年に立憲条例（Constitutional Act of 1791）を制定する。これ以後、ケベック植民地は、英系が多く居住するアッパー・カナダ（Upper Canada, Haut-Canada, 現在のオンタリオ州）とフランス系が多く居住するロワー・カナダ（Lower Canada, Bas-Canada, 現在のケベック州）の各植民地に分割され、それぞれの植民地に総督、立法議会、行政評議会が置かれることになった。しかし、総督は立法議会の議決を拒否したり、行政評議会の構成員を任命するなど、非常に強力な権限をもっていた。[6] さらに、この行政評議会は議会ではなく、総督に責任を負っていた。

ロワー・カナダでは、行政評議会の構成員は英系に占められ、フランス系の利益が十分に代表されないことにフランス系の不満が高まっていった。1839年にフランス系はルイ・ジョセフ・パピノー（Louis-Joseph Papineau）を指導者として、ロワー・カナダ政府に対して責任内閣制の樹立を目的とした反乱を起こすが、反乱は即座に鎮圧される。反乱の鎮圧後、その原因を探るためイギリス本国から植民地総督として着任したダラム伯爵（Earl of Durham）は、1839年に、パピノーの反乱についてイギリス議会に提出した報告書（ダラム報告）の中で、この反乱は1つの国家の内部での英系とフランス系の2つのネイション（two nations）の間の戦いであったと述べた。さらに、ダラムは、フランス系は「歴史も文字ももたない民族（a people with no history and no literature）」であるから英系の人口増によって同化することが望ましいと宣言し、同化を進言した。[7] その直後イギリス本国によって制定されたのが、1840年の「連合法（Act of Union）」である。この法令により、アッパー・カナダとロワー・カナダは、「カナダ連合植民地」という単一の立法議会をもつ1つの植民地の中での行政区分として、それぞれ西カナダと東カナダとして統合された。この法令の長期的目的は、ダラム報告の主張に沿って両植民地を統合することで、将来の英系植民地全体の統合を準備し、植民地全体に占める英系の割合を増加させ、フランス系を同化に向かわせることであった。それゆえ、このカナダ連合植民地において実施された制度は、フランス系に対して不公正な扱いを強いる

ものだった。フランス系が多数居住する東カナダは当時、人口が67万人であり、西カナダの人口48万人を上回っていたが、立法議会の議席数は、それぞれ同数の42議席とされた。さらに立法議会の言語は英語のみであった。

しかし、英系の予想に反し、同化は進まなかった。反対に、英系も一枚岩ではなく、責任内閣制の樹立に関して意見が対立し、保守派と改革派に分裂した。この状況の下、フランス系保守派は英系の改革派と協力することで、徐々に、フランス系のための権利を獲得していった。英系改革派とフランス系の連合内閣が誕生し、その連合内閣の下、責任内閣制の樹立や、立法議会でのフランス語の使用許可などの政策が実現することになった。

1850年以後、再びカナダの国制が転換する時期が訪れる。第1に、英系住民からの政治制度改革の要求である。1850年以後、イギリス本国からの移民が増加し、西カナダの人口が東カナダを上まわるようになると、英系は議席数が固定されている現状に不満をもつようになり、人口に応じた議席代表制度を要求するようになった。第2に、植民地政府の経済的見地からの要求である。大陸横断鉄道建設のために、大西洋沿岸植民地から連合カナダ植民地までを1つに統合する利益が植民地政府において主張されるようになった。第3に、イギリス帝国の軍事上の見地からである。1861年に始まったアメリカの南北戦争に際して、イギリスは南部アメリカ側を支持したため、北部アメリカ諸州との関係が悪化していた。イギリス帝国は、北部アメリカのカナダ侵攻に備えて北アメリカ植民地の統合を促したのである。

以上の理由から、英系保守のジョン・A・マクドナルド（John A. Macdonald）とフランス系保守のエティエンヌ・カルティエ（George-Étienne Cartier）が協力する形で、大西洋のニュー・ブランズウィック植民地とノヴァスコシア植民地とカナダ連合植民地を統合する自治領結成が議論されるようになる。しかし、どのような国制を採用するかについて意見が対立した。当初、マクドナルドは単一国家制度を採用し、中央集権を強化して、隣国アメリカ合衆国に対抗することを考えていた。しかし、フランス系の急進派ルージュはフランス系の独特なナショナリティを保護するために「国家内国家」を主張した。さらに、他方で、フランス系保守派のカルティエは、州のアイデンティティ保持のため

に連邦制が望ましいとし、ノヴァスコシア植民地とニュー・ブランズウィック植民地も、中央カナダの影響力を恐れて、連邦制採用を支持した。最終的に、マクドナルドは妥協し、このカナダ自治領は連邦制を採用することになった。1867年「英領北アメリカ法（British North America Act）」によってカナダ連邦（Canadian confederation）がイギリス帝国の「自治領（dominion）」として成立した。しかし、このカナダ自治領の名称をみれば、連邦制の採用に際しても妥協がなされていたことがわかる。カナダ連邦が、「federation」ではなく、「confederation」という名称になったのは、フランス系を納得させるためのカモフラージュであったとされる。通常、「confederation」というのは、国家連合を意味するが、明らかに、1867年のカナダ連邦の制度形態は、連邦制「federation」、さらに言えば、中央集権的な連邦制だからである。

　ナショナル・アイデンティティの観点からこの連邦結成を見てみよう。英系はこのカナダ連邦結成を、カナダ・ネイションの建設とはみていなかった。実際、初代連邦首相マクドナルドは、自らをイギリス帝国の臣民であるという意識しかもっていなかった。この時点では、英系カナダ人にとって、カナダ・ネイションの定義を明確にする必要はなかった。なぜなら、カナダ自治領は決して国民国家として成立したのではなく、イギリス帝国の自治領として成立したと考えられていたからである。したがって、英系カナダ人は、この1867年のカナダ連邦結成を、フランス系の同化の制度枠組と考えることはあっても、フランス系カナダ人と英系カナダ人との契約として成立したとはみていない。

　それに対し、フランス系カナダ人は、この1867年のカナダ連邦の成立は2つの民族の契約（compact）によって形成されたものとみなした。こうした理解はフランス系カナダ人の知識人の中に継承されていたが、その中でも20世紀初頭の代表的なフランス系ナショナリズムの思想家アンリ・ブラサ（Henri Bourassa）は、カナダ連邦結成を、カナダは「建国の2つのピープル（deux peuples fondateurs）」から形成されるものであるとする2民族契約論の根拠とした。

　ブラサはカナダ連邦（Confédération）結成について以下のように述べる。カナダ連邦結成は二重の協定（double accord）の産物である。第1の協定は、英

系(Anglais)とフランス系(Français)の間の協定である。これにより、英系とフランス系の2つの民族(race)は、完全に平等な立場、すなわち、言語、宗教、所有権、個人的権利などのあらゆる事項について、平等な権利を享受する義務をもつ。第2の協定は、カナダ連邦と本国イギリスとの間の協定である。第1の協定では、英系とフランス系が対等な立場で発展すること、第2の協定では、カナダ連邦は内政に関わる主要な責任を担い、イギリス本国は外敵からカナダを保護する責任を担う。ブラサは、これらの協定はカナダをあらゆる住民にとって共通な祖国にする、素晴らしく、誠実でかつ、知的な協定であると高く評価している。[14]

　このように、ブラサによれば、カナダ連邦は、英系とフランス系の2つの民族集団、というよりむしろ、言語集団の間の正しい均衡が維持されるという方式で形成されているとされる。それゆえ、ブラサが主張するナショナリズムは、フランス系カナダのナショナリズムではなく、英系とフランス系からなるカナダのナショナリズムなのである。1903年12月9日にケベックシティで、ブラサは、フランス系住民のカナダからの独立を主張する代表的な理論家であるジュール・ポール・ターディヴェル(Jules-Paul Tardivel)との間で討論を行っている。そこで、「我々のナショナリズムは、フランス系カナダ(canadien-français)のナショナリズムである。我々が繁栄を望むのは、フランス系カナダの愛国主義であり、祖国(patrie)とはフランス系カナダ(Canada français)である」と主張するターディヴェルに対し、ブラサは「私の祖国(patrie)とは、カナダ全体である。この国は、他の民族だけでなく、我々の民族のものでもある。……我々のナショナリズムは、英系とフランス系の2つの民族の二元性に基づいている(Notre nationalisme repose sur la dualité des deux races anglaise et française)[15]」と返答した。このようなブラサの発想は、後にフランス系カナダにおいて「建国の2つの民族」の議論として根づいていくことになる。[16]

　カナダ連邦に対するネイション観の相違は、英系とフランス系の対立が継続していることを表している。実際、英系とフランス系の対立は連邦結成後も残った。最大の象徴的事件の1つは、カナダ自治領が西部への植民地拡大を進める中での武力衝突事件、すなわち1885年のルイ・リエル(Louis Riel)の反乱

である。この事件は次のような経過で生じた。連邦政府が、西部の土地を保有するハドソン湾会社から土地を購入する際、西部の土地に住む、フランス系と先住民の混血であるメティス（métis）らが主張する土地の権利を連邦政府は認めなかった。それゆえルイ・リエルを先頭にしたメティスと連邦政府との間の武力衝突が発生した。カナダ連邦政府は反乱を鎮圧し、リエルを処刑した。英系はこの連邦政府の処刑行為を支持したが、フランス系は、連邦政府によるリエルの処刑を批判した。その理由はリエルがフランス系でありカトリック信者であったからである。[17] この事件を通して、カナダ連邦政府は必ずしも、フランス系の権利を保護するために機能しないという認識がフランス系に植えつけられた。この事件後、徐々に、ケベック州こそフランス系カナダ人の故郷（foyer）であるという意識が形成されるようになったとされる。[18]

　さらに、ルイ・リエルの事件は、ケベック州の政治状況を変化させる結果をもたらした。リエルの処刑に関して、フランス系カナダ人による連邦政府への批判の先頭に立っていたのは、ケベック自由党の党首オノレ・メルシエ（Honoré Mercier）であった。1887年、メルシエの率いるケベック自由党がケベック保守党を破り、ケベック州政権を担うことになった。ケベック自由党は、1867年に英系の自由主義者とフランス系の政治家の支持を基盤として成立した政党である。その起源は、カナダ連邦結成に反対したフランス系の急進派のルージュ（Rouge）である。ケベック自由党は、カトリック教会に対して若干の距離をとり、ケベックの政治制度の民主化や教育制度の改革を行うルージュ党の主張を踏襲していた。しかし、ケベック自由党はリエルの処刑に抗議して連邦保守党を脱退したフランス系の保守派を統合する過程で、その主張をかつてのルージュの急進的な主張から、カトリック教会にも協力的な、穏健なものへと転換した。党組織の上では、ケベック自由党は連邦の自由党と強固な連携関係をもっており、その地位は連邦の自由党に対して従属的な地位にあったが、逆にそのことから利益も得ていた。この時期、連邦政界では、連邦自由党のウルフリッド・ローリエ（Wilfrid Laurier）がフランス系初のカナダ連邦首相の地位に就いていた（1896-1911年連邦首相在任）からである。ケベック自由党は、ローリエの人気に助けられ、ケベック州でもケベック保守党に対して容易に選挙で勝

利できた。リエルの反乱以降、連邦政府は真のフランス系カナダ人の権利の保持者になりえないと考えていたメルシエは、ケベック州の権限を保持することに関心を払った。彼は、連邦政府に対して州の自治（autonomie）の尊重を促し、カナダ連邦初の州間会議（Conférence interprovincial）を開催した。さらに、メルシエによる州自治の主張は、カナダの司法制度によっても助けられた。1949年までカナダの最終裁判所の役割を担ったイギリスの枢密院司法委員会が、連邦政府と州政府の対立の調停において、州政府の自治を守る判決を下していたからである。

　この時代に、州の自治の観点から、フランス系カナダ・ナショナリズムの原型が形成され始めた。先ほど述べたように、アンリ・ブラサは、カナダ連邦の中で英系とフランス系の2つの建国民族が対等な立場で発展できるようにするという構想を主張した。ブラサは、このような形でのカナダの発展を可能にするためには、カナダはイギリス帝国との関係を断ち切り、独立することが必要であると主張した。しかし、イギリス帝国との結びつきを主張する英系は、このフランス系の考えを受け入れなかった。それゆえ、フランス系カナダ人と英系カナダ人の対立は、様々な局面において表面化した。例えば、イギリス帝国の植民地獲得戦争の1つである1899年の南アフリカ戦争や第一次および第二次世界大戦時の徴兵問題においてフランス系カナダ人はイギリス帝国への協力を拒否している。

　第二次世界大戦後、英系カナダ人においても、自らのネイション性についての問いかけが徐々に始まる。カナダ自治領はイギリス本国から距離を取り、政治的に独立する傾向を示し始める。1946年にはカナダ市民権法を制定し、1949年にはカナダ最高裁判所が枢密院司法委員会に代わってカナダの最終控訴院になる。1965年には国旗法が制定される。

　ケベック州においても、大きな転換が始まった。1897年以来、ケベック州では長らくケベック自由党が政権を担ってきた。しかし、第一次および第二次世界大戦の徴兵問題を通じて、連邦の政治がフランス系の利益を考慮しないとする批判が強くなっていった。その批判は連邦政党の下部組織として存在するケベック自由党に対する批判へとつながっていった。1935年にケベック州の保守

党の党首モーリス・デュプレシ（Maurice Duplessis）は、ケベック自由党を批判して脱退した集団であるアクシオン・リベラル・ナシオナル（Action libérale nationale）を統合し、新しい州政党であるユニオン・ナシオナル党（Union Nationale）を創設した。このユニオン・ナシオナル党は、ケベック自由党を、フランス系カナダのネイションを代表する政党ではないとして批判した。デュプレシは、カトリック教会と手を組み、カトリック的イデオロギーを説き[23]、フランス系の伝統を重視せよ、と主張した。彼は、農業を奨励する一方で、英系カナダ人やアメリカ合衆国資本と協力し、外国資本の導入を積極的に図った。他方で、デュプレシは連邦政府の州政府への介入については消極的に抵抗するに止まり、州の社会経済的発展のために州権の拡大を連邦政府に対して積極的に要求することはなかった。

　上記のように、デュプレシはケベック州のフランス系カナダ人には農本主義を説いたが、実際には、ケベック州では19世紀以来始まった都市化や産業化が戦間期以来加速していた。1930年代からケベック州内のフランス語系カナダ人の半数以上がすでにモントリオールやケベックシティに移動するという都市化が一層進行し、農業分野では専業農家はほとんど存在せず、半数以上が兼業農家であった。以上のような状況の下、1950年代には、フランス語系が多数居住するケベック州のモントリオールでは、英語系カナダ人やアメリカ資本の企業が経済の主流の地位を占めていた。1950年代のケベックの産業の40％が外国資本の下にあり、残り40％は、英語系カナダ人資本の下にあった[24]。その一方で、フランス語系は所得の低い労働に甘んじていた。1950年代には、フランス語系カナダ人と英語系カナダ人の年間平均収入の格差は、30％にも達した[25]。

　1950年代から徐々にケベック自由党もユニオン・ナシオナル党に対抗する基盤を形成する。1950年に、元連邦自由党下院議員ジョルジュ・エミール・ラパルム（Georges-Émile Lapalme）がケベック自由党の党首に就任すると、彼の指導の下で党改革が行われる。ラパルムは、道路事業に関する入札制度や新しい会計制度の導入を訴えるなど、従来の恩顧主義的な政党から脱却する兆しをみせた[26]。さらに、連邦自由党との関係にも変化が起こり始めた。1955年にはケベック自由党は組織として連邦自由党とは別の組織になる。つまり、党の基本

政策は、大枠はカナダ連邦主義の維持に置かれていたが、州の自治の主張を重視することに変わっていく。さらに、党の中の人事制度の改革も行われる。1958年にラパルムに代わって党首に就いたジャン・ルサージュ（Jean Lesage）は、ユニオン・ナシオナル党に対する批判勢力を結集する準備を進めていくことになる。[27]

1960年、ルサージュ率いるケベック自由党は、ユニオン・ナシオナル党を州選挙で破り、ケベック自由党が主体となって、1960年から1966年にかけてケベック社会の全面的な近代化、すなわち「静かな革命（révolution tranquille）」を断行した。教育、経済、社会の分野において「静かな革命」で実施された様々な政策は、フランス語系の社会意識の変革をも促した。フランス語系は積極的に自らをネイションとして自己規定する様々な主張を行うようになる。[28]そうした運動は、本研究で扱うケベックの憲法構想や言語権の制定、カナダ憲法構想の見直しの議論にまで行き着く。

以上述べてきたように、カナダの歴史は英語系とフランス語系の対立と協調の歴史であったと言ってもいいであろう。そうした歴史の中で、各々の歴史観を端的に示すメルクマールが1867年のカナダ連邦結成に対する、2つの集団の理解の相違である。フランス語系カナダ人にとっては、カナダ連邦の成立は「2つの建国民族の契約」の産物であったが、英語系カナダ人にとっては、イギリス帝国の自治領の成立でしかなかったのである。この2つのカナダ国家観が連邦国家のレベルでどのように展開を遂げていったのかは、第2章以下で検討する。その前に、「ケベック問題」のもう1つの背景である英語系カナダ人とフランス語系カナダ人の経済格差の問題を次節で検討する。

2　ケベック問題の社会・経済的背景

本節は、「ケベック問題」の社会・経済的背景を検討するためにフランス語系カナダ人の英語系カナダ人に対する経済的劣位状況に焦点を当てる。

前節で見たように、ケベック州では19世紀から1950年代のユニオン・ナショナル政権の時代まで、フランス語系の経済的劣位状況が継続していた。商業や

金融は英語系が独占し、フランス語系は基本的に農業に従事した。しかし、この農業においても、ケベック州の土地の質は悪く、その農産物の生産性は低かった。19世紀後半から進展した工業化の過程においても、ケベック州では繊維業や服飾産業など、小規模で低賃金の軽工業が中心となった。それらの軽工業の経営をフランス語系が担う一方で、大企業は英語系の資本の下にあった。加えて、外国資本、とりわけアメリカ合衆国資本が流入した。それら大企業は低賃金でフランス語系カナダ人を雇用する。こうして、ケベック州では、フランス語系カナダ人の大部分が低賃金で雇用される一方、英語系カナダ人は管理職や質の高い職種に就いた。賃金格差も大きく、1961年にはフランス語系カナダ人は英語系カナダ人の賃金の61％しか得ていなかった[29]。このような経済的劣位状況はどのようなものであり、またその原因として何を挙げることができるであろうか。

　この問題の検討にあたって、1968年にケベック州政府が設立した委員会「ケベック州におけるフランス語の地位と言語権に関する調査委員会（The Commission of Inquiry on the Position of the French Language and on the Language Rights on Quebec）」が1971年に公表した報告書が参考になる。この委員会は、委員長を務めた言語学者ジャン＝ドニ・ジャンドロン（Jean-Denis Gendron）の名にちなんで、ジャンドロン委員会（Gendron Commission）とも呼ばれる。1968年から1973年にかけて、この委員会はケベック州内で綿密なアンケート調査を行った。その報告書は、フランス語系が英語系と比べて経済的に従属的な地位におかれていることを確認した初の公式な統計資料である[30]。

　この報告書に基づいて、第1に、フランス語系と英語系の職業別の分布を検討する（表1-1）。フランス語系で最も比率が高いのは、製造業を中心とした第二次産業であり、次いでサービス業従業員である。英語系で最も比率が高いのは専門職であり、次いで、事務職員である。このことから、フランス語系は、特にケベック州で発達していた中小規模の製造業の従業員や、サービス業の従業員となっているのに対し、他方で、英語系は、医師や弁護士などの専門職あるいは、企業に就職する場合でも事務職員として勤務していることがわかる。

　フランス語系と英語系の間の比率の格差が著しいのは、英語系が管理職に従

表1-1　ケベック州における英語話者とフランス語話者の職業別割合および数

（　）内は人数。1971年1月

職　業	フランス語系	英　語　系
管理職	9.2%(168,000)	16.6%(57,000)
専門職	13.4%(243,000)	19.5%(67,000)
事務職従業員	12.5%(227,000)	18.8%(65,000)
販売員	9.8%(178,000)	10.1%(34,000)
サービス業従業員	13.5%(245,000)	10.1%(34,500)
輸送・コミュニケーション業従業員	9.1%(166,000)	9%(31,000)
職　工	3.5%(64,000)	3%(11,000)
第二次産業労働者	22.5%(411,000)	10.9%(37,000)
第一次産業労働者	6.5%(118,000)	2%(7,000)
合　　計	100%(1,820,000)	100%(344,000)

出所：Gendron Commission, 1971 より筆者作成

表1-2　ケベック州におけるフランス語系話者と英語系話者の職業部門別割合および数

（　）内は人数。1971年1月

活動部門	フランス語系	英　語　系
第一次産業	7.2%(131,000)	2.2%(7,500)
第二次産業	26.1%(476,000)	29.8%(103,000)
建設業	5.7%(104,000)	2%(7,000)
公益事業	10.7%(194,000)	18.2%(63,500)
商　業	13.4%(244,000)	9.6%(33,000)
金　融	4.2%(76,000)	9.6%(33,000)
個人・社会サービス	24.7%(449,000)	23.7%(79,500)
公務員	8%(146,000)	4.9%(17,000)
合　　計	100%(1,820,000)	100%(344,000)

出所：Gendron Commission, 1971 より筆者作成

事する率が高いことである(16.6%)。それに対し、フランス語系で管理職に従事するものは9.2%にすぎない。[31]

第2に、職業活動別の分布をみよう（表1-2）。英語系とフランス語系の両者とも、第二次産業に従事する比率が最も高くなっている（英語系は22.5%、フランス語系10.9%）。英語系とフランス語系の差異を表す項目に注目すると次のことがわかる。フランス語系は英語系と比べて第一次産業、建設業、商業に従事する者が多い。

反対に、フランス語系に対して、英語系の比率が高い項目は、公営事業や金融業である。また、フランス語系は商業に従事する者が多いが、これは小売業においてフランス語が優位であることを示している。金融業には主として英語系が従事していることは、経済活動の司令塔というべき金融

第1章 ケベック問題の所在

業を英語系が握っているということを明らかにしている。[32]
実際に、1970年代までモントリオールはカナダ金融の中心地であり、セント・ジェームズ通り（St. James Street）は、英語系カナダ人の資本によるカナダ5大銀行[33]が集中していた。

第3に、労働の形態の差異をみよう（表1-3）。この表によれば、フランス語系は肉体労働に従事する者の率が最も高い（37％）。その反対に、英語系は文書による意思伝達および言語による意思伝達を含む労働に従事する者の率が高い（50.7％）。

第4に、英語系とフランス語系が勤務する企業の規模による相違について検討しよう（表1-4）。この表からは、従業員数が10人未満の小企業に雇用されるフランス語系の比率は25.4％であるのに対し、英語系は12.9％である。従業員数が50人以上から200人未満の企業までは、フランス語系に対して英語系の数値が高くなっている。従業員数が401人以上の大企業では英語系が53.4％を占めている。これらのことか

表1-3 ケベック州におけるフランス語話者および英語系話者の労働業態別の割合および数

（　）内は人数。1971年1月

労　働	フランス語系	英　語　系
文書および言語	29.2%(531,000)	50.7%(175,000)
文　書	11%(201,000)	18.7%(64,000)
言　語	8.5%(155,000)	8%(28,000)
肉体労働および文書	4.4%(80,000)	3.6%(12,000)
肉体労働および言語	9.9%(178,000)	5.3%(18,000)
肉体労働	37%(675,000)	13.7%(47,000)
合　計	100%(1,820,000)	100%(344,000)

出所：Gendron Commission, 1971 より筆者作成

表1-4 ケベック州におけるフランス語話者および英語話者の企業規模別の割合および数

（　）内は人数。1971年1月

企業における従業員数(人)	フランス語系	英　語　系
規準以下	0.5%(10,000)	0.2%(500)
1～10	25.4%(456,000)	12.9%(44,5000)
11～50	13.6%(250,000)	10.6%(37,000)
51～100	6%(109,000)	6.5%(23,000)
101～200	7.6%(139,000)	4.9%(17,000)
201～300	4.2%(77,000)	4.4%(15,000)
301～400	4%(72,000)	7.1%(24,000)
401以上	38.7%(707,000)	53.4%(183,000)
合　計	100%(1,820,000)	100%(344,000)

出所：Gendron Commission, 1971 より筆者作成

表1-5 ケベック州における年間所得と教育水準の相関関係

1971年1月

年間所得(年間)	教育水準
4000ドル	2年から5年
5000ドル	6年から8年
13000ドル	12年から14年
17000ドル	学士（大学卒業）

出所：Gendron Commission, 1971 より筆者作成
色付けした部分は、フランス語系話者が優位を占め、その他の部分は英語系が優位を占める。

ら、英語系は大企業に従事する者が多く、フランス語系は中・小規模の企業に従事する者が多いことがわかる。[34]

第5に、教育に関して英語系とフランス語系の格差を検討しよう。ケベック州では、初等教育（我が国での小学校にあたる）が6年制、中等教育（我が国での中学・高等学校にあたる）が5年制、その上にCEGEP（Collège d'enseignement général et professionnel）と呼ばれる2年制の教養課程と3年制の大学課程がある。表1-5によるとフランス語系の労働者は8年以下の教育、つまり中等教育中退の者が多い。これに対して、英語系の労働者は12年以上の教育、つまり中等教育卒業程度や大学卒が多い。

この教育の格差は、当然、所得の格差となって現れる。所得水準では、フランス語系は年間4000～6000カナダドルであるが、英語系は年間1万3000カナダドルから2万カナダドルまでの高水準にある。

以上の検討の結果から、以下のことが理解できる。フランス語系の特徴は、労働形態としては、肉体労働を中心とした業務に従事し、企業規模としては小企業であり、所得水準、教育水準ともに低い。他方で、英語系の特徴は、労働形態としては、書面業務を中心とした高度な業務、また、管理職という高い責任を必要とする地位につき、企業規模は大きく、所得水準が高く、教育水準も高い。

このようなフランス語系の経済的劣位状況を生み出した原因の1つとして、民間の企業内言語の使用に関して、ケベック州にはいかなる立法も存在していなかったことが指摘されている。労働協約の当事者のうちのいずれかの者が労働協約をその母語で書くように要求する権利があると規定されているケベック州の労働法（Labor code）の51条[35]を除いて、ケベック州の市民は、自らの言語

で働く権利や、その権利の侵害に関して、裁判所や公的機関に訴える権利を保障されていなかった。

　このように、ケベック州において民間企業は、自由に企業内言語を決定できるという事情が横たわっていたのである。自由に言語を決定できるという意味では、英語系もフランス語系も対等であるが、実際の労働現場での言語の使用は、その経済において英語系とフランス語系がもっている影響力によって決定される。特に製造業や、金融業、公益事業のような、重要な経済活動の分野が英語系に支配されているということは、英語系が経済においてもつ影響力の強さを示している。その背景には、企業の上層部（管理職）に英語系が過剰に代表されていることや、アメリカ合衆国資本の流入によりケベック経済が北アメリカ経済全体に統合されているという事実が存在している。

　結論として、ジャンドロン委員会は以下の点を指摘する。問題は、フランス語系が労働活動において自らの言語を使用しないということではなく、彼らが経済活動の主要な分野において、管理や技術の意志疎通のための別の言語、つまり英語を使用しなければならないという事実にある。フランス語はアメリカ大陸において周辺的な地位にあるため、経済活動においてその地位が低く、有用性を欠いている。他方で、ケベック州に移住する移民は文化の面でも経済の面でも広範囲に及ぶ利益を享受するためにより有用な言語である英語の方を選択する。フランス語系は、何十年もの間、経済社会の要求として英語を学んできたが、反対に、英語系はフランス語を学ぶ必要性を感じてこなかった。カナダとアメリカ合衆国からなる広大な経済的領域で、フランス語は英語と比較して経済言語としての競争力が脆弱である。それゆえ、ケベック州では、フランス語の活力は政府の支援を通じてのみ確保されうる。

　1960年代以前は、カトリックの影響の下に教育が統制されており、そこでは人文学などが主流であり、経済や経営などの実学的な学問は制限されていた。しかし、次節で述べるように、1960年のケベック州の近代化以後は、州政府の主導による教育改革の下で実践的な教育プログラムが実施され、管理職に従事するにふさわしい学問を備えたフランス語系の数も増加していた。そのような状況でも、1960年代を通じて英語系優位の状況が持続したことは、まさに、経

済言語に関する立法を欠くことの重大な問題性を浮かび上がらせる。この差別は、もちろん、ケベック問題の歴史的背景で紹介したようなダラム報告が典型的に示しているように、フランス語系に対する文化的な差別ということと関連していたということも言えよう。しかし、ジャンドロン委員会が指摘するように、経済・企業言語に関する立法を欠いた状況が、英語系のフランス語系への差別を制度化していたと考えることもできる。その対策としては、何らかの形での政府の介入が必要不可欠となることは明白である。

その1つの対応は、連邦政府レベルでの言語政策である。連邦政府による言語政策の必要性を力説したのがトルドーであり、1968年からカナダ連邦首相となった彼の最重要政策の1つが1969年の連邦公用語法（Official Languages Act）の制定であったことは周知の事柄である。連邦公用語法とは、連邦レベルの諸機関でカナダ市民の個々人が英語またはフランス語で行政サービスを受けることができるようにするものである。このサービスは連邦行政レベルに限られるが、カナダ全域に及ぶ。それに対して、ジャンドロン委員会の立場を受けて、ケベック州において抜本的な言語政策の導入を唱えたのがケベック州政府であり、その帰結として、1976年からケベック州首相となったレヴェックによってケベック言語法（フランス語憲章）が制定された。この言語法は、ケベック州を基本的にフランス語単一言語主義の社会とし、ケベックのフランス語系住民が行政、教育、経済、など社会生活の全ての領域でフランス語で生活できるようにすることを目的とした法律である。

トルドーとレヴェックという2人の政治家による主張は、ケベック州の経済問題と言語問題の重大な関係を直視した最も真摯な政策の提言であり、それらはまた1960年代後半から1982年まで続くカナダ憲法闘争の根幹に横たわる、権利観を巡る闘争にも直結する。憲法問題については第2章以下で検討するが、次章では、本書の検討の前提として、カナダ・ケベックの政治過程をリードしていくこの2人の政治家の略歴を検討する。

3 トルドーとレヴェック——ケベック問題への異なる対応

　本節では、後にカナダの首相となるピエール・トルドーと、カナダとケベックとの国家連合の実現を目指す政党を設立し、ケベック州首相となるルネ・レヴェックの経歴を検討する。

　トルドーは、1919年、モントリオールの実業家の家に生まれた。父はフランス語系であり、母はスコットランド系の出身であった。彼の回顧録によれば、彼は自然にバイリンガルとして育ったという。「私のようなバイリンガルの家庭に育った者に、何か困難なことがあったかと聞かれると、答えは否である。私は何も困難を感じなかった。父は私にフランス語で話しかけ、母は物事に応じて英語かフランス語かで私に話しかけた。父方の親戚は常にフランス語を話す一方で、母方の親戚は母と英語で話をしていたが、彼らは父と話す時はフランス語に切り替えていた。[36]」

　彼は、モントリオール大学で法律学を専攻し、1943年に卒業すると、ハーバード大学の修士課程に入学し、政治経済学を学んだ。その後、1947年にはパリ政治学院（Institut d'Etudes Politique de Paris）に留学し、続いてロンドン・スクール・オブ・エコノミクスの博士課程に入学し、ハロルド・ラスキ（Harold Laski）の下で学んでいる。これら3つの大学において、トルドーは自ら人生をかけるに値する目的を見出したと語っている。それは、個人の自由をいかに擁護するかという課題である。「イエズス会系カトリックの高校で学んでいた時代から、運命予定説に関わる問題、つまり神の無限なる力を人間の自由といかに調和させるかという問題が、原罪の問題よりも私にとって興味があった。イエズス会修道士の中には、私が隠れプロテスタントではないかと疑う者さえいた。なぜなら、私は自分の良心を究極の拠り所とみなしていたからである[37]」。ハーバードでの研究は、こうしたトルドーの個人の自由への信仰を確たるものにした。「全ての人間が自由に自分の運命を形成するという視点は、私にとって政治思想の根幹になった」。しかし、彼は2人のフランス人知識人の影響も受けたと主張する。それはジャック・マリタン（Jacques Maritain）とエ

マニュエル・ムーニエ（Emmanuel Mounier）である。「彼らのおかげで私は絶対的な自由主義の理論を信奉することはなかった」。パリ政治学院に留学する以前から、彼らの著作を熟読し、フランスでは彼らの思想をさらによく探求することができたと彼は主張する。「私はペルソナリズム（人格主義）の信奉者となった。それは、個人と社会を調和させる哲学である。2人の思想家によれば、人（person）は、社会的意識を伴う個人であり、彼をとりまく共同体の生活や経済的文脈に統合され、それらは人に選択の自由を行使する手段を提供する」[38]。ロンドン・スクール・オブ・エコノミクスでは、トルドーはイギリスの人格主義の思想家トマス・ヒル・グリーン（Thomas Hill Green）の哲学から、社会の中に統合される人格としての個人が基本的権利や本質的な自由を与えられるという考えを学んだ。

　彼はヨーロッパでの留学の後、ヒッチハイク旅行でアジアを回りながらモントリオールに帰郷した。モントリオールに戻ったトルドーが遭遇したのは、ユニオン・ナシオナル党のモーリス・デュプレシ政権下における、近代化の遅れたケベックであった。彼はこの州政府に対する反対運動を展開する。デュプレシ政権下では、労働者の権利が認められず、労働組合運動が抑圧されていた。そこで、彼は、フランス語系カナダ人の労働組合であるカナダ・カトリック労働者連合（Confédération des travailleurs catholiques du Canada）[39]のリーダーを務めていたジャン・マルシャン（Jean Marchand）と共に、1949年にケベック州のアスベストという町の近郊で生じたストライキを支援した。アスベスト・ストライキは、アメリカ合衆国資本および英語系カナダ資本が経営するアスベスト鉱山において働くフランス語系労働者が劣悪な労働条件の改善を求めて起こした大規模なストライキであった。さらに、1950年には、友人である「ラ・プレス（*La Presse*）」紙の編集長を務めるジェラール・ペルティエ（Gérard Pelletier）と共に「シテ・リーブル（*Cité libre*）」という雑誌を発行し、言論を通じてデュプレシ政府を批判した。

　他方、ルネ・レヴェック（René Lévesque）は1922年、ケベック州の東端ガスペー半島の小村ニューカーライル（New Carlisle）に生まれた。彼はトルドーの3歳年下であり、ほぼ同世代である。彼の父は弁護士であり、家には数多くの

本があった。さらに、彼の父はラジオアンテナを敷設していたので、レヴェックは当時のケベック州の田舎では珍しくラジオを聴くことができる環境にあった。これは、後にレヴェックがラジオ局に関心をもつきっかけとなった。レヴェックの教育過程はイエズス会の寄宿学校に入ることから始まった。そこでの成績は非常に優秀であった。この時代はレヴェックの家族にとって幸福な時代であった。しかし、父親の死去をきっかけにその状況は一変する。彼らは一家でニューカーリスルからケベックシティに移住する。イエズス会の経営するガルニエ・カレッジを経て、1941年、フランス語系の名門ラヴァル大学（Université Laval）法学部に入学する。大学在籍中に、生来のラジオ放送への関心から、ラジオ局でのアルバイトを始め、その後、フランス語放送局であるラジオ・カナダに正社員として雇用された。第二次世界大戦中はアメリカの戦時情報室の仕事を得、戦時特派員としてヨーロッパに渡った。戦後は、1950年代のテレビの普及に伴い、ラジオ・カナダの人気レポーターとなる。フランス語放送網としてはケベック州で唯一であるラジオ・カナダ局で、「焦点（Point de Mire）」というテレビ番組において朝鮮戦争など様々な国際問題をフランス語系カナダ人に平易に解説することで人気を博した。彼は、この時代、マギル大学の近くの事務所において、番組の準備のためにいつも膨大な本を読んでいたという。彼が後に、1947年設立のベネルクス関税同盟や1957年に設立された欧州経済共同体（EEC）に着想を得て、国家連合の構想である「主権連合」構想を編み出したのも、この時期に培われた鋭い国際感覚によるところがあると言えよう。このように、当時のレヴェックは、国際問題に多くの関心を寄せながらも、国内問題にはそれほど関心を寄せていなかった。

1954年ごろ、レヴェックとトルドーが初めて出会う瞬間が訪れる。場所は、レヴェックが勤めていたラジオ・カナダ局内のカフェテリアである。そこで、レヴェックのラヴァル大学時代からの友人であるマルシャンが共通の友人としてトルドーをレヴェックに引き合わせた。当時「シテ・リーブル」の編集長を務めていたトルドーは、レヴェックに対して、「あなたのテレビ番組はよく見ています。あなたは話すことはとても上手いですが、書くことはできますか」と言って、「シテ・リーブル」への記事の投稿を頼んだと言われている。[40]

1955年ごろ、レヴェック、マルシャン、ペルティエ、トルドーら4人は、ケベック州選挙への候補者を探していたルサージュ自由党から州の政治家として立候補の要請を受ける。中でも、ルサージュが最も要望していたのは、ケベック州の労働組合の議長を務めるマルシャンであったと言われる。政界への転身を最も望んでいたのもマルシャンであった。トルドーもまた政治の世界への関心はかなり高かった。しかし、彼はケベック自由党から自らが選ばれるとは考えていなかった。なぜならば、彼は、ペルティエと共に、「シテ・リーブル」誌上において、ケベック自由党を恩顧主義的な古い政党であり、談合など企業と癒着している政党であると批判していたからである。[41] レヴェックもまたこの時点では政界への進出にためらいを感じていた。先ほど述べたように、レヴェックは、当時、国際問題に関心はあっても、ケベックの国内問題にそれほど多くの関心を払ってはいなかったからである。

　レヴェックの関心を、ケベック州内の政治へと向かわせた一大転機が訪れる。それが、1958年に生じたラジオ・カナダ局内での大規模なストライキである。当時のラジオ・カナダの制作者たちには、仕事に対する明確な規定がなく、配役や台本選び、賃金交渉の権限もなかった。その上、ラジオ・カナダ局の会長は、彼らが職業組合を形成するのも認めなかった。それゆえ、制作者たちは、交渉の単位を形成することを経営者に認めさせるためのストライキを開始した。

　レヴェックもこのストライキに参加した。ラジオ・カナダは連邦の機構であったので、彼を含め数百人のストライキ参加者が、カナダ連邦政府への訴えに向かい、当時のカナダ進歩保守党のジョン・ディーフェンベイカー（John Diefenbaker）政権[42]の労働大臣であるマイケル・スター（Michael Starr）と面会したが、ほとんど相手にされることなく追い返された。この時のことを、レヴェックは回顧録に以下のように書く。「唯一のフランス語放送網が機能不全に陥ろうとしているのに、労働大臣はあたかも火星で起こっている事件のように対応した。彼の指導者であるディーフェンベイカー首相のディシプリンは、1つの言語、1つのネイションであった」。続けて、レヴェックは、「もし、このストライキがトロントの英語系の組織で起きていたならば、連邦政府はすぐ

にこの問題の解決に取り組んだだろう。ラジオ・カナダ局がフランス語系であるから、対応しなかったのだ」と語っている。この体験は、レヴェックにフランス語系カナダ人はカナダにおける二級市民であるという現実を突きつけた。レヴェックはこのストライキを期に、カナダにおけるナショナリズムの問題に関心をもつようになったと回顧している[43]。

　ラジオ・カナダ局のストライキは、1959年3月に収束した。制作者の労働組合は公式に認められたが、経営陣と制作者側との対立は続いた。レヴェックの番組「焦点」も打ち切られたため、レヴェックは数カ月フリーランスのジャーナリストとして活動した。ここに至って、ルサージュからケベック自由党の候補になるよう誘いを受けたレヴェックはその誘いを受け入れることを決意した。こうして、1960年、レヴェックはケベック州議会選挙のケベック自由党候補者になった。この時、ルサージュの下に馳せ参じたのは、誘いを受けていた4人のうち、レヴェックのみであった。レヴェックによると、トルドーはケベック自由党の綱領の中に、ケベックのナショナリズムの発現を見出し、警戒したからである[44]。マルシャンは、トルドー、ペルティエらと3人で共に行動することを望んでいたため、結局、政界入りを断念することになった。こうして、4人の仲間のうち、一足早くレヴェックがケベック自由党の候補として政治の世界に入ることになった。

　1960年のケベック州選挙は、ケベック自由党がユニオン・ナシオナル党を36年ぶりに破り、「静かな革命」と呼ばれる近代化政策が始まっていくエポック・メーキングな選挙になった。この選挙は、ケベック自由党にとって決して楽な選挙ではなかったが、ケベック自由党は50議席（得票率51%）、ユニオン・ナシオナル党は44議席（得票率47%）を獲得した。レヴェックは、ユニオン・ナシオナル党の候補者をかなりの接戦で破った。当選したレヴェックは、ジャン・ルサージュから天然資源大臣に任ぜられた。この職は、州政府の所有する電力会社であるイドロ・ケベック社（Hydro-Québec）の管理責任を担う部署の大臣である。

　レヴェックは1961年の秋ごろから、知識人らと毎月のように会合を開き、ケベック政治のあるべき将来について夜を徹して語り合った。そのメンバーに、

「静かな革命」後、モントリオール大学で法律学の教授の職に就いたトルドーも加わっていた。トルドーの回顧録によると、レヴェックから友人の招待を要請されたペルティエが、トルドーを仲間に加えたとされる。モントリオールの高級住宅地ウェストマウント地区にあるペルティエの家において、レヴェック、トルドー、マルシャン、それにケベックの知識人として名高かったアンドレ・ロランドー（André Laurendeau）[45]を加えた5人が食事を共にし、夜を徹して話し合ったと言われている。ここでは、大臣を務めていたレヴェックが月毎にケベック州政府内で議題になった話題を提供し、それを巡って全員が討論した。レヴェックは、このメンバーの中で一番饒舌であったと言われている。トルドーの議論の方法は、まず冷静に相手の議論を聞き、それからおもむろに反論を開始するものであった。当時のレヴェックの眼には、このようなトルドーはペダンチックな人物であると映っていた。[46]

　トルドーによれば、5人で討論していたこの時代は、多元主義、寛容、近代化がテーマであり、それはトルドーにとって好ましい方向性にケベックの政治が動いていると期待させるものであった。実際、トルドーは1960年から1962年までのレヴェックの大臣としての活動に敬意を払っていた。トルドーとレヴェックはケベック社会を近代化するという点では共通の見解をもっていたからである。[47]

　トルドーとレヴェックの蜜月関係が崩れる大きなきっかけになったのは、ケベック州で民間の電力会社を統合して州有化（nationalization）するという議論が提起された時である。ケベックの電力会社は、まさに英語系資本の支配を象徴する企業であった。電力の州有化は、1960年の州選挙キャンペーンの時から、ケベック自由党の綱領に入っていたが、この議題を巡ってケベック自由党内でも意見が対立していた。フランス語系カナダ人の経済的劣位状況を改善するには、ケベック経済の主力をなす水力発電の分野を英語系企業の手から取り戻す必要があると考えたレヴェックは、30億カナダドルを費やして、英語系の民間電力会社を買収し、政府経営のイドロ・ケベック社に統合する計画を立てた。レヴェックは、この民間企業の買収について、党内の説得に乗り出した。1962年2月12日、レヴェックは公式に民間企業を統合し、イドロ・ケベック社

に統合することを公表した。1962年9月には、ケベック自由党の会議で、公式にレヴェックの案が認められ、党首ルサージュは、電力の州有化について世論の賛否を得るため州議会を解散し、1962年11月に州選挙を行うことを決定する。その際の選挙のスローガンは「我が家の主人（Maîtres chez nous）」であった。

この電力の州有化に猛然と反対したのがトルドーである。トルドーは、電力会社の州有化が、経済的な観点からではなく、ケベックのナショナリズムの観点から語られていることを問題にした。トルドーの回顧録によれば、ケベック自由党が「我が家の主人」のスローガンを唱えたのは、普遍的な価値というよりも、ケベック州を1つのネイションとして把握する見地にたったからであるとする。トルドーは、この時期の「シテ・リーブル」に執筆した「知識人の新たな裏切り」と題された論文の中で、「ケベックの電力州有化が、この州の電力産業を、経済的理由ではなく、ナショナリズムに基づいて買い上げるならば、我々はすでにファシズムへの道を歩み始めているのだ」と批判する。その理由を、彼は次のように述べている。

> ネイション（nation）という理念にあれほど重点を置くことによって、彼らが確実に導こうとする「共通善（common good）」の定義は、全ての人々のために機能する善というよりは、むしろ個人の特質を無視した「エスニック集団（ethnic group）のために機能する善」となるからである。……真に民主主義的な政府が「ナショナリスト（nationalist）」であるはずがない。その政府は、市民のエスニック的出自（ethnic origin）にたいして偏見をもつことなく、全ての市民（citizen）にとっての善を追求しなければならないからである。

つまり、ここに、ケベック州を1つのネイションと考えるレヴェックと、個々人の権利の普遍性を重視するトルドーとの最初の分岐点が見られるのである。

トルドーは、ケベック州の世論の中での「我が家の主人」のようなスローガンが意味するケベック・ナショナリズムの高まりに警戒感を感じていた。それゆえ、トルドーは、「ネイションとしてのケベック」の主張が高まるケベック州の動向に距離を置き、連邦政界で少数派政権である連邦自由党の脆弱さを考

慮した上で、連邦政府を強化する必要があると考えた。[51] 1965年ごろ、連邦の自由党から政界入りを打診されていたジャン・マルシャンに誘われ、トルドーは1965年の秋、カナダ連邦自由党の候補者として連邦選挙に出馬することを決定する。1965年、トルドーは連邦自由党の代議士となり、1967年には連邦司法大臣となる。

　こうして、トルドーとレヴェックという2人の政治家が、1人は連邦カナダで、もう1人はケベック州でそれぞれの構想を実現していくことになる。とりわけ、ジャンドロン委員会が指摘していたように、ケベック州でのフランス語系の社会・経済的劣位状況が大きな問題として浮上していた。この問題をどのような形で解決していくのかについて、これら2人の政治家が自らの憲法構想を提示することになる。

　今、簡単にそのアウトラインを示せば、次のようになるだろう。レヴェックは、ケベックをネイションとして規定し、このネイションの言語としてのフランス語の言語権を拡大するために、ケベック州で言語法を制定することが喫緊の課題であると考えた。これは、ジャンドロン委員会の報告の結論が指摘するような問題、つまり州政府にはフランス語系住民の経済的苦境を打開するために有効な言語法が欠如しているとする指摘に対する1つの回答であった。また、この新たな言語法の制定という問題は、ケベック州に流入する人々の言語教育問題を通してケベック州がカナダ連邦全体、および他の州とどのような関係を結ぶかという問題と直結する以上、ケベック州と連邦との関係を問い直すという問題につながっていく。この問題を通じて、ケベック州を「特別の地位」と位置づけて、カナダ連邦内での大幅な分権という発想をとるケベック自由党のスタンスでいくのか、あるいはレヴェックが後に主張する国家連合のような構想をとるのかという2つの方向が憲法問題の主要なテーマとなっていく。他方で、トルドーは、ケベック州に他の州と同様の地位を与え、カナダを1つのネイションとして統合する国家構想を提示し、ケベック州におけるフランス語の言語権を巡る問題を、連邦レベルでの公的2言語法によって解決しようとした。トルドーは、カナダ連邦全体において個人のレベルでフランス語を英語と対等にする法的位置を与えようとしたのである。

以下、第3章でフランス語憲章を論ずる箇所で言語権に関わるこれらの問題を論ずるが、その前にケベック州の政党による憲法構想、すなわち「特別の地位」に関わる憲法構想を整理することにしよう。

1) Government of Canada, 'Origin of the Name,' Canadian Heritage, http://www.pch.gc.ca/eng/1363629314164/1363629390521（2014年11月12日参照）.
2) 1627年にルイ13世の宰相リシュリュー（Richelieu）が創設したヌーヴェル・フランス会社が本国フランスの領主制にならって導入した制度。植民地地方長官から領主に土地を下付した。領主は領民から貨幣地代を徴収し、直営地を耕作させた。領民は本国フランスと比べて地代は低く、生活水準は高かったと言われる。木村和男編『カナダ史』（山川出版社、1999年）、63-64頁。
3) Kenneth McRoberts, *Quebec: Social Change and Political Crisis*（Toronto: McClelland & Stewart, 1993）, p. 40.
4) Gilles Gougeon, *Histoire du nationalisme québécois*（Montréal: VLB ÉDITEUR, 1993）, p. 20.
5) 王党派の移住により、ノヴァスコシア州でも英語系住民が急激に増加した。彼らは独自の植民地創設をイギリス本国に要請した。その結果、1784年、ノヴァスコシア植民地から新たな植民地としてニュー・ブランズウィック植民地が創設された。
6) *Ibid.*, p. 32.
7) McRoberts, *Quebec*, p. 51.
8) 木村、『カナダ史』、145頁。
9) Richard Simeon and Ian Robinson, *State, Society, and the Development of Canadian Federalism*（Toronto: University of Toronto Press, 1990）, p. 22.
10) Réjean Pelletier et Manon Tremblay (dir.), *Le parlementarisme canadien 4e Édition revue et augmentée*（Québec: Les Presses de l'Université Laval, 2009）, pp. 48-49.
11) Russell, *Constitutional Odyssey*.
12) 細川道久『カナダ・ナショナリズムとイギリス帝国』（刀水書房、2007年）、4頁。細川によれば、連邦結成後、カナダ、特に英系カナダ人とイギリス帝国とのアイデンティティの絆は1950年代中葉以降低下しつつも、1960年代中葉までは失われることはなかった。1967年の連邦結成100年を境に、英系カナダ人は本格的にイギリス帝国への参照ではなく、カナダ・ネイションの探求に向うようになった。
13) Gougeon, *Histoire du nationalisme québécois*, p. 69.
14) Henri Bourassa, *Patriotisme, Nationalisme, Impérialisme*（Conférence donnée à la salle académique du Gesû, sous les auspices de l'Association catholique des voyageurs de commerce, le 23 novembre, 1923）, pp. 34-35.

15) Mario Cardinal, *Pourquoi j'ai fondé Le Devoir: Henri Bourassa et son temps* (Montréal: Les Éditions Libre Expression, 2010), p. 329.
16) その代表的な例として、1953年にユニオン・ナシオナル政権のケベック州政府が提出した連邦政府と州政府の間の課税権についての報告書「トランブレ委員会報告書」の冒頭において「2つの建国民族」の主張がなされている。The Tremblay Report: Report of the Royal Commission of Inquiry on Constitutional Problems, (Toronto: McClelland & Stewart, 1953), p. 1. また、ブラサの「2つのネイション」論の影響を受けた人物の1人として、ケベック・ナショナリズムの思想家であり、1964年の「2言語2文化調査委員会」の共同議長を務めたアンドレ・ロランドー（André Laurendeau）の名前を挙げることができる。André Laurendeau, *Andre Laurendeau: Witness for Quebec Essays Selected and Translated by Philip Stratford* (Toronto: Macmillan of Canada, 1973), pp. 4-5.
17) Adolphe Ouimet et B. A. T. de Montigny, *Riel: La vérité sur la question métisse* (Westmount: Desclez, 1979), pp. 9-11.
18) Gougeon, *Histoire du nationalisme québécois*, pp. 60-61.
19) Vincent Lemieux, *Le Parti Libéral de Québec: Alliances, rivalités, et neutralités* (Sainte-Foy: Les Presses de l'Université Laval, 1993), pp. 13-16.
20) Gougeon, *Histoire du nationalisme québécois*, p. 67.
21) Eugénie Brouillet, *La Négation de la Nation* (Sillery: Éditions du Septentrion, 2005), p. 252.
22) Gougeon, *Histoire du nationalisme québécois*, p. 69.
23) ケベック社会におけるカトリック教会の最も重要なイデオロギーは、物質的価値に対する精神的価値の優越であり、現世での人間の活動は、来世での永遠に続く幸福に関連しているという観点から、個人の宗教的信条は、日常の活動と切り離されないと考えていた。その上で、農村型の生活様式を維持する必要性を強く説いた。なぜなら、農村社会は、人間の基本的な本性と一致した環境を提供するだけでなく、美徳ある生活に導く生存の様式であるとされたからである。したがって、カトリック教会はケベック州の教会、キリスト教社会が発展するためには、フランス系カナダ人は農村の生活様式を維持しなければならないと主張した。Herbert F. Quinn, *The Union Nationale: Quebec Nationalism from Duplessis to Levesque Second Edition* (Toronto: University of Toronto Press, 1979), pp. 12-13.
24) Gilles Paquet, 《Duplessis et la croissance économique: une analyse exploratoire》, dans Alain-G. Gagnon et Michel Sarra-Bournet (dir.), *Duplessis: Entre la Grande Noirceur et la société libérale* (Montréal: Québec Amérique, 1997), p. 209.
25) Gilles Paquet, 《Duplessis et la croissance économique: une anaylyse exploratoire》, p. 209.
26) Réjean Pelletier, *Partis Politiques et Société Québécoise: De Duplessis à Bourassa 1944-1970* (Montréal: Québec Amérique, 1989), p. 79.

第1章　ケベック問題の所在

27) Thomson Dale, *Jean Lesage and the Quiet Revolution* (Toronto: Macmillan, 1984), pp. 85-87.
28) Georges-Émile Lapalme, *Pour une politique: Le programme de la Revolution tranquille* (Québec: vlb éditeur, 1988), pp. 20-23.
29) Alain Noël, 《Le chômage en héritage》, dans Alain-G. Gagnon (dir.), *Québec: État et société* (Montréal: Québec Amérique, 1994), p. 409.
30) The Commission of Inquiry on the Position of the French Language and on the Language Rights on Quebec (Québec: Official document, 1971). この資料が取り扱う時期は、まさに「静かな革命」以後の数年間であり、したがって、この資料は、後に言及されるケベック言語法制定の時期の経済的背景を探る上で適切な資料であると思われる。
31) *Ibid.*, p. 70.
32) *Ibid.*, pp. 72-74.
33) カナダ・ロイヤル銀行（Royal Bank of Canada）、トロント・ドミニオン銀行（Toronto-Dominion Bank）、ノヴァスコシア銀行（Scotia Bank）、モントリオール銀行（Bank of Montreal）、カナダ帝国商業銀行（Canadian Imperial Bank of Commerce）の5つである。
34) The Commission of Inquiry on the Position of the French Language and on the Language Rights on Quebec (Québec: Official document, 1971), p. 74.
35) Claude Le Corre, *Le Code du travail à jour* (Cowanswill: Les Éditions Yvon Blais Inc, 2003).
36) Pierre Elliott Trudeau, *Memoirs* (Toronto: McClell & Stewart, 1993), p. 17.
37) *Ibid.*, p. 39.
38) *Ibid.*, p. 40.
39) 1960年9月、名称を国民労働者連合（Confédération des syndicats nationaux）と改称し今日に至る。
40) René Lévesque, *Memoirs* (Toronto: McClelland & Stewart, 1986), p. 150.
41) John English, *Citizen of the World: the life of Pierre Elliott Trudeau* (Toronto: Vintage Canada, 2006), pp. 341-342.
42) 1940年の連邦総選挙の敗北を受けて、保守党は、労働者の権利保護や社会保障政策の充実などの進歩的政策を綱領に導入し、1942年進歩保守党と党名変更を行った。
43) Lévesque, *Memoirs,* pp. 152-153.
44) *Ibid.*, pp. 153-154.
45) ロランドーは、1962年3月の論文において、「私の立場としては、カナダの連邦制が再編されるという条件でなら、分離主義よりも、カナダ連邦の方がよい選択肢であると考えている」と述べている。このように、アンリ・ブラサの「2つのネイション」論の影響を受けていた彼は、カナダ連邦制を真の2言語国家に再編することを条件に分離主義ではなく、連邦主義を支持していた。Laurendeau, *Andre Laurendeau*, p. 237.

46) Michel Vastel, *Trudeau: le Québécois* (Montréal: Les Éditions de l'Homme, 1989), p. 112.
47) English, *Citizen of the World*, p. 376.
48) *Ibid.*, pp. 376-379.
49) Trudeau, *Memoirs*, pp. 72-73.
50) Pierre Trudeau, *Federalism and the French Canadians* (Toronto: The Macmillan Company of Canada Limited, 1968), p. 169.
51) George Radwanski, *Trudeau* (Toronto: Macmillan of Canada, 1978), p. 89.

第2章

憲法闘争の第1幕
―― 3つの憲法構想を巡る憲法闘争

1　ケベックにおける「特別の地位」の構想期

　本章の課題は、憲法闘争の第1幕として、ケベック州において提起された憲法構想の起源について検討することである。検討対象の時期は、1967年から1968年の時期に焦点を当てたい。この時期は、後にカナダ憲法闘争において連邦政府側の主要なアクターとなるピエール・トルドーが連邦政府の司法大臣として、カナダ人権憲章を含むカナダ憲法構想を提示した時期である。この時期に、ケベック州では、「特別の地位」と言われる国家構想や、「主権連合」と言われる国家構想が提示されることになる。

　ここでは、1967年のケベック自由党の党大会が主要な考察の対象となる。というのも、この会議において、ケベック州の「特別の地位」という憲法構想が初めて公的に政党の綱領の中に取り上げられることになったからである。そこでまず、どのような政治過程を経てこの会議に「特別の地位」の構想が取り上げられることになったかを検討してみたい。というのも、この会議からさかのぼること7年前、ケベック社会の近代化を推し進めた「静かな革命」の時期にこの「特別の地位」が構想される前提条件が形成されたからである。

　前章で述べた「静かな革命」について再度簡単に述べると、「静かな革命」は、ケベック州において長期政権であったユニオン・ナシオナル党のモーリス・デュプレシを、ジャン・ルサージュに率いられたケベック自由党が州選挙

で破り、ケベック州政権を掌握する時点から始まった。その期間はケベック自由党が政権にあった1960年から1966年までの6年間であり、その間、ケベック州では教育改革、経済改革、行政改革など一連の大改革が行われた。その目的は、カトリック教会の政治への関与を減少させること[1]、ならびにフランス語系住民の経済上の地位を向上させることであったと言われる[2]。

　第1の教育の改革については、州政府は教育相を設置し、従来はカトリック教会が統制していた教育を、州政府の管轄下に移した。また、福祉などに積極的に州政府が関わるようになった。ケベック年金法の制定がその例である。これは、ケベック州政府が独自の年金制度の確立を目指して、連邦政府と交渉し、その成立にこぎつけたものである。ケベック州とカナダ連邦との交渉の結果、ケベック州は、カナダ連邦のプログラムからオプティング・アウト（選択的離脱）する権限を得て、州独自の年金制度を設立することに成功した。しかも、その場合でもカナダ連邦のプログラムと同様の水準を保つという条件で、連邦からの財政移転を受けることができた。この事例では、カナダ連邦制の憲法改正を問題にする必要はなく、憲法の範囲内でケベック独自の年金制度が形成されたのである[3]。

　経済・社会改革の第1の事例が、前章でも述べた電力事業の州有化、つまり、英語系資本が支配していた民間の電力会社を公営企業であるイドロ・ケベック社に統合したことである。この電力事業の州有化を推進したのが、天然資源大臣として入閣していたレヴェックであった。このイドロ・ケベック社の統合は、英語系資本の民間電力会社を州政府が買収することによって成立した。この公社は、労働言語をフランス語とし、フランス語系を大量に雇用したため、雇用差別されていたフランス語系の地位向上に貢献することになった。実際、イドロ・ケベック社はケベック州の中で最大のフランス語系の労働者の雇用主に成長した[4]。しかし、民間会社の多くが英語系やアメリカ合衆国資本の手に握られているという現状は変わらなかった。1970年代半ばにおいても、ケベック州における最大雇用会社100社のうち、フランス語系が支配する会社は20社にすぎなかった[5]。

　「静かな革命」は、ケベックのナショナリズムにも変化をもたらしたとされ

る。ケベック・ナショナリズムの代表的な研究者の1人であるルイ・バルタザール（Louis Balthazar）も「静かな革命」によってもたらされた変化を明確に述べている。すなわち、「静かな革命」の時期に、ケベックのナショナリズム（nationalisme québécois）は、フランス系カナダのナショナリズム（nationalisme canadien-français）からケベック・ナショナリズムへと変化したとする。その意味するところは、宗教色（キリスト教カトリック）、フランス系であるという意識、そして農業に基盤をおく生活様式という特徴をもつフランス系カナダ・ナショナリズムから、世俗的で、地域としてのケベックの政治的発展を中心とするケベック・ナショナリズムへの変化である[6]。ここで重要になるのは、ケベック州のフランス系の文化、言語を保護し、経済を発展させる役割を担うのは、カトリック教会ではなく、州政府であるということが明確にケベック州民に理解されるようになってきたことである。以上に述べた「静かな革命」の諸々の事業もまた、州政府が主体的にフランス系文化の発展のために政治に関与するようになってきたことを示している。

　では、いつの時点から、ケベック州政府の要求が、カナダの国家のあり方そのものへの疑義、つまりカナダの憲法改正を要求する運動として展開することになっていったのであろうか。その発端は、1964年の「フルトン・ファヴロー方式（Fulton-Favreau formula）」と言われるイギリスからのカナダ憲法の移管事業に伴う改正手続きを巡る政治闘争であると思われる[7]。この憲法改正の起点は、ケベックから発した問題ではなく、カナダ全体の問題が主要なテーマであった。今、簡単にその経過について整理しておくことにしよう。

　カナダは根本法規としての「英領北アメリカ法」の制定とともに、1867年に連邦制国家として成立したが、それはイギリス帝国の「自治領（Dominion）」としてであった。その後、このカナダ連邦制国家は、徐々にイギリス議会から政治的権限を獲得してきたが、「英領北アメリカ法」の改正を自国で行うことができなかった。しかし、憲法改正権限をイギリス議会から獲得するということになると、カナダ国内での憲法改正手続きを新たに定める必要が生じてくる。何度かの調整過程を経て連邦政府と州政府の間で、フルトン・ファヴロー方式においてようやく合意に達することができた。次なる手続きとしては、各

州議会での承認を得るという段階になって問題が生じたのである。

このフルトン・ファヴロー方式で取り決められた憲法改正手続きでは、権限の分配について、州の管轄に関わる部分の改正には全州の同意が必要であるとされていた。この方式は、ケベック州が1つの拒否権をもつことを意味していると言えなくもない。その点に着目して、当時のケベック州の首相、ルサージュはこの様式に賛成し、ケベック州議会で採択を求めた。しかし、ケベック州議会では、この拒否権はケベック州があくまでも他の州と同等の拒否権しかもたないということを意味するものだと批判され、この案は結局否決されたのである。しかも、その反対の声は、ケベック州の世論全体に拡大した。この時、ケベック州の野党であったユニオン・ナシオナル党の党首ダニエル・ジョンソン（Daniel Johnson）は、「この会議でこの案に同意したケベック自由党はケベック州の裏切りものである」と非難している[8]。結局、激しい反対の抗議の中、ルサージュはこの憲法修正案支持を撤回するという事態に追い込まれる。ルサージュもケベック州の自治の積極的拡大を望んでいたのではあるが、ケベック州がカナダの中で「特別の地位」をもつということの意味がまだ明確に把握できていなかったと思われる。その意味で、この事件での混乱そのものが、ケベック州に「特別の地位」を与えるという憲法構想の声を決定的に高める契機となったと言える。

この事件以降、ケベック州ではそれぞれの政党や知識人の中で独自の憲法構想を作成しようという雰囲気が急速に醸成された。まず、ケベック自由党が憲法構想について考え始めた時点からみていこう。このフルトン・ファヴロー方式に伴う事件に続く1966年6月のケベック州の議会選挙では、1960年以来一貫して政権にあり「静かな革命」を推進してきたケベック自由党が、ユニオン・ナシオナル党に敗れて野に下ることになる。当時ケベック自由党で大臣を歴任するなど代表的な政治家であったレヴェックは、ケベック自由党の敗北は、明確な憲法構想をもっていなかったことにあると述べている。しかしレヴェックがこのように発言しているといっても、ユニオン・ナシオナル党が憲法構想をもっていたというわけではなかった。ユニオン・ナシオナル党の勝利の要因は、党首ジョンソンのリーダーシップの卓越性や人事の刷新にあると言える

し、さらに言えば、この選挙での勝利は僅差であった。とはいえ、ジョンソンが、ケベック自由党が敬遠していたケベックのナショナリズム運動を重視していたことは確かである。実際、ユニオン・ナシオナル党は、『平等か独立か』というパンフレットの中で、ケベック州の独立の可能性をも考慮に入れていた。

　また、この時期に、政党だけでなく世論、特に著名な学者の中で、ケベックの憲法構想に関して様々な主張が提起されるようになってきたことも注目すべき展開であった。そのような主張は、ケベックの「特別の地位」と言われる憲法構想の議論に収斂している。例えば、1967年6月30日には、ケベック州の代表的な新聞「ル・ドゥヴォワール（Le Devoir）」に、数人の著名な学者がこの「特別の地位」に関わる憲法構想を展開している。「ル・ドゥヴォワール」は、1910年に、「２つのネイション」論を唱えたフランス語系の代表的な知識人であるアンリ・ブラサによって設立されたケベック州で最も知的な新聞として影響力をもっており、この新聞の編集長は、代々、ケベック社会の有力知識人として大きな発言力ももっている。この時期の編集長であるクロード・ライアン（Claude Ryan）もまた、ケベック州を代表する知識人であり、1978年からはケベック自由党の党首となる人物であったが、ライアン自身が「特別の地位」についての主張を総括し、その要点をまとめた論文「将来のカナダにおけるケベック」をこの憲法特集（1967年6月30日）の巻頭に付している。これを仮に「ライアンの特別の地位」構想と呼ぶことにしたい。これは、当時の世論の中での「特別の地位」構想の到達点であるがゆえに、以下に詳細に検討してみたい。

1　ライアンの「特別の地位」構想

　第１にライアンの「特別の地位」構想は、カナダの憲法の文言に関してどのような意見を表明していたのかを考察していこう。

　ライアンは、ケベックが「特別の地位」を要求する場合、根本的に重要な点として憲法の問題を挙げている。まず、フランス系カナダ人がカナダの中で占めてきた歴史的経緯から解きほぐし、フランス系は「特別の地位」をカナダの

中で得るべきであるとし、そのために憲法を改正する必要があるとする。[12]ライアンは、フランス系カナダ人をネイションとして捉える。ネイションの定義は、様々であるが、ライアンの使用する意味では、カナダに何世代も居住し、自らの固有の歴史をもち、自決権を主張する集団という意味で使われている。このようにフランス系カナダ人をネイションとしてとらえた上で、さらに重要な論点として、このネイションをいかなる方法で承認するかという問題を取り上げる。ライアンは、①「カナダの政治社会は文化的2元性（dualité）に基づくということ」という文言および、②「この2元性（dualité）の実現のために、特別な責任がケベック州政府に帰せられる」という文章をカナダの憲法の中に書き込むべきであるという提案を行っている。さらに、その具体的な文言の例さえ提示している。ライアンの文言の前者①が意味しているのは、カナダは英系とフランス系の2つの社会からなるということ、すなわち、2つのネイションから構成されるということの確認であり、②は、カナダは不均等な権限分割がなされる連邦制であるという、国家体制についての確認の文言である。

ところで、当時のカナダの憲法とされる1867年制定の「英領北アメリカ法」の前文には、カナダは大英帝国の利益の増進のために設立された自治領であること以外には何も述べられてはいない。したがって、この憲法には「文化的2元性に基づく」という文言は述べられていないのである。[13]ライアンは、このような憲法前文に対して、明確に2元主義を採用しようと主張しているのである。

次に、連邦と州との権限分配の点についてみていこう。当時のカナダの憲法である「英領北アメリカ法」の第91条には連邦議会の権限が規定され、第92条～第95条には州の権限が列挙されている。連邦議会の権限としては、公債および公有財産や通商、租税による金銭の徴収、通貨および貨幣、婚姻と離婚等が挙げられている。州には、直接税の徴収と教育に関する権限等が与えられている。ところで、カナダ憲法では、憲法に明記されていない事項は、連邦議会の権限となる、つまり、残余権限は連邦にあるとされている。

それでは、ライアンはどのような権限分配を考えていたのか。ライアンは、ケベック州が「特別の地位」を獲得した場合、権限分配は次の3つの分野でなされると考える。第1の分野は、行政権限をケベック州に委譲する分野である

が、このためには特に憲法改正の必要はないとする。この分野に属する事項は、主に以下のものである。例えば、労働投資、農業信用金庫、犯罪者に対する留置、警察などである。第2は、ケベック州がオプティング・アウト（選択的離脱）によって自州の権限とする分野であるが、これは憲法上、連邦政府と州政府の両方の管轄に属する分野において行われるものである。第3は、ケベック州がより多くの権限を要求する分野であるが、これは連邦政府の権限からケベック州に移管すべき分野である。これには、外交関係、移民、マスメディア等の分野がある。また、この3点に加えて、ライアンは、連邦政府の支出権限や残余権限について反対している。支出権限とは、たとえ、州政府の専管事項であっても、連邦議会で必要とされた事項に対して、連邦政府が財政上の支出を行いうるというものである。ライアンは支出権限や残余権限を規制しなければ、州の権限が脅かされると考えているのである。

　以上3点の分野について考えると、第1の点は、行政権限の委譲であるので、通常の権限委譲と異なるところはないだろうと思われる。第2の点は、オプティング・アウトを行う分野である。このオプティング・アウトによって権限が得られる場合は、前に述べたケベック年金制度の事例において明らかであるが、これは、実際には他の州にも同様に与えられる権限の中でケベック州だけがそれを行使したというものである。これは、事実上（de facto）の「特別の地位」だが、法律上（de jure）の「特別の地位」ではないと言える。

　ライアンは以上の点にとどまらず、第3の点、つまり、ケベック州へのさらなる権限委譲を要求している。これが、第2の点と違うところは、ケベックの独自の政策が憲法の中で明確に保障されるということである。実際には、外交関係や移民政策はその後の歴史でケベック州政府の努力により法律のレベルで実施されることになったが、それは憲法的に保護されているわけではない。ライアンがここで要求しているのはケベック州への特別な権限の憲法的保護のことであることは極めて重要な点である。以上3点の特質は法的安定度の観点からみるとよりわかりやすい。第1の点から第3の点に向かうにつれて、その法的な安定度は高度なものになっているからである。というのも、第1の行政権委譲は通常の法律の次元の取り決めであるため、連邦議会での法律改正によっ

て容易に変更されることになる。第2のオプティング・アウトも、一部は憲法的に保護されているという点で、行政権委譲よりは安定しているかもしれないが、連邦政府と州政府とが競合する管轄領域のため、連邦政府が宣言権限などの権限で介入を行ったり、場合によってはカナダ最高裁判所の判決如何に左右されることになる。第3の点は、憲法改正をすることで完全にケベック州の管轄領域に入れてしまうため、成功すれば法的安定度は最も高い。その意味では、この第3点に分類されている分野の事例である外交関係、テレビ・ラジオ関係、移民関係は、ケベック州の要求の本質的部分を構成していると言っても過言ではない。

　このようにライアンの権限分割に関する主張は、オプティング・アウト方式以上のものを要求するものであるが、それは、ケベック州に他の州よりも大きな自律的な権限をもたせるものである。したがって、ケベック州が連邦議会に対してもつ権限の比重が大きくなる。その結果として、他の州とのバランスを考えれば、ケベック州選出の連邦議員の議席数を減らすべきである。しかし、ライアンの「特別の地位」論では、連邦議員数の削減については何も述べられていない。むしろ、オプティング・アウトを行い、さらに権限の増大さえも得たケベック州の連邦議員は、堂々と自らの州が関わらない連邦議会の議題にも参加すべきであるとする。その理由は、ケベック州の権限に関わらないことが議題となっているからといっても、その議題は、間接的に、また長期的にみると、ケベック州にも関わる可能性があるからであるとしている。

　ここまで、ライアンの「特別の地位」論について検討してきたが、この構想は当時の世論の段階では、かなり包括的なものであると言える。確かに、それは公的な場で議論されたわけではないが、この「ル・ドゥヴォワール」紙上において大いに注目されたと思われる。それゆえ、この構想が政治の舞台に上がるというのも時間の問題であった。次節では、この構想がケベック自由党の中で取り上げられていく過程を検討したい。

2　ケベック自由党の「特別の地位」

　「特別の地位」についての憲法構想化への関心が世論において高まり、ケ

ベック州の2つの有力な政党はどちらもこれらの声を取り込もうとする。中でも、1966年のケベック州選挙において敗北したケベック自由党が、憲法構想の明確化を喫緊の課題としていたことは想像に難くない。現に、ケベック自由党議員の中には、憲法構想を検討するグループがいくつか形成され始めていた。その中で最も勢いがあったのはルネ・レヴェックに率いられたグループであった。このグループは、ケベックを主権国家として独立させ、その上で「(ケベック以外の) 残りのカナダ」との経済連合を形成するという国家連合の構想へと向かうことになった[17]。レヴェックのこの構想に賛同を示す議員もいたが、ケベックの要求をあくまでも連邦制の中で実現しようと考える議員たちはこのグループから去ることになった。その代表的な人物が、「特別の地位」の可能性を追求したポール・ジェラン・ラジョワ（Paul Gérin-Lajoie）である[18]。レヴェックたちのグループは、ケベック自由党の党大会において、自らの構想をケベック自由党の基本方針とする準備をしていた。他方で、レヴェックの案に対する対案としてラジョワは「カナダ連邦の中でのケベックの特別の地位」という構想を提出することを決めていた。1967年秋に開かれたケベック自由党の党大会では、レヴェックたちのグループが提出した国家連合の構想についての動議は、党大会において党執行部を含む多数決で否決されたため、レヴェックたちのグループはケベック自由党を去った[19]。その後に開かれた総会では、「特別の地位」がケベック自由党の憲法構想として正式に承認されることになった。

この時点でのケベック自由党の「特別の地位」の構想とは、いかなるものであったのだろうか。ラジョワの論説[20]およびケベック自由党年次大会での決議[21]に沿って考察していこう。

まず、憲法の規定内容について具体的なことは述べられてはいない。「ライアンの特別の地位」では具体的な規定まで議論していたことを考えれば、「ケベック自由党の特別の地位」はかなり曖昧である。実際、このケベック自由党大会の決議の文書の中には、「カナダには2つのネイションが存在する」、「フランス系カナダ人をカナダの対等な成員にすることが憲法改正の目的である」、という記述はみられるが、そのような主張が憲法の中にどのような形で書き込まれるべきかについては、党大会の決議からは明確ではない。

連邦と州との権限分配については、決議はケベック州に以下の分野で排他的な権限が付け加えられるよう要求している。その分野とは、社会保障、労働、移民、ラジオ・テレビ、芸術振興、外交が挙げられている。ライアンが、それぞれの権限を行政権限、オプティング・アウト、憲法的保障に基づく権限増大の3つに分けて要求していたのに対し、ラジョワの要求は単純である。さらに、ケベック自由党の党大会決議の文章では、権限分配については漠然とした記述しか見られない。実際、決議においてはその第4項目において政治・経済・文化と社会の3分野においてケベックに権限の拡大（Pouvoirs accrus pour le Québec）を求めると、漠然と記されているにすぎない。当然、カナダ連邦にはいかなる権限が付加されるべきかについては一切語られてはいない。
　このようにラジョワの主張および1967年のケベック自由党の決議をみれば、その完成度は決して高くはないが、ここで重要なのは、構想作成に向けた努力が始まったということにある。実際、ラジョワの文章から伝わってくるのは、この「特別の地位」が要請する制度は、ネイションの自決の要求を満たしうる画期的な制度であるという認識である。
　次に、ケベック自由党の憲法構想の過程で分岐したもう1つの憲法構想である「主権連合」構想に目を向けてみよう。

3　レヴェックの「主権連合」

　ケベック自由党を離脱したレヴェックが主張した「主権連合（Souveraineté-Association）」という国家連合体制とはどのような国家構想であろうか。レヴェックがその構想をまとめた著書『ケベックの選択』を手がかりに、「特別の地位」と対比しながら検討してみよう[22]。
　第1に、「主権連合」構想の基軸は、ケベックと「（ケベック以外の）残りのカナダ」とはそれぞれ異なるネイションであるため、それぞれが主権国家をもつというものである。そのため、憲法についてもそれぞれのネイションが憲法をもつということになる。したがって、ここではライアンやラジョワの「特別の地位」構想がもっていた論点、つまり、憲法にネイションの承認について書き込むか、書き込むとしたらどのような方法で書き込めばいいのかといった問

題は生じない。

　次に、それぞれのネイションは、主権国家としてほぼ完全な政治的権限をもつとされる。これだけならば、それは完全な独立国家であるが、レヴェックの構想では、今日のヨーロッパ連合のように、いくつかの分野に関して他の国家と主権を共有するという考えが表明されている。レヴェックが「主権連合」を構想した1967年当時は、ヨーロッパ連合の前身である欧州共同体（European Community）が設立された年であり、ヨーロッパでのこの新しい傾向にレヴェックは注目していたのである。

　レヴェックが主張する「主権連合」においては、連合は主として経済の分野でなされる。例えば、通貨の共通化、共通市場の形成、経済政策の協力などが考えられている。この経済連合の上で重要なのは、それがあくまでも２つの国家の対等性を基盤とすることである。連合は、通貨統合を形成するために必要とされるカナダ銀行の制度構成からみても明白である。このカナダ銀行は、取締役会、連邦財務閣外大臣、総裁（議長）および副総裁（副議長）、公務員から構成される。取締役会は、２つの国家の対等性に基づく委員会からなる。連邦財務閣外大臣には、ケベックの大臣も加わることが必要とされている。総裁と副総裁は、それぞれケベックと「残りのカナダ」との間で輪番制をとる。公務員も、上級の公務員は交代で担当される。

　それでは「主権連合」の利点は何であろうか。「主権連合」は、２つのネイションが２つの国家をもつのだから、ケベックの自決の要求を十全に満たすことができる。さらに、「連合」の面では、残りのカナダとの連携も維持するため、「特別の地位」ほど、カナダとの連携関係はないが、純粋な分離独立の主張よりは、ケベック州内の少数の英語系住民や先住民のナショナル・アイデンティティの多元性に道を開く可能性がある。なぜなら、純粋なケベック国家の独立の場合には、多数派であるフランス語系住民を主体としたケベック国家の成立を意味することとなり、その場合には、少数派のネイション意識が抑圧される可能性があるからである。

　ケベック州において、このように、２つの憲法構想が提起され、憲法の是非を巡る議論が高まりをみせている中、ケベックのナショナリズムの熱も高まっ

ていた。それに対抗する連邦制構想を示したのが、当時のカナダ連邦政府の司法大臣であり、後に連邦首相となるピエール・トルドーである。

4　トルドーの連邦制論

　本項では、主としてトルドーがカナダ連邦の司法大臣に就任した1967年当時に行った連邦制に関する講演を検討してみたい。[24]

　第一に、トルドーの憲法観から考察する。トルドーは、あくまでもカナダには1つのネイション、すなわちカナダ・ネイションしか存在しないと主張する。この主張は、カナダに住む、自由で平等な個人が、その出自の如何にかかわらず1つのカナダ・ネイションとして一体となるという意志をなによりも重視する。このような発想は、政治理論から言えば、社会契約論的な発想であると言える。以下のようなトルドーの発言から、この点は確認できる。「どの国家、どのネイション、どの政治集団も結局は人民の選択意志にのみ基づいている。国家を形成するのは国境ではない。国家は、言語に基づいて形成されるのではない。国家は歴史に基づいて形成されるのでもない。人間は過去の奴隷ではない。人間はいつも、いかに自らが生きるかを選択する自由をもつ」[25]。トルドーは、人間の自由意志、それも未来に向けた意志の中にカナダの連帯性をみるのである。先に引用した文章のすぐ後に、ネイションの定義で知られるフランスのエルネスト・ルナンの有名なフレーズ「ネイションは日々の住民投票である」を引き、この自由意志の重要性を一層強調している。ルナンはネイションの構成要素を自由意志であると捉える代表的な論者として有名であるが、ルナン自身は、ネイションの構成要素の中に、自由意志だけではなく、過去の共有された遺産、つまり文化の共有をも重要な要素としている[26]。しかし、ここでのトルドーのルナン理解は、あくまでも自由意志の擁護者としてのルナンである。

　このようなネイション論に立脚するトルドーにとって、カナダの中に多様なネイションが存在するというような考えは、いかなる形でも受け入れられるものではなかった。それでは、トルドーは、フランス語系カナダ人の存在をどのように考えるのか。トルドーは、フランス語系の集団を「エスニック集団

(groupe ethnique)」であるとしたり、「言語共同体（communauté linguistique）」であるとしているが、「ネイション（nation）」と呼ぶことはしていない。むしろ、トルドーはフランス語系カナダ人の集団を「ネイション」と考えることに反対している。「私は、フランス系をネイションと呼ぶことを好まない。もし、どうしても、ネイションと呼ばねばならないのなら、それは社会学的な意味でのネイションであって、決して政治的な意味でのネイションではない」[27]。

　しかしながら、トルドーは、フランス語系カナダ人をネイションではないと考えたとしても、フランス語系カナダ人に対していかなる特権も与えないと考えていたわけではない。周知のように、トルドーは、公用語法を制定して、連邦において2公用語政策に取り組むことを主張していた。この2公用語政策とは、カナダ連邦内において英語とフランス語の両言語で公的なサービスをカナダ国民が受けることができるようにする政策のことである。この政策は、フランス語と英語の両言語を連邦政府機関による行政サービスを提供する際の言語として徹底させることを目的としている。この政策は、フランス語系カナダ人にとって有益であると考えられるが、重要な点は、公用語法による権利はフランス語系カナダ人がネイションであるという理由でもって与えられる権利ではなく、あくまでもカナダ国内に占めるフランス語を話す住民の人口が多いという理由で与えられる権利であるという点である。つまり、将来の時点でフランス語系カナダ人の人口数が低下し、カナダ国内に占める地位が低下すれば、当然その政策は変更されることを意味しているからである。しかし、トルドーは、この政策を憲法の中に明記しようとしていたので、その点では、この政策を単なる連邦の法律や州の法律のレベルよりも法的に安定したものであるべきと考えていたのは間違いない。

　第2に、連邦と州の権限分配に関してトルドーはどのように考えていたのだろうか。トルドーにとって実行可能な権限分配の範囲はどこまでなのだろうか。ライアンが主張していたような、権限分配の3段階に即して検討してみよう。まず、第1に行政的な権限委譲については、トルドーにとっても許容できる選択肢であろう。このことは、トルドーが「私は、地方で行なった方が効率的であると思われる事柄については、いくらでも地方に権限を委譲するつもり

である」と語っていることからも明らかである。第2に、オプティング・アウトは前章でも検討したように、ケベック州に「特別な」権限を付与しているわけではないので、トルドーにとっても受け入れ可能な権限と想定することができる。これについて、トルドーの主張の中で明確に述べているところは少ないが、後に具体的にケベック州政府との論争の中で彼が展開した議論にみられるように、オプティング・アウト方式をトルドーは特別な権限の付与であると考えていた可能性がある。第3の、ケベック州に権限の増大を与えるという点については、トルドーが強固に反対したことは、言うまでもない。

　さらに、ケベック州に特別な権限を与えることに反対するトルドーの論拠が最も示されているのは、特別な権限の付与の憲法的承認である。「連邦政府が、ケベック州政府に特別な権限を与えるとしたら、ケベック州選出の連邦議員は、何の価値もない存在となる」。ここでトルドーが念頭に置いていることは、例えば、ケベック州政府だけに移民政策についての特別な権限が付与される場合、連邦議会が取り扱う議題は、ケベック以外のカナダの移民政策全体についてである。そうなれば、ケベック州選出の連邦議員はカナダの移民政策に関して発言する権利がなくなり、その結果として、ケベック州選出連邦議員の連邦議会での重要性は低下することになる。しかしながら、トルドーによれば、ケベック州選出の連邦議員は、カナダ全体の問題について積極的に関与しなければならないと主張する。フランス語系カナダ人もまたカナダ全体の政治に積極的に関与してこそ、カナダという器はフランス語系カナダ人にとってもより快適な場所となるという確信をトルドーは抱いていたのである。

　トルドーは連邦制の意義を、以下のように端的に述べている。「国家を市民に近づけること、つまり州（provincial）の要求に対しては州で、地方（local）の要求に対しては、地方で、国家全体が直面する問題には、連邦レベルで、法律を制定することを可能にすることである」。ここでは国家の中のマイノリティ・ネイションの権利や利益の調整は考慮外であり、ただ市民と行政の距離が近いことに重きが置かれている。トルドーの連邦制論は、1つのカナダ・ネイションを前提にしているため、対外的に国家の統一性の強さが大きな利点となっているとも言える[28]。しかし、ケベック州のフランス語系住民は、ケベック

表2-1　カナダ・ケベック3つの憲法構想（1967-1968）

	特別の地位			主権連合	連邦制
提唱者	ライアン（*Le Devoir*編集長）	ラジョワ（ケベック自由党）	ジョンソン（ユニオン・ナシオナル党）	レヴェック（ケベック党）	トルドー（カナダ連邦政府）
ネイション観	2つのネイション（英語系とフランス語系）	2つのネイション（英語系とフランス語系）	2つのネイション（英語系とフランス語系）	2つのネイション（英語系とフランス語系）	1つのネイション（カナダ）
権限分割	不均等連邦制	不均等連邦制	不均等連邦制	国家連合（ケベックとカナダ）	均等連邦制（州間平等）
不均等連邦制の実現方法	憲法的保障およびオプティング・アウトによる州権限の増大	州権限の増大（実現方法については未定）	オプティング・アウトによる州権限の増大		

出所：筆者作成

州にも帰属感を感じており、カナダだけにネイションの帰属感をもつということは難しい。それゆえ、1つのカナダ・ネイションだけを促進するようなトルドー的な連邦制強化の政策は、ケベック州のフランス語系住民が抱く帰属感の多様性を否定することになるとの危惧が生じる。

　トルドーの連邦制の考えをまとめると、以下のようになる。第1には、憲法前文の文言において、ケベックがネイションであることを明文化しない。第2には、権限分配において、ケベック州への権限の増大には反対する。第3に、ケベック州の連邦代表議席数の削減に対しては反対である。

　以上の経過をまとめれば、1967年から1968年にかけてケベック州では「特別の地位」、「主権連合」、そして連邦制強化という3つの構想が提起されたということができる（表2-1）。1967年の時点では、ケベック州のケベック自由党は「特別の地位」の検討を始めていた。しかし、1968年の連邦・州憲法会議というカナダ全体で行われた会議の場では、トルドーの連邦制の主張が、カナダ全体に強烈な印象を与え、徐々にその影響を強くしていくことになる。その中で、「特別の地位」ならびに「主権連合」の構想が、どのように変化していっ

たのか。次節では、その点を検討したい。

2　ケベックにおける「特別の地位」の瓦解期

　本節では、ケベック州の憲法構想が連邦政府のイニシアティブに対抗しつつ、どのように変化したのかを検討する。その際、1968年に開かれた連邦・州憲法会議に焦点を当てる。この会議は、ケベック州での憲法改正への要求が高まるのに対し、連邦側がそれへの対応として開催することに決めたものである。この会議の特徴は、連邦政府首相とケベック州の首相だけでなく、カナダの構成諸州全ての首相が招かれ、また、会議自体が多くの報道陣に対して開放されたことである。この会議の注目度はカナダ全土において非常に高いものであった。連邦政府首相として出席したのは、レスター・ピアソン（Lester B. Pearson）首相である。しかし、この会議で連邦政府の実質上の主役を果たしていたのは、ピアソン首相ではなく、彼の後継者と目される連邦司法大臣トルドーであった。実際、トルドーは会議の席でも、その後の報道陣へのインタビューでも、その発言、パフォーマンスともに群を抜いていた。この会議は、トルドーの連邦制への主張をカナダ全土に広める絶好の機会となったと言える。他方で、ケベック州の代表者として出席したのは、ユニオン・ナシオナル党の党首であったケベック州首相ダニエル・ジョンソンであった。ジョンソンもまた、ケベック自由党の「特別の地位」と類似した憲法構想を作成しようとしていた。このジョンソンの「特別の地位」は、ライアンの「特別の地位」やラジョワの「特別の地位」といかなる点で類似し、いかなる点で異なっているか。次項で検討することにする。

1　1968年の連邦・州憲法会議におけるケベック州政府の見解

　ケベック州首相の地位にあったユニオン・ナシオナル党のジョンソンは、ケベック州政府の見解として、連邦・州憲法会議に自らの憲法についての見解を提起した。ジョンソンの主張にも、ライアンやラジョワの主張と同様に、アンリ・ブラサ以来の２つのネイション論の主張が現れている。すなわち、フラン

ス語系カナダ人を歴史の中で培われてきたネイションと考え、カナダを2つのネイションからなる国家であるとする考えである。このことは、ジョンソンがカナダ連邦制の設立の主要な構成要素を、フランス語系ネイションの存在に求めていることからわかる。とはいえ、ジョンソンは、このネイションの承認を憲法の文言の中に書き入れるか否かについては全く言及していない。むしろ、ジョンソンが主張しているのは、2公用語法による2言語主義の徹底である。この連邦・州憲法会議では、2言語主義の問題が1つの焦点になっていたことは確かであるが、彼自身の憲法構想の主張の中で、フランス語系カナダ人はネイションであるという文言の憲法的承認よりも、2言語主義を主張していることは、ジョンソンの憲法構想の特徴であると言えよう。しかし、ジョンソンが語る2言語主義は、トルドーが語る2言語主義とは異なるものである。トルドーが考える2言語主義は、前節で検討したように、カナダ連邦内においてフランス語系カナダ人の人口数が多いことによって与えられる権利と考えられていた。それゆえに、トルドーの2言語主義では、連邦制の枠組を変更する必要はないということになる。しかし、ジョンソンの考える2言語主義は、明確に、フランス語系カナダ人がネイションであるという点に基づいて与えられる権利である。したがって、この2言語主義は必然的にケベック州の特別な権限を前提とするものでなければならない。ジョンソンは以下のように主張する。「カナダにおける真の2言語主義の設立は、その必要不可欠な構成要素の1つとして、フランス系カナダの故郷であるケベック州政府が特別な役割をもつことの承認を前提とする[31]」。

では、ジョンソンは連邦と州のいかなる権限分配を考えているのか。この点で、ジョンソンはライアンのように、段階を分けて考えているわけではなく、ケベック州に特別な権限が与えられる分野を大きく3つに分類している。ジョンソンが挙げている分野は、第1に社会保障の分野、第2に外交の分野、第3に放送メディアの分野である。

第1の社会保障の権限をケベック州が要求するのは、それが、社会生活全般に関わる分野であるからである。その要求の前提にあるのは、言うまでもなく、フランス語系カナダがもつ文化の独自性である。

第2の外交の権限を要求する理由は、教育や研究の点で諸外国と協定を結ぶということが重要なためであるとされる。教育は、「英領北アメリカ法」の第93条において州の管轄とされていた。それゆえに、州がこの教育や研究の権限を十全に活用するためにも、外交に関する権限をもつことが必要になると考えているのである。

　第3は、放送メディア上の権限であるが、この権限を要求する理由は、教育、文化の普及のためにケベック州独自の手段をもつことが重要なためであるとされる。具体的には、カナダの公的テレビ放送機関の人員に関して、ケベック州が発言する余地をもつようにと要求している。

　以上の3つの権限に関しては、ライアン、ケベック自由党、ジョンソンのどの構想においても共通して取り上げられているため、これらはケベック州の特別の権限にとって不可欠のものと考えられていると言えよう。しかしながら、ライアンの「特別の地位」とジョンソンの「特別の地位」とは根本的に異なる点がある。前者は、ケベック州に与えられる特別の権限について、それは憲法によって保障されるものと考えているのに対し、ジョンソンは、この特別の権限を、オプティング・アウトによって与えられると考えている。ジョンソンは、連邦・州憲法会議の本会議の場でのトルドー司法大臣との討論において、以下のように発言している。「我々が要求しているのは、ケベック年金制度の確立の際に行ったような方式に他ならない」。他方で、ケベック自由党の「特別の地位」については、前述したように、権限増大を求める3つの分野が列挙されていたにすぎず、その権限増大が憲法的保障によってなされるのか、オプティング・アウトによってなされるのか明確にされていない。

　さらに、1968年の連邦・州憲法会議では、ケベック州と連邦政府および他の諸州との協力関係のあり方が議論されたが、ケベック州側の「特別の地位」要求の、いわば、見返りの問題が十分に検討されなかった点が注目される。すなわち、ライアン、ケベック自由党、ジョンソンの3者に共通する問題点として、連邦議会におけるケベック州代表の議席数を削減するという選択肢を提起してはいないことが挙げられる。例えば、移民政策に関する特別な権限がケベック州に与えられる場合を想定してみれば、この場合、連邦議会においてカ

ナダ全体の移民政策が議論される際に、ケベック州選出の連邦議員の議席数が、以前と変わらず保障されていれば、彼らはケベック州に関わらないカナダの移民政策に不当なほどの影響力を行使することになるであろう。それゆえに、「特別の地位」の要求とバランスのとれた連邦議会での地位低下がセットで提出されなければ、ケベック州だけがバランスを欠いた過剰な要求をしているという反発が、英語系カナダ諸州から起こることは十分に予測された。実際、この連邦・州憲法会議において、ケベック州のこの要求はあまりにも大きすぎる要求として諸州は反発したのである。

2 「公正な社会」──「特別の地位」への反発

　予測通り、1968年の連邦・州憲法会議の場において、英語系のカナダ諸州は、ケベック州の特別な権限の付与の要求に反対を表明した。その中でも、アルバータ州の首相アーネスト・マニング（Ernest Manning）は、最も激しく反発した。マニングは、国民統合（national unity）の保持を強調する。彼は、ケベック州の権限の増大の要求は、絶えざる権限委譲をもたらし、それは、カナダ憲法の破壊にまで行きつくと主張する[32]。マニングは、ケベック州にのみ特権的な権限を付与するような分権化政策を進めれば、ケベック人のケベック・ナショナリズムが昂進し、その結果、ケベック州のフランス語系カナダ人がカナダに対してもつ愛着は薄れ、カナダ・ネイションの一体性が分断されるという危惧を表明している。

　実際、トルドー本人も連邦・州憲法会議の本会議の場でマニングのこの論点を特に重要な問題点としてジョンソンに対置した。トルドーは、ケベック州政府の要求するケベック州の権限増大の要求は、州政府が要求する社会保障やテレビ・ラジオなどの分野だけでなく、どこまでも拡大する恐れがあると述べている。確かに、ケベックの「特別の地位」の権限拡大の3分野は、先の検討でも明らかなように、権限拡大の核心的部分であるとしても、それが一層拡大しないという保障はない。さらに、例えば社会保障の分野と言っても、何が社会保障の分野に入るかという線引きは実際上困難である。この3分野の要求は、オプティング・アウトという方法によって満たすことも考えられる。しかしな

がら、オプティング・アウトをするには、年金政策1つをとっても、オプティング・アウトを求める州と個々に連邦政府が協定を締結せねばならず、政策運営が非常に複雑なものになる。

　この問題に加えて、トルドーの指摘するもう1つの問題点は大きな意味をもっている。つまり、ケベック州に特別な権限が与えられるならば、ケベック州選出の連邦議員は連邦議会においてケベック州に関わらない政策の議論について発言する資格を失うという指摘である。この問題に対し、ケベック州政府が要求する権限の増大はオプティング・アウトにすぎないので連邦議会におけるケベック州選出連邦議員の存在について問題はないと発言したジョンソンは楽観的すぎると言える。なぜならば、まさにこの点に関して、トルドーや他の諸州は、ケベックの「特別の地位」への要求は不当な権限要求であるとして拒絶したからである。

　この連邦・州憲法会議において「特別の地位」が否定されたことは、ケベック州にとっては失敗とみなさざるをえないものであろう。この会議が連邦政府や各州の代表に与えた印象は非常に強いものであり、この会議までは全国的に知名度が高いとは言えなかったトルドーの人気は非常に高くなったのである。ケベック州の中でも、この会議の結果は、様々な影響をもたらすことになった。「主権連合」を唱えていたルネ・レヴェックのグループは、連邦政府側が明確に「特別の地位」を拒絶していると理解した。そのことは、レヴェックの以下の発言から明らかである。「特別の地位を巡っての連邦政府との交渉は無駄である。もし、ジョンソンがこれ以上連邦と交渉するならば、ケベック・ネイションの存在を一層危機に陥れることになる。ただ1つの解決法は主権ケベックである[33]」。

　このように1968年の連邦・州憲法会議では、トルドーのリーダーシップの下、「特別の地位」への強固な反対の雰囲気が形成されるようになった。トルドーが「特別の地位」に反対する根拠は、確かに「特別の地位」構想がもつ問題点を明確に指摘するものであった。それは、カナダ全体のナショナル・アイデンティティの一体性の喪失への恐れである。

　事実、この時期以降、トルドーはカナダ全体のナショナル・アイデンティ

ティの一体性の保持を強く訴え、世論をリードするようになる。そのことを最もよく物語るのが、トルドーがピアソン首相の後継として連邦首相となった後、連邦下院総選挙を実施した際の彼の公約、「公正な社会（Just Society）[34]」という主張である。この公約は、州間不均衡の是正など、いろいろな意味での「公正さ」を確保するということであるが、その根幹は、カナダ・ネイションとしての一体性を作り出すということに置かれている。そのことは、トルドーの以下の発言から明らかである。「もし我々が真に統一されたネイションを欲するならば、1つのネイション、つまり全てのカナダ人が平等な機会をもつことが必要である」。そのためには、国家の中で経済発展が遅れている地域と進んでいる地域との格差を解消することや、市民が一層政治に対して参加することができるような諸政策や、先住民の人々への差別の解消などを行うことが必要であると主張されている。これらは、まさに国家の一体性を高めるための政策である。彼によれば、「特別の地位」は、カナダのナショナル・アイデンティティを分断し、国家の一体性を脅かす危険性が平衡交付金[35]を巡っても生じることになる。トルドーは言う。「もしも、ケベック州政府がケベック州のフランス語系住民の拠り所としての排他的な地位を確立し、ケベック州のフランス語系住民がカナダ連邦政府ではなく、専らケベック州政府にのみ帰属感を感じるようになれば、平衡交付金自体が問題になるだろう[36]」。連邦政府レベルでの再配分そのものにケベック州のフランス語系住民が納得できなくなるだろうということである。ケベック州に対する特別の権限を否定し、「公正な社会」を構想するトルドーは、カナダのナショナル・アイデンティティを高めることで地域間の経済不均衡解消のための再配分の問題を解決することができると考える。

　以上のように、トルドーは「特別の地位」がもつ問題点を指摘した。「特別の地位」を構想しているケベック自由党とユニオン・ナシオナル党のジョンソンは、上記の問題点に対して明確な返答を行うことができなかった。というよりは、両党共に「特別の地位」の具体的な定式化を明確には打ち出せていなかったのである。そのような中で実施された1968年6月25日の連邦下院総選挙で、トルドーがケベック州においても圧勝したのは、当然の成り行きであっ

た。この選挙によって、トルドーの連邦自由党は解散前128議席（265議席中）から、154議席に勢力を拡大させた。この勝利は、トルドーによれば、「特別の地位」に対する勝利であり、また、カナダ・ナショナル・アイデンティティの一体性を守るための戦いの勝利であった。「この選挙は、単に、1つの政党の勝利ではなく、統一カナダの将来、つまり『公正な社会』の将来を信じる人々の勝利である。今日、人々はそのことを公然と明白に主張したのである[37]」。

　この選挙の結果は、ケベック州の両政党にとって決定的であった。特に、ケベック自由党は、2年後に迫る1970年の州選挙において政権復帰を願う気持ちが非常に強かったため、選挙戦術としても、「特別の地位」という構想は適切ではないのではないかという不安が高まった。ケベック自由党の憲法構想を最初に考案したラジョワは、この「特別の地位」構想を強く支持し続けたが、むしろ「特別の地位」に反対する議員の方が増加する傾向となった。このような雰囲気の中、ケベック自由党の憲法問題調査委員会の委員長が、ラジョワからロベール・ブラサ（Robert Bourassa）に代わることになった。ブラサは、憲法問題よりもケベック州の経済問題を重視していた。こうしてケベック自由党は、経済問題を前面に打ち出していく方針へと転換した[38]。そのことを如実に示しているのが、1968年のケベック自由党の党大会である。この党大会は、前年の党大会とは全く異なる方針へと舵を切ることになった。次項では、この党大会での議論[39]に焦点を当てて検討する。

3　「特別の地位」の撤回

　この党大会におけるケベック自由党の政策決議において最も特徴的なのは、「特別の地位（statut particulier）」という言葉が使用されていないということである。このことは、ケベック自由党自らがその構想を求めて検討してきたということを考えれば、根本的な方針転換を意味している。ケベック自由党のこの方針転換を「ル・ドゥヴォワール」紙の社説において検討したライアンは、「地位（statut）」という言葉を廃棄するケベック自由党は、その時点でカナダの憲法改正について検討する資格を喪失したに等しいと述べている[40]。「地位」は、ネイションの承認にしろ、権限の付与にしろ、憲法的に保障されるという

意味で法的な安定化を内包した言葉である。根本的に重要なのは、憲法的に保障された法的な（de jure）「特別の地位」である。ケベック自由党の「特別の地位」という言葉の撤回は、ライアンにとっては、ケベック自由党が、もはやネイションの承認や権限の付与を憲法上明記するよう求めることを断念したととらえられたのである。

　それでは、彼らケベック自由党が代わって強調する構想は何であろうか。その点について以下詳しく検討していこう。総会で決定された決議は、前文と3つの項目からなっていた。まず、前文において、1967年の決議と今回の決議とは相違はないとしながらも、「圧倒的多数の党員が『特別の地位』という名称の使用を差し控える」と記されている。

　決議の第1項目では、ケベック自由党はケベックの市民（citoyens du Québec）のための政党である、ということが記されている。

　決議の第2項目では、ケベック自由党は、連邦・州関係と憲法関係の分野で、1960年から1966年まで、ケベック州だけでなく、カナダの他の諸州にとっても有益な役割を果たしてきたということが記されている。

　決議の第3項目の(a)では、「ケベック自由党は明白にカナダにおける連邦主義の維持を選ぶ」と記され、連邦制は、フランス系カナダ人（canadiens français）の発展にとって有益な制度である、と記されている。(b)では、後に考察することになるが、ケベック自由党のジェローム・コケット（Jérôme Choquette）議員によって修正された文章、つまり「市民の多数派の言語と文化ゆえに、他のカナダとは異なる要求をもつ可能性がある。したがって、憲法上の権限交渉において、ケベック州の立場は他のカナダの諸州の立場と異なる可能性がある」という文章が記され、また、ケベック自由党が政権を再獲得した場合には、連邦政府との間で、特に、経済政策、社会保障、婚姻と離婚、移民と労働、国際協定、ラジオとテレビの諸分野において、権限の分割を要求する、と記されている。[41]

　彼らの憲法に関する見解を見てみよう。前年のケベック自由党大会での決議（1967年の決議）には、フランス系カナダのネイションとしての存在を、カナダ全体の国家体制において承認させるという主張が盛られていた。その時点で

は、この文言を、憲法の中に書き込むのか（つまり憲法的な保障）、あるいは他の手段でこれを保障するのかは何も決められていなかった。1年の検討作業の間に何も定められていない上に、今回の決議では、フランス系カナダ人をネイションであるとすら定義していない。前年の決議では、「ケベック自由党はケベコワ（Québécois）[42]のための政党である」と呼称されていた部分が、「ケベック自由党はケベック市民（citoyens du Québec）のための政党である」と言い換え、ネイションと呼称することを避けている。この点にみられるケベック自由党の意図は、フランス系を「ネイション」と呼ぶことを嫌ったトルドーへの譲歩と読み取ることができる。

　権限分配についてはどうであろうか。1968年の党大会の決議で示されているのが、「特別の地位」の撤回であるとすれば、それは権限の分配にも現れているに違いない。実際、今回の決議では、以前の主張と決定的な違いがみられるのである。それは、先ほど示した1968年の党大会決議の第3項(b)の文章を、この大会決議の草案に書かれていた文章と比較することで理解できる。この決議の文章自体が、総会の場での議論を基に変更されているからである。その変更は非常に微細ではあるが、その変更の中にケベック自由党がいかに慎重に言葉を選んでいるかをみることができる。決議と同箇所の草案の文章では、「憲法交渉において、ケベックの前提条件が他のカナダ諸州の前提条件と異なるのは当然である。」（下線は筆者による、以下同）と書かれていた。この文章に対して、党大会の本会議の場で、ケベック自由党のジェローム・コケット議員によって、以下のように変更の要求が出された。それは、「いくつかの事項において、憲法上の権限交渉におけるケベックの立場は、残りのカナダの諸州の立場と異なる可能性があるということになる。」という文言である。原文では、はっきりと「異なる」（différente）と規定されていたのに対し、コケットの案では、「異なる可能性がある」（puisse être différente）という文章へと変更されているのである。「異なる」は、いかなる場合でも異なるという意味をもち、ケベック州の特別性が強調されているのに対し、「異なる可能性がある」では、ケベックは他の州とも同じ州でありうるということが含意されることになる。この変化は、明らかにトルドーへの譲歩を意味するであろう。ケベック自

由党のこの変化は、トルドー的な連邦制の考えに道を開いているのである。そうであれば、第３項(a)で、「ケベック自由党は明白にカナダにおける連邦主義の維持を選ぶ」という文章の意味が、ケベック自由党は、トルドー的な連邦主義を選ぶと解されても不思議ではない。実際、「ル・ドゥヴォワール」紙の編集員ポール・ソリオル（Paul Sauriol）は同紙上において、「ケベック自由党は、非常に危ない橋を渡った」と評している。[43]

このように、「特別の地位」に対して消極的になったケベック自由党にとって、権限分配はそれほど重要な意味をもたなくなるだろうということは容易に想像できる。以前の決議でも、権限増大を求める３つの分野が列挙されていただけであり、その方法がオプティング・アウトによるのか、憲法的保障なのかなどはほとんど検討がなされなかった。今回の決議でも権限分配の方法に関しては全く手がつけられていない。ただ、「権限分割（division）」が求められる分野として、以前は、漠然と３分野が列挙されていただけであるが、今回はより詳細に経済政策、社会政策、婚姻と離婚、移民と労働、国際協定、ラジオ・テレビの６分野が挙げられている。しかしながら、これらの分野についても、その内実が漠然としていることに加えて、ここでも、ケベック自由党は、慎重にその表現を選んでいることがわかる。以前の決議では、ケベック州にとって「権限拡大（pouvoirs accrus）」を求める分野として３分野が挙げられていたのに対し、今回の決議では、「権限分割」を求める分野として６つの分野が列挙されている。ここでの「権限拡大」と「権限分割」の言葉の相違は、決定的な意味をもつ。「権限拡大」は、その方法がオプティング・アウトなのか憲法的に保障された権限付与なのか明示されていないとはいえ、ケベック州が他の州に比べて多くの権限を得るということを意味する。しかし、「権限分割」は、ケベック州が新たな権限を得るということを必ずしも意味しない。むしろ、考えられるのは、連邦と州との間で権限が競合する分野において、明確に線引きをするということが意味されている。場合によっては、ケベック州の権限の減少もここでは考えられるのである。ケベック自由党のこの箇所での文章の意図も、トルドーの権限分割の考えに接近していることが窺える。トルドーは、ケベック州に「権限拡大」を認めることに断固反対していたのであって、行政的

な権限の分割の実施には反対していないからである。

　以上の検討から、このケベック自由党の1968年の決議において、ケベック自由党が「特別の地位」の構想を撤回し、トルドーの連邦制へと接近したことは明白である。では、なぜ、ケベック自由党はこのような判断を下したのか。考えられるのは、「特別の地位」を実施する上での問題点について明確に指摘したトルドーに対して、ケベック自由党は有効な対応を示すことができなかったことである。すなわち、「特別の地位」構想が実現されるならば、ケベック州と他の州との間に権限上のインバランスが生じることになる。このインバランスを埋めるためにケベック州が他の州に対して提示される1つの譲歩策が、先に述べた連邦議会におけるケベック選出議員の議席数の削減であった。しかし、この妥協策は、ケベック州のフランス語系住民が連邦政治に対してもつ関心を一層減退させ、その結果、彼らの帰属感はますますカナダ連邦から離れることになる。

　しかしながら、ケベック自由党において、ケベック州のフランス語系住民が、ケベック州だけに帰属感をもてば十分であると考えていたわけではないことも事実である。やはりケベックのフランス語系住民は、ケベック州政府だけでなく、カナダ政府にも帰属感を保持したいと考えていたのである。他方、トルドーは、ケベックのフランス語系住民をネイションとはみなさない。それゆえ、ケベック自由党はトルドー型連邦制を明確に支持することができない。ケベック自由党はディレンマに陥ったと言ってもいいであろう。党大会のこうした状況は、本会議におけるケベック自由党のイヴ・ミショー（Yves Michaud）議員の以下の発言の中に明快に表現されている。「トルドーのカナダ連邦首相選挙が、我々に動揺をもたらしたことは明らかである。とはいえ、我々がトルドーをまねて我々の態度を決めるとしたら、我々はケベックピープル（peuple）への帰属を捨てることになってしまう。しかし、我々はカナダ全体への帰属も捨てることができない」[44]。

　ケベック自由党が権限増大を撤回する理由として挙げるのは、「特別の地位」を実施したときに、それがオプティング・アウトであれ、憲法的保障による権限の付与であれ、個々に協定を締結せねばならず、煩雑であるという点であ

第 2 章　憲法闘争の第 1 幕

る。この問題を解決しようと思えば、「主権連合」のように完全に主権国家同士として分離するという方法が考えられるが、「主権連合」はケベック自由党のとる道ではない。この点の問題を党大会の本会議に参加したマギル大学法学部長のマックスウェル・コーエン（Maxwell Cohen）は端的に指摘している。「我々の連邦制よりも分権的な連邦制は世界のどこにもない。我々が連合国家からなるカナダ全体を形成しようとするのでなければ、我々がさらなる権限の拡大を要求するとき、我々は最悪の方向を辿ることになる」[45]。

　こうして、「特別の地位」の問題点に関して明確な回答を示すことができなかったケベック自由党は、その構想を撤回することになったのである。ケベック自由党の憲法問題を担当していたラジョワは、1969年の6月20日に政治家を辞し、8月の終わりには、ケベック自由党党首ルサージュ自身も辞任を決めた。ラジョワ、ルサージュが政治の世界を離れた後、ケベック自由党を引き継いだのは、若き37歳のロベール・ブラサであった。彼は、1970年1月17日、ケベック自由党の党首選に勝利し、1970年4月29日のケベック州選挙において、ユニオン・ナシオナル党を破り、州政権を奪回する。その際のスローガンである「10万人の雇用を創出する」に示されているように、彼は選挙戦において憲法問題ではなく経済問題を中心的課題として戦った[46]。このようにケベック自由党は憲法問題を政治の中心的課題にすることを止めたのである。

　他方で、ケベック州政治の政権の座にあるユニオン・ナシオナル党は、連邦・州憲法会議での自らの構想が否決された痛手から立ち直れないでいた。さらに追い討ちをかけるように、カリスマ的リーダーであったジョンソンの死という事態に直面することになる。ジョンソンの死後は、党内でリーダー争いが生じ[47]、ユニオン・ナシオナル党は憲法構想を考える状況ではなくなっていった。結局、「特別の地位」を志向していた両政党は、その問題点について明確な回答を示して、トルドーに反論することができなかったのである。こうした状況下で、国家連合の構想が、徐々にケベック州のフランス語系住民の世論の中で注目されることになった。この時期を境に、ケベック州政治の表舞台に登場してくるのは、国家連合構想、つまりレヴェックの「主権連合」構想なのである。

前述のように、レヴェックは、ケベック自由党を脱退した後、主権連合運動（Mouvement Souveraineté-Association）というグループを結成し、その勢力の政党化を考えていた。彼が考えていたのは、ケベックを完全な主権国家としてカナダから独立させることを目的とする集団を、自らの国家連合構想の下に集結させることであった。1960年代後半、ケベック・ナショナリズムが高揚する中で、一部の過激派はケベック解放戦線（Front de libération du Québec）というグループを結成し、英語系カナダ人へのテロ行動を起こしていた。モントリオールの裕福な英語系カナダ人が居住する地区の郵便ポストに爆弾がしかけられる事件や、モントリオールの商業の象徴であるモントリオール証券取引所の建物が爆破される事件があった。それらのテロ事件のピークは、1970年に生じた「10月危機（October Crisis）」と言われるケベック解放戦線によるイギリスの商務官ジェームズ・クロス（James Cross）とケベック自由党の労働大臣ピエール・ラポルト（Pierre Laporte）の誘拐・殺害事件である。レヴェックは、このようなテロ活動に強い危機感を覚え、ケベック人のナショナリズムを合法的に民主主義的に展開させることを考えていた。その方策の1つが、独立主義者を自らの主権連合のオプションに参入させ、ケベックの独立派を1つにまとめることであった。

　ここで問題になるのは、純粋な分離主義者の観点からは、レヴェックの唱えるカナダ連邦との連合は、独立性がもつ意味を低下させるように映ったことである。逆に言えば、国家連合が他のカナダとの連携を重視するというこの側面は、国家連合と純粋な分離独立との相違を示すものとして極めて重要である。ケベック州が独立しても、他のカナダとの連合を図れば、ケベック州の住民のナショナル・アイデンティティは、確かに「特別の地位」と比べれば、より大きくケベック州政府に向かうが、それでもカナダ・アイデンティティを保持する道を残しているからである。

　他方、純粋な分離主義をとる場合には、カナダへのアイデンティティを残す道は全く絶たれることになる。この問題は、独立後のケベック内での少数派住民への保護政策に直接影響するがゆえに重要である。国家連合であれ、純粋な独立であれ、ケベックが独立した場合、今度はケベック内の少数派になるのは

英語系の住民である。国家連合の案ならば、カナダとの信頼関係が残され、主に経済的分野において自由な交易、住民の自由な移動を可能にする余地が大いにあるだろう。そのような事態はケベック内の少数派となった英語系住民に対する同化主義的な政策を弱めることになる。しかし、分離主義的なケベック独立の道は、カナダとの関係を切断することになり、その結果、ケベック内で少数派となった英語系住民に対して同化主義的政策を求める動きが顕在化することが予想される。実際、政党結成を決定した会議の中で、純粋な独立主義者であるフランソワ・アカン（François Aquin）[50]は、以下のように述べている[51]。「ケベックが独立した後では、英語系に対して公的な学校教育を保障する必要はない。それをするなら、独立した意味がない」。これに対して、レヴェックは、以下のように答えている。「我々が行いたいのは英語系への復讐ではない」。このように答えて、レヴェックは、英語系への公的教育への助成を訴えている。こうした態度は、レヴェックの基本姿勢と言えるものであり、RIN（Rassemblement pour l'Indépendance Nationale、国民独立連合）[52]やRN（Ralliement National、国民連合）[53]という独立主義グループを結集して、ケベック党（Parti Québécois）を結成する過程でも決して譲ることがないものであった。カナダとの繋がりを残しておくことがどうしても必要と考えたレヴェックの思考は、ケベック州の住民のナショナル・アイデンティティの重層性への配慮に貫かれていたのである。

3　小　　括

本章で明らかになったことは、以下のことである。1967-1968年の時期に、「静かな革命」を契機に勢いを増したケベックのナショナリズム運動は、初めて憲法構想を提示することになった。その1つは、ケベック自由党の「特別の地位」の構想であり、もう1つはケベック自由党から脱退したレヴェックによる「主権連合」という構想であった。ケベック自由党の「特別の地位」構想は、ケベックをネイションとして承認すること、特別な権限がケベック州に与えられることなどを定めていた。しかし、この時期は、トルドー連邦司法大臣

が、カナダ・ネイションの一体性を主張して、特別な権限を1州に与えるのではなく、均等な権限を州に配分することをもって、ケベックの構想に反対したため、ケベックの「特別の地位」の構想は頓挫することになった。トルドーの影響を受けて、ケベック自由党は、ケベックがネイションであるという主張を弱めることになった。さらに、権限分配の点でも、「特別の地位」構想は、連邦議会におけるケベック州選出議員の議席数の問題など、制度的な面で十分に詰められていなかった。

　ケベック自由党に代わって、州民の期待を集めたのが、ケベック党による「主権連合」の構想であった。それは、純粋な分離独立ではなく、カナダとの国家連合の構想である。ルネ・レヴェックに率いられたケベック党は1976年にケベック州選挙に勝利し、政権に就くことになる。レヴェックが主張していたケベック・ネイションの定義は、何よりもフランス語を話すという事実に基づくものであった。レヴェックは、ケベック人がフランス語系市民として自己形成することを保障する国家を作り、その上でその他のカナダの諸州と主として経済の分野で連合することを構想した。つまり、フランス語という言語の使用権をどのように規定するかが、国家制度の規定に大きな影響を与えているのである。したがって、レヴェックのケベック党が政権に就いた後、真っ先に取り組んだのが、フランス語の強固な保護を目的とする言語法の制定であったことは当然であった。この言語法を制定する際に、レヴェックのケベック党とトルドーに接近したケベック自由党の間で、ケベック人の定義について争われたのである。

　　1）　代表的な例として、ケベック州における教育改革を挙げることができる。従来はカトリック教会の管轄の下にあった教育行政を州政府管轄の下へと移したのである。小林順子『ケベック州の教育　カナダの教育Ⅰ』（東信堂、1994年）、86-88頁を参照。
　　2）　McRoberts, *Quebec*, p. 132.
　　3）　オプティング・アウトについては、岩崎美紀子『カナダ現代政治』（東京大学出版会、1991年）、116-117頁を参照。
　　4）　McRoberts, *Quebec*, p. 174.
　　5）　*Ibid.*, p. 176.
　　6）　Louis Balthazar, *Bilan du nationalisme au Québec* (Montréal: Éditions de L'Hex-

agone, 1986). この点については、我が国でも以下に紹介されている。岩崎、『カナダ現代政治』、25-26頁を参照。
7) Graham Fraser, *René Lévesque and the Parti Québécois in power* (Montreal/Kingston: McGill-Queen's University Press, 2001), pp. 35-36.
8) *Ibid.*, p. 35.
9) Paul André Linteau, René Durocher, Jean-Claude Robert, François Ricard, *Histoire du Québec contemporain: le Québec depuis 1930 tome 2* (Montréal: Boréal, 1989), p. 708.
10) この1966年6月のケベック州議会選挙での獲得議席数は、ユニオン・ナシオナル党55議席、ケベック自由党51議席と僅差であれ、ユニオン・ナシオナル党の勝利であるが、得票率からみれば、ユニオン・ナシオナル党40.8%に対し、ケベック自由党47.4%と、ケベック自由党がユニオン・ナシオナル党を上回っていた (*Le Devoir*, 6 juin, 1966)。それでも、カナダのような完全小選挙区制の国では、選挙区毎の勝敗が勝利を左右するのである。
11) Daniel Johnson, *Égalité ou indépendance* (Montréal: Éd. renaisssance, 1965).
12) *Le Devoir*, 30 juin, 1967.
13) 英領北アメリカ法の前文については、以下に挙げる文献を参照。Peter W. Hogg, *Constitutional Law of Canada* (Toronto: Caeswell, 1999). 松井茂記『カナダの憲法』（岩波書店、2012年）、323頁。
14) 加藤普章『カナダ連邦政治』（東京大学出版会、2002年）、224頁。
15) 例えば、1978年2月には、レヴェック政権の下で、カナダ連邦政府とケベック州政府の間で移民政策に関するクチュール＝カレン (Couture-Cullen) 協定が結ばれた。この協定では、ケベック州への経済移民と海外からの難民に関しては、ケベック州政府もその選別に関与することができることが定められた。古地順一郎「ケベックにおける移民・文化的マイノリティとその統合政策——政府行動計画実行委員会 (1981-1984年) を中心に」『ケベック研究』第4号 (2012年9月)、85頁。
16) 宣言権限とは、州に権限がある分野に関しても、連邦議会が介入する必要があると宣言した場合は、連邦政府が介入することができるという権限である。加藤、『カナダ連邦政治』、166頁。
17) Fraser, *René Lévesque and the Parti Québécois in power*, p. 41.
18) 「静かな革命」期に初代教育大臣として教育改革を推進したことで知られる。以下の文献を参照。小林、『ケベック州の教育 カナダの教育 I』。
19) Jean Provencher, *René Lévesque: Portrait of a Québécois translated by David Ellis* (Florida: gage, 1975), p. 243.
20) Paul Gérin-Lajoie, 《Le Canada à l'heure de la revision constitutionnelle》, *Le Devoir*, 19 janvier, 1968.
21) Résolution adoptée au 13e congrès annuel du parti libéral du Québec, *Le Devoir*, 7 octobre 1968. ケベック自由党第13回党大会決議の概要は以下の通りである。第1項

目では、ケベック自由党はケベック人の利益に奉仕する政党であると記されている。第2項目では、「ケベック自由党は、フランス系カナダ・ネイション（nation canadienne-française）の集団的意識を誇り、その形成に貢献した」ということと「ケベック自由党はケベックを強力な、繁栄する国家（État）、つまりフランス系カナダの真の拠点にすることを欲する」ということが述べられている。第3項目では、カナダ憲法はフランス系カナダ人の利益に反しているということが記されている。第4項目では、ケベックの「特別の地位（statut particulier）」とフランス系カナダ人の政治、経済、文化と社会の分野における利益を満たしうるようなケベック州の権限の拡大（pouvoirs accrus）を含む新しいカナダ憲法はフランス系カナダ人の諸利益に応える最善の方法であることが記されている。第5項目では、ケベック自由党はあらゆる分離主義を排するとしている。第6項目では、「2つのネイション（deux nations）のカナダにおける存在の正式な承認」と、「フランス系カナダ人をカナダの対等な成員にする」ために、新しいカナダ憲法を求めるとしている。第7項目では、新しいカナダ憲法による憲法裁判所の設置とカナダにおける諸少数派と諸多数派の集団的権利の宣言の規定について記されている。第8項目では経済的権利と社会的権利を含む国内憲法の設置が記されている。第9項目では、具体的に憲法委員会が、ケベックの国内憲法と新しいカナダ憲法の内容について検討を開始するとしている。

22) René Lévesque, *Option Québec: Précédé d'un essai d'André Bernard*（Montréal: TYPO, 1997）。このレヴェックの著書は、1967年にモントリオールの商工会議所においてレヴェックが行った講演を基にして1968年に出版されたものである。これは1967年に出版された当時で、5万部も売れるほどのベストセラーとなった。Marguerite Poulin, *René Lévesque: une vie, une nation*（Montréal: XYZ éditeur, 2003）, p. 93。さらに、30年近く経った1997年にもケベック州の政治学者アンドレ・ベルナール（André Bernard）の解説付で再販されている。

23) 2010年のカナダ政府の統計によれば、ケベック州には、イヌイットやアルゴンキン族、イロコイ族など11の異なる部族の先住民が約9万人居住している。Government Canada, Aboriginal Affairs and Northern Development Canada, http://www.aadnc-aandc.gc.ca/eng/1100100019370/1100100019371.（2013年11月21日参照）。

24) *Le Devoir*, 29 janvier, 1968.

25) *Le Devoir*, 29 janvier, 1968.

26) エルネスト・ルナン（鵜飼哲訳）「国民とは何か」E・ルナン他（鵜飼哲他訳）『国民とは何か』（インスクリプト、1997年）。

27) *Le Devoir*, 29 janvier, 1968.

28) このトルドーがカナダ・ネイションとしての一体性を強く主張する背景には、第二次大戦後、隣国アメリカ合衆国による経済的・文化的影響の高まりから、カナダの経済的・文化的自立が脅かされていたという事実がある。P・E・トルドー（田中浩、加藤普章訳）『連邦主義の思想と構造』（御茶の水書房、1991年）36-41頁。この対米ナショナリズムは、当時の英語系ナショナリズムの基本的思考であった。それゆえ、トルドー

は、英語系カナダ人からみて、カナダ・ネイションの救世主として映ったのである。以下を参照。McRoberts, *Misconceiving Canada*, p.71.
29) *Le Devoir*, 5 février, 1968.
30) 《Le Québec et l'avenir constitutionnel du Canada: Mémoire presenté par le gouvernement du Québec à la conférence fédérale-provinciale d'Ottawa》, *Le Devoir*, 6 février, 1968.
31) *Ibid.*
32) *The Globe and Mail*, February 6, 1968. このことを、マニングは、「憲法的ミュンヘン（constitution Munich）」と表現する。これは、ケベックへの妥協を第二次世界大戦の引き金になった1938年のミュンヘン協定になぞらえたものであり、ここには、わずかな譲歩でもそこからさらなる譲歩を生み、やがて全ての崩壊へと至ることを懸念するマニングの考えが現れている。ケベックをネイションとして考えることを拒否し、1つのネイションとしてのカナダの国家統合を主張するマニングの考え方は、ミーチレーク、シャーロットタウンの両協定への反対によって連邦政治への知名度を高めた改革党のリーダーである息子のプレストン・マニング（Preston Manning）にも受け継がれている。以下の文献を参照。柳原克行「西部カナダのネオ・ポピュリスト型地域主義政党（下）――改革党の登場とその発展」『立命館法学』（277号、2001年）、134頁。改革党の1991年の政策文書『ブルーブック』には、次のように述べられている。「我々は、一つのネイションとしてのカナダに、あるいは、カナダが平等な諸州と平等な市民からなるバランスのとれた連邦であるとの考え方にコミットする。」「改革党は、連邦を維持すべきであるとの立場を支持する。ただし、これは、一つのネイションとしてのカナダに明確にコミットすることによってのみ、維持されうる。」柳原、同上論文、同頁。
33) *Le Devoir*, 12 février, 1968.
34) *Le Devoir*, 13 juin, 1968.
35) 財政能力が低いために、劣悪なサービスしか受けられない州をつくらないように、連邦の一般会計から支出し、カナダ全体で同水準のサービスを受けられるようにする制度。岩崎、『カナダ現代政治』、112-113頁。
36) *Le Devoir*, 13 juin, 1968.
37) *Le Devoir*, 26 juin, 1968.
38) *Le Devoir*, 7 octobre, 1968.
39) *Le Devoir*, 9 octobre, 1968.
40) *Le Devoir*, 9 octobre, 1968.
41) 'Résolution adoptée au 14e congrés annuel du parti libéral,' *Le Devoir*, 7 octobre, 1968.
42) マクロバーツによれば、1960年以前「ケベコワ（Québécois）」という言葉は、「ケベック州に居住する住民」という意味以上のものではなかった。しかし、1960年の「静かな革命」以降、この「ケベコワ」とは、「ケベック州という領域に居住するフランス系カナダ・ネイション」を意味する特別な用語としてフランス語系の中で定着してきた

という。McRoberts, *Quebec*, p. 130 を参照。
43) *Le Devoir*, 11 septembre, 1968.
44) *Le Devoir*, 7 octobre, 1968.
45) *Le Devoir*, 7 octobre, 1968.
46) Robert Bourassa, *Gouverner le Québec* (Montréal: Fides, 1995), pp. 29-30.
47) Linteau, Durocher, Robert, et Ricard, *Histoire du Québec contemporain*, p. 708.
48) レヴェックは、「10月危機」の最中、以下のような文書を発表している。その中には、「あらゆる過激主義と暴力を根絶しなければならない。我々は、かつてないほどはっきりと強固に、FLQ が実現しようとする不条理な試みを非難し続ける」と書かれている。René Lévesque, 'Le Programme d'urgence proposé par René Lévesque', *Le Devoir*, 28 octobre, 1970.
49) Lévesque, *Option Québec*, p. 40.
50) 『*Prochain épisode*』で知られるケベックの著名な小説家である Hubert Aquin は彼のいとこであり、独立主義政党 RIN の幹部を務めていた。
51) *Le Devoir*, 22 avril, 1968.
52) マルセル・シャプー（Marcel Chaput）やアンドレ・ダルマーニュ（André D'Allemagne）らによって1960年に結成された独立分離主義政党。Fraser, *René Lévesque and the Parti Québécois in power*, p. 34. を参照。
53) RIN が左派的であると判断したルネ・ジュトラ（René Jutras）が、1964年に RIN を脱退して設立した右派系独立主義政党。*Ibid.*, p. 38 を参照。

第3章

憲法闘争の第2幕
——ケベック言語法を巡る政治闘争

　1968年の結党以来、3度目の州選挙である1976年の州選挙において、ようやくケベック党は州政権を獲得した。レヴェックは、1976年の州選挙前の公約において「主権連合」に関する州民投票を実施することを約束していたが、それよりもまず着手したのは、ケベック州においてフランス語を保護する有効な言語法を確立することであった。この言語法を巡る争いは、本書ではカナダの国制に関わる一連の闘争の第2段階として位置づけられる。

　本章での検討課題は、このフランス語憲章と、その制定過程を検討することである。なぜなら、このフランス語憲章は、カナダの著名な政治哲学者テイラーが不均等連邦制を正当化するための根拠として引照する重要な事例であるからである。テイラーによれば、今日、カナダ連邦は、トルドー首相が1982年に制定した人権憲章の原理である個人の権利を国家統合の基本原理としており、他方でケベック社会は、フランス語系社会を将来にわたって存続させることを目的とする「集団的目標 (collective goal)」に基づいている。この2つの原理を両立させる必要があり、これを保障するのが不均等連邦制であるというのである。この集団的目標を保障している法律が101号法 (Bill 101)、すなわちフランス語憲章 (Charte de la langue française) である。101号法は、1977年にケベック党政権が定めた言語法であり、行政、立法、教育、企業内の言語をフランス語1言語とし、その違反に関しては罰則も課されるほどの拘束力をもつ言語法である。それゆえにテイラーは、この言語法をフランス語系の共同体が将来に渡って存続することを可能にする「集団的な目標」をもった法律である

と理解している[2]。

　しかしながら、この101号法は、集団的目標の達成を可能とする法律として一律に理解することができるであろうか。実はこのフランス語憲章の性格について、先行研究の間でも見解が分かれている。例えば、政治学者マイケル・マクミラン（Michael MacMillan）は、この言語法によって、ケベック州内の２言語使用市民の数が増加したことと、ケベック州の商業表示言語や労働言語がフランス語化したことをもって、フランス語系の人口の将来にわたる保証はなされたと評価し、それがゆえに、ケベックのナショナリズムはこの時点を境に衰退していくであろうと予測した。なぜなら、フランス語系の存続の保証は、この言語法によってなされたのであり、それゆえに、もはやケベックが政治的に独立してまで要求するものはなくなると考えたからである[3]。この言語法の制度によって、皮肉なことにケベック州内の集団的な目標達成への熱意は冷却したというのである。他方で、政治学者マルク・シュヴリエ（Marc Chevrier）は、この言語法は、フランス語を公的・経済的生活の言語にすることにおいて一定の成果があったことを認めながらも、現在のカナダの制度では、非常に限られた成果しか達成していないと述べている。その証拠として、彼は、この言語法の教育や広告表示に関する規定が、カナダの連邦最高裁判所によって修正を受けることを余儀なくされたという事実を挙げている。確かに、英語系住民はカナダの人権憲章に訴えて、この言語法のもついくつかの重要な規定を覆してきたからである[4]。

　以上のように、フランス語憲章についての見解が分かれているとすれば、今一度この憲章の内容と成立過程を精査することが必要であろう。この法律の制定過程を分析すれば、法的原理や法律の制定目的を異にする議論が多数提出されており、この法律の制定時においても重大な修正が施されており、また制定以後ただちに多くの修正法が追加されてきたことが理解されるであろう。

1　フランス語憲章の制定前史

　カナダ連邦における公用語法は、1867年のカナダ連邦結成時における「英領

第3章　憲法闘争の第2幕

北アメリカ法」の第133条にその起源を見出すことができる。この条項では、カナダの議会、裁判所において、英語とフランス語の2言語の使用が要求されていた。しかし、これは行政の分野を除外しており、また実効性は甚だ低いものであった。[5] 実際、1969年の時点まで、カナダにおける行政の言語は英語であり、議会での討論の言語も英語であった。また、1960年代には、ケベック州で「静かな革命」を通じてケベック・ナショナリズムが高まると、連邦政治においてフランス語系カナダ人の言語状況が議題とされるようになった。こうした中で、1963年、カナダ連邦首相ピアソンは2言語2文化調査委員会（Royal Commission on Bilingualism and Biculturalism）という言語調査委員会を発足させ、カナダにおけるフランス語の地位についての調査を行った。その調査委員会が中間報告として提出した結果によれば、連邦行政において英語と比較してフランス語が甚だしく劣位にあることが明確になった。そこで、連邦政府は、言語教育プログラムを実施して、連邦公務員個人のバイリンガルを増やそうと試みたが、この観点は、調査委員会が求める改善案とは異なるものだった。調査委員会は、第1に、重要な閣僚のポストを含めて、行政ポストをフランス語系の人口比に応じて配分すること、第2に、公務員の中にフランス語系のユニットをつくって、その中では作業言語をフランス語にすること、つまり制度的な2言語主義を望んでいた。[6] しかし、ピアソン政権はそれをあえて施行せず、1968年に、ピアソンの後を継いだトルドー、カナダ連邦首相も調査委員会の改善案は国民統合を阻害するものとしてその施行に反対したのである。

1969年に2言語2文化調査委員会の最終報告書が出された。それに伴って、トルドーは超党派の合意を得て、連邦公用語法（Official Languages Act）という2言語法を制定した。これは、1867年の連邦結成以来、体系的に確立していなかった言語政策が初めて実施されたという点で意義深い出来事であった。この言語法では、連邦議会、行政、裁判の言語は英語とフランス語の2言語で行われること、カナダ国内を旅行する市民にフランス語でのサービスが受け入れられるようにすること、などが規定された。[7]

しかし、ここでの連邦言語法の意図は、明らかに2言語2文化調査委員会の方針とは異なっている。トルドーは、大臣職のフランス語系への割り当てや、

83

公務員のフランス語系ユニット創設に反対した。トルドーは、このような制度的な変更を促すのではなく、あくまでも個人レベルでのフランス語系へのサービスをその主要な目的に掲げていた。しかしながら、トルドーのこの理念の州政府への適用は、困難な事態に直面したといえよう。連邦政府が言語に関してもつ権限は、連邦議会と連邦政府諸機関にしか及ばず、州のレベルで公的2言語政策を実行するためには、各州議会での議決が必要であった。事実、カナダの各州の中でただ1州、ニュー・ブランズウィック州だけが、連邦政府の唱える2公用語政策を公式に受け入れ、州言語法を制定した。カナダの英語系の州は、英仏2言語主義を採用することはなかったのである。そのような中で、ケベック州においても、連邦の2言語主義を採用するのか、あるいはフランス語1言語主義でいくのかを巡って政治闘争が行われていくことになる。その政治闘争の動向は、ケベック州において1つの政党の消滅および、カナダの憲法体制を根底から変えようとする「主権連合」構想を唱える政党の初の政権奪取を生み出すほどのものになっていくのである。

　連邦政府が2言語政策を各州に促そうとしたのとは反対に、ケベック州では、1970年代初頭、言語を巡って世論の対立が深まっていた。その1つが、サン・レオナール（Saint-Léonard）事件である。これは、モントリオールのイタリア語系移民の多い（住民の約40%）サン・レオナール地区において、移民の子供の教育言語に関して争われた事件である。イタリア語系住民の多くは子供をフランス語学校ではなく、英語学校に通わせる傾向があった。この傾向に危機感を覚えたフランス語系住民は、学校統合運動（Mouvement pour l'integration scolaire）を組織して、地区のカトリック学校教育委員会に対して、移民の子供をフランス語学校に行かせるように圧力をかけた。これに対してイタリア語系移民が子供を英語学校に行かせる権利を主張して争うことになった。この言語紛争は、サン・レオナール地区にとどまらず、ケベック州全体の英語系対フランス語系の言語紛争に拡大し、州政府が何らかの対策を講じねばならなくなった。

　この当時のケベック州政権を握っていたのは、ジャン・ジャック・ベルトラン（Jean-Jacques Bertrand）率いるユニオン・ナシオナル党政権であった。ベル

トラン政府は、両親にその子供の学校を自由に選ぶ権利を与える法律を成立させようとした。政府は、多くのフランス語系住民の集団から反対の声があがったのをみて、一度はこの法律を撤回したものの、翌1969年、再び、両親はその子供の学校を自由に選べると規定した言語法63号法を作成した。

この法案を州内の英語系住民は強く支持したが、フランス語系住民の間では、この法案に対して激しい反対闘争が沸き起こった。その反対運動の高まりは、ユニオン・ナシオナル党を瓦解させるところまで行きつくことになった。代わって、1970年1月17日、ケベック自由党の党首ロベール・ブラサがケベック州の政権に復帰した。ブラサは1974年5月、ケベック州議会に22号法という言語法を上程した。この22号法の前文は以下のようであった。「フランス語は政治体が保護しなければならない国民的（ナショナルな）財産である。ケベック州政府は、この言語の優越性を保護し、この発展と性質を保障するためにあらゆる手段を講じなければならない」。そしてその第1章には、「フランス語はケベック州の公用語である」という記述がある。これはケベックの言語法において、初めてフランス語がケベック州の公的言語であると宣言したものであった。しかし、この22号法は、決して、フランス語1言語主義の法律ではなかった。英語系住民の権利も明確にこの法律に書き込まれている。例えば、10%以上の英語系を含む各種の行政組織および教育委員会において、英語とフランス語の両言語の使用が許可されており、さらに、行政内でのコミュニケーションにおいても英語とフランス語の両語の使用が許されている。また、商業用サインは、フランス語と定められているが、英語の使用も排除されていない。それゆえ、22号法は、その前文は大胆なフランス語促進のレトリックで書かれているが、法案全体をみれば、健全なほどの2言語主義であると言える。

この法案の原理が2言語主義であることを裏づけるのは、労働と教育の2分野に関する規定である。労働においては、政府からの補助金や政府との契約を望むような企業はフランス語化証明書（Certificat de francisation）の取得が要求されてはいるが、その取得は強制されない。また、フランス語化証明書の取得に必要な要件として、従業員が十分なフランス語力を身につけること、および経営陣へのフランス語系カナダ人の参加が挙げられているが、その基

準はあいまいである。どれほどのフランス語力が要求され、何人のフランス語系カナダ人が経営陣に加わればいいのかについて、基準が存在しないのである。

　教育に関しては、1969年のユニオン・ナシオナル党が制定した63号法以来、フランス語系住民は、移民を強制的にフランス語学校に通わせることを要求していたので、ブラサはついに親の選択の自由の原則を制限することを決意した。英語学校についてのアクセスは、十分な英語の能力のある子供に限るとし、その力を判定するための試験を行う権限を州教育大臣に課した。これには英語系もフランス語系も大反対の声をあげた。英語系は、この22号法は差別的であり、試験の内容や程度に関して教育大臣の恣意的判断に委ねられていると批判した。フランス語系住民もまた、この規定には大反対であった。彼らは、この言語能力試験が有効な形で実施されうるのかについて疑念を抱いた。このように、フランス語系住民はより強固な言語法を求めたのである。

　それでは、22号法はケベック自由党にとって、どのような政治的意味をもっていたのだろうか。ケベック自由党は一方でカナダ連邦政府の行った2言語主義政策やケベック州内の英語系に配慮しようとし、他方では制度的1言語主義を求めるケベックのフランス語系の世論にも耳を傾けようとした。そこで成立した言語法は、表向きは、前文にみられるように1言語主義の体裁をとってはいたが、実際には制度的2言語主義であり、その曖昧性がフランス語系住民にも英語系住民にも、この法案への不満を募らせることになった。[11]

　レヴェック率いるケベック党は、1976年の州選挙戦において、徹底して22号法の批判を行った。ケベック自由党のブラサは選挙戦終盤でようやく22号法を再検討すると表明したが、それはすでに手遅れであった。[12] 1976年9月、ついにケベック党の党首レヴェックが州選挙に勝利し政権に就いた。この政権がまず着手したのが、自らの言語法の制定であった。[13]

2　フランス語憲章の考察

　1976年11月、州政権を握ったレヴェックは、言語法に関する調査委員会を立

ち上げた。その代表者となったのが、文化担当大臣のカミーユ・ロラン（Camille Laurin）である。彼を中心とした委員会は、1977年4月1日に、「ケベコワのフランス語政策」（La politique québécoise de la langue française）という白書をケベック州議会に提出した。そして、1977年4月27日、ロランはこの白書を書き直し、1号法として改めてケベック州議会に提出した。そしてケベック州議会において2カ月の討論が行われた後、7月、彼はさらにこの1号法を書き直し、新しい法案を作成した。そうして完成したのがフランス語憲章と呼ばれる州法101号法である。

この101号法の前文を検討するにあたって、101号法の案となった1号法との比較対照を行うことが必要である。1号法の前文の1行目では、「国民議会[14]は、フランス語が、ずっと以前からケベック人の言語であること、およびフランス語は、彼らにそのアイデンティティの表明を可能にするものであること、を承認する（L'Assemblée nationale constate que la langue française est depuis toujours, la langue du peuple québécois et que c'est elle qui lui permet d'exprimer son identité)[15]」（下線は筆者）とあり、その3行目では、「国民議会はこの目的（フランス語を、労働に関して通常的かつ習慣的な言語にし、またフランス語を教育と意思疎通の言語にする）を追求するに際し、それをケベックの発展に協力する諸少数派において公正的かつ解放的な雰囲気で遂行する。[16]」とある。

しかし、1号法で述べられるケベック人（peuple québécois）という言葉は一体何を意味するのであろうか。それは、フランス語憲章の中で、ケベック人という集団の制度的承認がどのようになされているかを考える上で、根本的に重要になる。実際、この論点は1号法の検討作業がケベック州議会で行われている間、主要な論点となったのである。まずその発端は、1977年6月17日にケベック人権連合（Ligne des droits de l'homme）の元議長ルネ・ウルツビス（René Hurtubise）を議長に、同じく、ケベック人権連合の元議長であるモーリス・シャンパーニュ（Maurice Champagne）を副議長にしたケベック州の人権憲章委員会が73頁もの大部の報告書を州議会委員会に提出したところから始まった。

ケベック州の人権委員会とは1975年6月27日にブラサ政権がケベック人権憲

章の制定の際に設置した委員会であり、州の立法がこの人権憲章に即してなされるように州議会に意見を述べるという役割をもっていた。この人権憲章委員会の設立に大きく関わったのは、ケベック人権連合という組織であった。ケベック人権連合とは、1948年の世界人権宣言の理念に感化された政界進出前のトルドーや連邦上院議員ジャック・エベール（Jacques Hébert）らによって1963年にモントリオールにおいて設立された団体である[17]。実際に、この時の人権憲章委員会の議長と副議長が共にケベック人権連合の議長を務めた人物であったことにも示されているように、人権憲章委員会は、ケベック人権連合の影響を受けているということができる。このケベックの人権憲章は、全部で100条からなり、例えば、その第1章第1項には「全ての人間は、生命、個人の安全、身体的完全性、自由についての権利をもつ[18]」というように、明確に個人の権利の保護を重視している。

　人権憲章委員会の報告書が一番問題にしたところは、彼らがこの法案の基盤とみなすケベック社会に関する言葉の定義の問題であった。委員会はまずロランが白書において第1原理として掲げた部分を問題にする。第1原理では、先に挙げたように、「言語というもののおかげで、人間は同じ世界（un même monde）に属し、他人の感情に一致する感情を抱く」と述べられていた。すなわち、言語はロランにおいては感情的共同性を含めた人間の共同的存在の中核をなすものと位置づけられている。これに対し、委員会は、「我々が聞きたいのは、抽象的な言語論ではなく、それが政治の次元に関わってきた場合の問題である」と述べる。ロランは、同じ言語を話す者同士が同じ世界に属すると考えるが、同じ言語を話さない場合には、同じ世界に属さないことになってしまう。実際のケベックでは、同じ言語を話さない人がいるのであるから、彼らは別の世界に属することになる。それでは人々は、フランス語系の世界とその周辺の世界ということに分かれてしまう。それゆえに、ロランの白書の立場に対して、人権憲章委員会は、「人間の権利」（droits de l'homme）を援用して、反対を表明しなければならないと宣言する。人権憲章委員会によれば、全ての人間は平等であり、そのエスニック的出自、ナショナリティにかかわらず、全ての個人は同じ世界に属しているのであると述べる。

第 3 章　憲法闘争の第 2 幕

　それでは人権憲章委員会の定義するケベック人とは何か。それは端的に言えば、言語的要素を一切もたない集団という意味で定義される「ケベック社会」（La société québécoise）なるものである。彼らからすれば、1 号法は、フランス語を「ケベックのネイションの言語と文化」としており、必然的にフランス語を話さない人に「ケベック人」の地位が与えられないことになる。委員会によれば、1 号法の第 1 行目の「国民議会は、フランス語が、ずっと以前からケベック人の言語であること、およびフランス語は彼らにそのアイデンティティの表明を可能にするものであることを承認する」と定義しているので、これが第 1 原理となり、第 3 行目の「国民議会はこの目的（フランス語を労働に関して通常的かつ習慣的な言語にし、フランス語を教育と意思疎通の言語にする）を追求するに際し、それをケベックの発展に協力する諸少数派において公正的かつ解放的な雰囲気で遂行する」は、2 次的な原理となる。そう考えれば、2 次的な原理で少数派を保護しても、意味がないと人権憲章委員会は主張する。というのは、第 1 原理が、フランス語系である「ケベック人」の世界の枠外に、彼ら少数派の「世界」を位置づけることになるからである。つまり、フランス語系に属さないものは、十全な意味では「ケベック人」ではなく、彼らが「ケベック人」になるためには、フランス語系である「ケベック人」の文化に同化するしかない。

　人権憲章委員会が要求するような「ケベック社会」とは、エスニック的出自や文化的帰属にかかわらず、誰もが帰属感を感じられる社会である。そのような社会の中では、様々な文化的集団が共存し、全てのものがお互いに等しく「ケベック人」となる。そのような社会で、フランス語がもつ意味は、ケベック人としての言語ではなく、社会の共通語としての言語である。その言語は、市民が必要とあらば（au besoin）その言語を使用するという意味での言語であるとされる。ここではフランス語は社会の成員間の意志を疎通させるツール、コミュニケーションの手段という意味しかもたないことになる。

　人権憲章委員会は、そのような共通語の促進のためには、ケベック州政府は、ただフランス語系の政府という資格ではなく、全てのケベック市民の政府という資格でもって、市民の大多数の言語である共通語を促進しなければなら

ないと主張する。そしてこのような共通語としてのフランス語の使用の義務を市民に課すのは問題ではないとされる。つまり、人権憲章委員会は、フランス語がケベック人固有の言語としてではなく、共通語としての言語として位置づけられるならば、フランス語優位の言語政策を強制してもよいとする。人権憲章委員会があくまでも反対したのは、ケベック人を、フランス語系の固有の集団、言いかえれば文化的・社会的共通性をもったナショナルな集団と定義することと、フランス語をケベック人の言語と定義することなのである。

以上の観点から、人権憲章委員会は、1号法の第1行「国民議会は、フランス語がずっと以前から、ケベック人の言語であること、およびフランス語は彼らにそのアイデンティティの表明を可能にするものであることを承認する」と書かれている部分の修正を要求している。人権憲章委員会の観点では、フランス語系だけが「ケベック人」を構成するものではないからである。さらに、その1号法の同じ部分で「ケベック人の」という形容詞もその言葉から言語的意味を取り除くように修正すべきとし、「ケベック人」に変えて、「全ての人(toute personne)」という言葉を使うよう要求している[19]。

以上の検討の中から、人権憲章委員会の求めるケベック社会像は以下のようにまとめることができる。すなわち、ケベック人の中には、様々な文化集団が存在するのだから、ケベック人という語にフランス語系ネイションの意味を包含させてはならず、フランス語もケベック人の固有言語ではなく、ケベック社会の中での意思疎通のツールとしての共通語にすぎない。

この人権憲章委員会の主張に当時のケベック自由党の議員のほとんどが賛同を示したが、この人権憲章委員会のケベック人社会の定義に賛同し、それにさらなる明確な定義を与えたのは、「ル・ドゥヴォワール」紙の編集長クロード・ライアンである。ライアンは、1号法の前文にあるような文章では、定義上フランス語を話すケベック人とフランス語を話さない少数派に2分される恐れがあると述べ、人権憲章委員会の主張に同調し、その後、自らケベック人の定義を明確に主張する。彼によれば、ケベック人とは、「ケベックに住み、ケベックに税金を払う全ての市民が純然たるケベック人である」。この定義は、人権憲章委員会の主張と同様に、言語に関する含意を一切含んでいない。ライ

アンの定義は言語をケベック人の定義の構成部分から除いているのである。そして、彼はケベック人権憲章の第10条を引用する。人権憲章の第10条には、「全ての人は、人種、肌の色、性別、市民的地位、宗教、政治的信条、言語、エスニックないしナショナルな出自、および社会的条件による区別、排除、特権を受けず、人権と自由についての完全で平等な承認と行使の権利をもつ」とある。この規定を根拠に、ライアンは全ての人は言語による区別なしで人権の承認と行使への権利をもつと主張する。[20]

このような発想は、連邦首相トルドーの発想に非常に類似している。前章でみたように、トルドーは、1968年にモントリオールで行った講演の中で、ナショナリズムの定義に関して、国家やネイションは人間の自由意志の上に成り立つと述べているが、そこでは未来志向性をもち、エスニックな出自にとらわれず、さらには言語の壁をも越えていくような主張がなされていた。[21]人権憲章委員会の主張するケベック社会論やライアンの主張するケベック人規定の背景には、明らかにトルドーの個人主義的ネイション論の影響がみられることは明白である。これは、前章での検討から明らかなように、ケベック自由党がトルドーの政治構想に強く影響を受けていることを示している。

これに対し、ケベック党が1号法に込めようとしていたケベック人の定義とは何であったのか。1号法の第1行に、「la langue française est depuis toujours, la langue du peuple québécois（フランス語はずっと以前からケベック人の言語である）[22]」とある点から見て、やはり、「フランス語（Langue française）」の共有ということが定義上の重要な要点となっていたことは間違いない。この表現は、前章で検討した、レヴェックの著書である『ケベックの選択』の第1章の冒頭に、「我々はケベック人である（Nous sommes des Québécois）」と書かれていたことを反映している。『ケベックの選択』では、ケベック人の規定として、以下のような定義がなされていたことに注目したい。「ケベック人であるとは、十全に自分たち自身であると感じられる場所、つまりケベックに愛着を感じることである。自分たち自身であるとは、主として、3世紀半の間、存続してきたパーソナリティーの維持・発展を意味する。そして、そのパーソナリティーの中心をなすのが、まさにフランス語を話すという事実であり、その他

のものはすべてこの本質的要素に付随する」[23]。

このように、ケベック党の考えるケベック人とは、フランス語を話すことを第一義的に重要視するものである。このことは、ケベック州に住む人々はフランス語を話しさえすれば、いかなる出自でもケベック人になれるということを意味する。しかし、それは、裏返せば、人権憲章委員会が指摘するように、フランス語を話さない限り、ケベック州民は、ケベック人として統合されることはないということになるであろう。

以上の見解をまとめてみるとおよそ次のようになるであろう。ケベック自由党、ライアン、トルドーが想定する国家観とケベック党の想定する国家観がこの言語法を巡って真っ向から対立しているのである（表3-1）。この言語法は、議会、委員会討論を経て、最終的に1977年8月26日、州議会において第三読会が行われ、同日、出席議員の内、賛成54票対反対32票によって101号法として可決されたが[24]、1号法の前文は101法号となった際、以下のように書き換えられたのである。

101号法の前文の第1行は、次のように書かれている。「フランス語を話す者が多数であるピープルの独特の言語であるフランス語は、ケベック人がそのアイデンティティを主張することを可能にするものである（Langue distinctive d'un peuple majoritairement francophone, langue française permet au peuple québécois d'exprimer son identite）」[25]。ここで注目すべき変更点は、1号法では、「ずっと以前からケベック人の言語であったフランス語」とあるところが、「フランス語を話す者が多数であるピープルの独特の言語」という文章への変化である。つまり、1号法は明らかにフランス語を話すことがケベック人の特徴であるということを表しているが、後者では、ケベック人の中に、多数派としてフランス語を話す者がいるという意味に変わっているのである。この変更は、まさに人権憲章委員会が1号法に求めていた要求そのものを101号法が受け入れていることを示している。この新しい文章では、ケベック人の中に、フランス語系以外の文化集団が含まれる余地があるし、あくまでもフランス語系は多数であるにすぎないということが含意されている。ケベック党にとって、ケベック人の定義は、フランス語を話し、フランス語で社会形成する人々であったというこ

第3章　憲法闘争の第2幕

表3-1　フランス語憲章制定を巡る見解の対立

提唱者	ロラン(ケベック党・文化大臣)	ライアン(*Le Devoir*編集長)	人権憲章委員会
フランス語憲章におけるケベック人の定義	ケベック人(フランス語の共有、フランス語を話し、フランス語で社会形成する人々)	ケベック人(ケベックに住み、ケベックに税金を払う全ての市民)	ケベック社会(様々な文化集団が共存する)
フランス語に関する見解	ケベック人固有の言語	社会の共通語としての言語	
政党の支持	ケベック党	ケベック自由党	

出所：筆者作成

とを考えると、ここで、人権憲章委員会側の見解が受け入れられていることが明らかである。この変更は、決定的に重要であった。ケベック党の主張のままであれば、ケベック人の定義は、フランス語を話す集団という定義であるから、これはフランス語系の人口数が変化しようとも、ケベック人はケベック人のまま安定する。つまり、これはケベック人のフランス語使用権、フランス語使用義務、フランス語による社会形成の権利を承認していることになる。しかし、変更された文章のように、ケベック人の規定が多数派としてフランス語系であるという意味に変わると、フランス語を話す者が将来ケベック州で多数を占めなくなった場合には、ケベック人の言語たるフランス語の使用が守られる保証はなくなることになるであろう。つまり、ここで、前文の修正を迫った原理は個人の言語使用権の自由をあくまで尊重するという意味において、トルドーの２言語主義の原理と同じ立脚点にたっているのである。

こうして１号法を起草したロランの発想は、フランス語憲章の前文には活かされなかったといってもいいであろう。このような変更がなされた背景として、ロランと党首レヴェックの間に若干の見解の相違が横たわっていたと考えられる。レヴェック自身は、フランス語憲章に関わる州議会委員会の実際の討論にほとんど参加してはいなかったが、フランス語憲章に対するレヴェックの態度は、ロランよりも人権憲章委員会やライアンの見解をある程度許容するものであったと思われる。

そのことは、フランス語憲章の採決前に行われた第三読会におけるレヴェックの発言から推察することができる。そこで彼は、人権憲章と人権憲章委員会の存在の意義を以下のように述べている。「ケベック人権憲章とその適用を監視する人権憲章委員会の存在は、ケベックに存在する集団（collectivités）の面からも、ケベックを構成する個々人（individus）の面からも、ある者の権利と別の者の権利を保護することに成功したかどうかを示す警報機である[26]」。このように、レヴェックは人権憲章委員会を、個々人の権利を相互に調整するためには欠かせない組織であると評価し、この人権憲章委員会が提案したフランス語憲章の変更を積極的に受容したと考えられる[27]。
　しかしながら、1号法を起草したロランの固有の思考は101号法の各条項に活かされた。次に、101号法において、根本的に重要な部分を構成する条項を取り上げ、そこでの議論を検討する。

3　フランス語憲章の各論の考察

　まず学校教育に関する規定から検討しよう。101号法の第72条では、「教育は、幼稚園、初等学校、中等学校においてフランス語で行われる。ただし次の条項にあるような例外は除く[28]」と規定されている。そして続く第73条にその例外が列挙されている。第73条の第1は(a)「父親か母親がケベックにおいて、英語で初等教育を受けた子供」は、父親か母親の求めに応じて、英語で教育を受けることができる[29]。この「ケベックにおいて」というところが101号法を巡る議会委員会討論の中で問題になったのである。なぜならば、ケベック党が意図するところによると、カナダのケベック以外の州、例えば、オンタリオ州で英語の初等教育を受けたことがある親がケベック州に移住してきた場合、その子供を英語学校に通わせることができなくなるからである。
　実際、先に挙げた1977年6月17日の人権憲章委員会は、教育に関して、まずこの条項の修正を要求した。委員会はカナダの他の州からやってくる子供にも、英語学校への入学を許可すべきだと主張した。その根拠は、フランス語系住民がその言語を保持し発展させるのは許されるが、そのことで英語系住民の

第3章　憲法闘争の第2幕

学校が自然に増加していく権利まで奪うことはできないと主張する。それゆえ、この条文の「ケベックにおいて」とある部分を「カナダにおいて」に変えるようにと修正を要求した。[30]

　ケベック自由党議員も、この人権憲章委員会と同じスタンスに立っている。ケベック自由党のジョン・チアッチア（John Ciaccia）議員は101号法を巡る議会委員会討論において、この「ケベックにおいて」というところを「カナダにおいて」に変えるべきだと主張した。彼はその主張をカナダの憲法である英領北アメリカ法の第93条に規定されている教育についての節「各州において、立法議会は以下の条項の制限の下で、教育に関する法律を排他的に作成することができる[31]」を援用する。第93条第1項には「当該法律は、連邦結成時、州において、法律により、一群の範囲の人が享受している特定宗派の学校に関する権利もしくは特権に不利益を与えてはならない[32]」と規定されている。この規定によれば、プロテスタントとカトリックの信徒が通う宗派学校はどこの州でも保護されなければならないということになる。この規定は宗派学校に関する規定であり、教育で使用される言語に関する規定ではないが、チアッチアはここに言語の権利を読み込もうとするのである。そして、両親が自らの子供の教育を選ぶのは、個人の権利であると主張する。

　しかし、ケベック党側はこれらの修正案に断固たる反対を表明した。その理由は、ロランの次の言説からうかがえる。他の国や他のカナダの州からケベック州に移住する英語系住民は、ケベック州での生活を選択するということであるから、ケベック州に暮らすならばフランス語を習得する必要があると主張する。

　しかし、他のカナダの州で英語教育を受けた者の子供までフランス語教育を強制するというのは、相当に厳格であり、ケベックがカナダの中の1州であるという見地からみれば、これはそれ程容易には理解できない事態であろう。州法が連邦の法・権利に優越することになるかもしれないからである。ここでもロランはケベックを独立国家に類似したものととらえていると言えるのである。この考えを裏づけるのは、同じ討論において述べたケベック党のジルベール・パケット（Gilbert Paquette）議員の以下の発言である。彼は、何よりもま

95

ずケベックを考えることだと主張する。「第1にケベックのことを考えて、その上で平等な形でそれぞれの自分の州の少数派のことを考える。ケベック州では英語系少数派のことを、他州ではフランス語系少数派のことを。このようなことをするために、主権連合の国家構想がある。この連合の面で他州との相互性を考えるのである」[33]と主張する。このように、彼らケベック党の教育に関する考え方は、彼らの国家構想と結びついていることがわかる。つまり、ケベック党に属する者が言語権に関して明確に主権を唱えているのに対し、ケベック自由党に属する者はカナダ連邦の中にとどまるという志向のために、78条の部分でも「カナダにおいて」という言葉を重視したのである。ケベック党が教育言語に関する厳格性を追求できたのは、彼らが「主権連合」構想という国家連合の構想に立脚していたからである。結局、州議会における採決によって、チアッチア議員の修正案は否決された。

　教育の次に主要な争点となったのは、立法、行政および裁判に関わる言語の問題である。立法と裁判に関する議論は、まず101号法の第7条の討論から起こった。その第7条には、「フランス語はケベック州における立法と裁判の言語である」[34]とある。しかし、これはカナダの憲法である「英領北アメリカ法」の第133条に違反していると言えないだろうか。ケベック自由党のフェルナン・ラロンド（Fernand Lalonde）議員は、連邦議会両院とケベック州立法府での議論において英語とフランス語のどちらかの使用を認め、連邦議会両院の議事録および刊行物について英語とフランス語の両言語の使用を要求し、また連邦議会両院とケベック州立法府の制定法に基づき、英語とフランス語の両言語によって印刷および刊行されることを要求している連邦憲法133条の文章を参照する[35]。この133条は、厳密にみれば、英語とフランス語のどちらを使用するかは、議会の任意によるが、ただ議事が刊行物になる場合には両言語で印刷されることを要求しているにすぎない。しかし、ケベック自由党は、ここに両言語の使用の義務を読み取ろうとするのである。それゆえ、ケベック自由党のチアッチア議員は、議会委員会討論の中で、フランス語に英語も加え、「フランス語と英語が立法と裁判の言語である」[36]というように修正案を動議したのである。これは第1章第1項の時の議論と同じであり、明らかにここでもケベック

第 3 章　憲法闘争の第 2 幕

自由党は制度的 2 言語主義を信奉していると言える。

　しかし、ロランは、このケベック自由党の修正案は101号法第 1 章第 1 項の精神に反するとして、断固反対した。とはいえ、ケベック党側も、101号法第 7 条では、フランス語のみが立法と裁判の言語と定めながらも、連邦憲法第133条に違反しないように対策を講じていた。それは101号法第10条の中に見ることができる。第10条には、「行政は法案、法、および規則の英語版を印刷し公表する」とある。これは、連邦憲法第133条が議事録および刊行物は両言語での使用を要求していることへの憲法的対応であるといえる。とはいっても、ここでもケベック党の制度的 1 言語主義の精神は崩されていない。それは、101号法第 9 条に表れている。101号法第 9 条には「法と規則のフランス語版だけが、公式である」とあるからである。つまり、英語版は発行されても、公式のものとされないのである。

　ロランは、野党議員の発言を退け、「この憲章はケベックの過去や現在に向けられているのではなく、ケベックの未来に向けられている」と述べ、もしもケベック自由党のような修正案を受け入れてしまうと、それはケベックの現状を肯定することになるのだと主張する。そして、ケベック党のクロード・シャロン（Claude Charron）議員は、「ケベック州において、立法と裁判の言語をフランス語にするということは、この101号法のあらゆる条項の発端となるものであり、この原理を受け入れる理由は、フランス語系自身の国（pays）の中で彼らが平等な取り扱いを受ける時代が来たということである」と述べる。彼らケベック党員の主張する平等とは以下のことを意味している。すなわち、ケベックを除く他の州では、連邦 2 言語政策を採用することになっているが、実際には英語 1 言語主義になっている。それゆえ、ケベック州でも 1 言語主義にすることが本当に他の州に対して平等な関係を築くことになる。シャロンは「もし、この委員会にて、ケベック自由党が多くの時間を費やし、この平等の主張を妨害するならば、もはや独立を要求することしか残されていない」とまで主張するのである。

　次に、経済の分野では、労働の言語、商業と広告の言語について検討する。まず、101号法前文の第 4 条において、「労働者はフランス語で自らの活動を実

行する権利をもつ」として、労働の言語はフランス語であるとはっきりと規定された。これに関連して、101号法各論の方の第5章（135条から156条）には、民間企業のフランス語化についての規定がある。第136条では、「50人以上の従業員を抱える企業は、1983年12月31日までにフランス語局（Office de la langue française）からフランス語化証明書を取得しなければならない」とある。さらに、137条には、このフランス語化証明書を取得していない企業には罰則が科される旨が規定されている。このフランス語化証明書とは何かについて、141条には「フランス語化計画とは、企業のあらゆるレベルにおいて、フランス語の使用の普及を目的とするものである」と規定され、その具体例が、以下(a)項から(h)項まで8項目にわたって列挙されている。「(a)管理職、専門家法人、その他の職員がフランス語の知識をもつこと」「(b)役員会を含む企業の全レベルにおいて、(c)項から(f)項までに列挙するフランス語の使用を普及させるためにフランス語の十分な知識をもつ人間の数を増やすこと（l'augmentation à tous les niveaux de l'entreprise, y compris au sein du conseil d'administration, du nombres de perssonnes ayant une bonne connaissance de la langue française）」と規定される。「(c)労働の言語、および企業内の意思疎通の言語としてのフランス語の使用」「(d)企業のビジネス文書を作成する際のフランス語の使用」「(e)顧客、供給者、公務員との意思疎通におけるフランス語の使用」「(f)フランス語の専門用語の使用」「(g)広告におけるフランス語の使用」「(h)雇用、昇進、配置転換における十分な政策」とある。以上の政策は、フランス語系カナダ人が企業において優位な地位を得るという意味では極めて効果的な意味があったと言われている。実際に、レヴェックが回顧録で述べているように、企業のフランス語化は、後に示す広告表示のフランス語化と並んでフランス語憲章の柱の1つであったからである。[41]

　もっとも、この101号法の経済における実質的な成果はあったとはいえ、101号法141条それ自体は、ケベック党の当初の意図から外れるものであったことがマクロバーツの研究から指摘されている。141条に関して、ロランは当初、1号法では、「ケベック人の数（nombre du Québécois）」を増加させると規定していた。この意図は、企業のフランス語化だけでなく、フランス語系化（第1

言語がフランス語である人を増やす）することを考えていたからである。これは、前文の検討でも述べたように、ケベック人の定義は、フランス語を話すことにあったことと関連している。しかし、101号法の規定では、「フランス語の十分な知識をもつ人間の数（nombres de personnes ayant une bonne connaissance de la langue française）」という形に改められている。つまり、主要言語がフランス語でなくても、フランス語の知識をある程度もつ人間を増やすことが企業のフランス語化の目標になったのである[42]。

　企業のフランス語化と並んで101号法のもう１つの柱とされる商業と広告の言語については、商業とビジネスの言語と題された101号法第７章（51条から71条）に列挙されている。特に58条には、「商業看板や商業広告はフランス語のみである」と規定されている。この規定について、英語系少数派からは言語の自由への重大な侵害であるとして批判が生じることになった。

　企業のフランス語化における規定の中での、「ケベック人」の定義の変化は、明らかに、総論における変化の影響を受けていることは否定できない。しかし、全体としてみると101号法の各論は、ケベック党の当初の予定に沿った政策を1977年の時点では作成できているように思われる[43]。

　以上のような検討を踏まえると、101号法は各論においては、教育、行政、立法、経済の面でフランス語１言語主義を採用することに成功したということができる。これは、カナダ連邦憲法が２言語主義を採用していることからみれば、実質上の不均等連邦制を構築したということもできるであろう。しかしながら、その101号法の前文において、ケベック人の規定について、当初案への同意がなされず、ケベック人のフランス語による社会形成の権利・義務の承認は行われなかったのである。

4　小　括

　以上の検討から、101号法（フランス語憲章）は、確かに、テイラーの指摘するように、ケベック社会の集団的目標を法的に支える基幹的な法律であるという側面を有しているといってもいいであろう。しかし、その内実を検討すれ

ば、この憲章は、個人の権利を主張するカナダ連邦主義派と、「主権連合」を行って、ケベックをカナダから分離し、独立国家を建設し、それを基礎として国家連合を形成しようとするケベック党の間の闘争の結果生まれた妥協の産物であったと言える。

101号法（フランス語憲章）の前文では、当初、ケベック党側はケベック人を、フランス語を話し、歴史的に存在し、フランス語によって社会形成を行うことができる集団として定義しようとしていたが、このような理解は、ケベック人権憲章委員会とケベック自由党の抵抗にあい、ケベック人という概念の中に言語共同体という規定やフランス語による社会形成の権利をもつ集団という意味を含まないものへと変更を余儀なくされた。

しかし、フランス語憲章の各論においては、ケベック党の思惑通りフランス語1言語主義が徹底され、教育、行政、立法、経済の面でフランス語が唯一の公用語となることになった。その意味では、この憲章が言語に関して実質上の不均等連邦制の構造を維持するに決定的な貢献をしたということは言えるであろう。しかし、他方で、101号法（フランス語憲章）の制定過程における闘争は、ケベック人という社会的存在に関して、その定義に関する合意を獲得することに失敗したということもできるのであり、ここからケベック人に対するネイションとしての憲法的承認も未達成に終わったという側面を残したということもできる。さらに、フランス語憲章の制定は、カナダ憲法体制の下でケベック人のフランス語使用の権利が必ずしも安定的な地位を得てはいないということも明らかになった。それゆえ、ケベック言語法を確実なものにするためにも、カナダ憲法の中でのケベックの憲法的位置を確定していく政治的潮流が生じていくのである。

このような意味において、カナダにおける憲法上の不均等連邦制の達成は、大きな困難を抱えていたと言うことができる。この困難をケベック社会とカナダ連邦がどのように克服していくか、またその中で不均等連邦制の構想がどれほどのリアリティを獲得していくか、それらの問題は、カナダ人権憲章の制定を巡る、カナダとケベックの間の憲法闘争の最後の舞台に持ち越されることになった。次章では、この最後の闘争の一幕を検討する。

第 3 章　憲法闘争の第 2 幕

1)　Taylor, *Reconciling the Solitudes*, pp. 177-184.
2)　*Ibid.*, p. 173.
3)　マイケル・マクミラン「ケベック」マイケル・ワトソン編（浦野起央、荒井功訳）『マイノリティ・ナショナリズムの現在』（刀水書房、1995年）、168頁。
4)　Marc Chevrier, "A language Policy for a Language in Exile", in Pierre Larrivée (ed.), *Linguistic Conflict and language laws: Understanding the Quebec Question* (Hampshire: Palgrave, 2003), p. 155.
5)　矢頭典枝『カナダの公用語政策——バイリンガル連邦公務員の言語選択を中心にして』（リーベル出版、2008年）、67-70頁。
6)　McRoberts, *Misconceiving Canada*, pp. 79-83.
7)　*Ibid.*, p. 92.
8)　McRoberts, *Quebec*, p. 216.
9)　Préamuble, Bill 22, Loi sur la langue officielle（1974）.
10)　Marc V. Levine, *The Reconquest of Montreal: Language Policy and Social Change in a Bilingual City* (Philadelphia: Temple University Press, 1990), p. 100.
11)　ケベック自由党が言語政策においてこのような方針を採ったのは、1970年代に、ケベック自由党の経済政策の方針が、1960年代の経済政策の方針と根本的に異なってきたことと関連している。事実、ケベック自由党の経済政策は、1970年にケベック自由党の党首がロベール・ブラサに交代した時期から、ケベックの社会・経済的発展は、政府の介入ではなく、民間の経済活力を通じて達成すべきであるという考え方に変わった。つまり、ケベック自由党は、民間のフランス語系エリートと英語系エリートの利益を代弁する政党へと変化したのである。McRoberts, *Quebec*, p. 219. このようなケベック自由党にとって、フランス語系に有利な方向での言語法の強化は、英語系カナダ資本やアメリカ資本のケベックの市場からの流出を引き起こすと懸念された。

　　他方で、「静かな革命」期に、ケベック自由党によって大量に雇用された公務員を中心とするフランス語系中間層の新しい受け皿になったのはレヴェックの率いるケベック党であった。McRoberts, *Quebec*, p. 239. フランス語系中間層の保護政策に加えて、ケベック党は、その綱領において、社会民主主義的方針を主張していた。実際、レヴェックはスウェーデン型の社会民主主義を目標とすると述べていた。綱領にも、最低賃金保障やデイケア無料など社会民主主義的な政策を掲げ、実行した。ケベック党は、労働組合運動から生じたわけでなく、また労働組合と公的なつながりを維持してはいないため、社会民主主義政党と定義することはできない。しかし、FTQ（Fédération des travailleurs du Québec）やCSN（Confédération des syndicats nationaux）といった2大労働組合は州選挙においてケベック党を支持しており、ケベック党もストライキ権の拡大や労働者の企業経営への参加を促進するなど労働者優遇の政策を主張し、民間企業で働くフランス語系労働者を引きつけた。McRoberts, *Quebec*, pp. 243-255. それゆえ、ケベック党は、フランス語系のナショナリズムを代弁する政党として、言語法においても、フランス語系保護のために英語系に対して対決的姿勢を辞さなかった。

12) Fraser, *René Lévesque and the Parti Québécois in power*, p. 66.
13) Martine Trembley, *Derrière les portes closes* (Montréal: Québec Amérique, 2006), p. 185.
14) 元来、ケベック州の州議会は二院制であったが、1968年に上院にあたる立法評議会 (Conseil législatif) を廃止し、一院制とした。その際、名称を国民議会 (Assemblée nationale) と改めている。
15) *Le Devoir*, 28 avril, 1977.
16) *Le Devoir*, 28 avril, 1977.
17) Dominique Clément, *Canada's Rights Revolution: Social Movements and Social Change, 1937-1982* (Vancouver: University of British Columbia, 2008), p. 115.
18) Chapitre 1, Charte des droits et libertés de la personne, loi de Québec sanctionnéss le 18 mars 1975, Éditeur officiel du Québec.
19) *Le Devoir*, 17 juin, 1977.
20) Claude Ryan, 《Qui est Québécois》, dans *Le Devoir*, 18 juin 1977.
21) *Le Devoir*, 29 janvier, 1968.
22) Assemblée nationale du Québec, Projet de loi 1, *Le Devoir*, 28 avril, 1977.
23) Lévesque, *Option Québec*, p. 161.
24) *Le Devoir*, 27 août, 1977.
25) Art. premier, Loi 101 sanctionné le 26 août 1977, assemblée nationale du québec.
26) Journal des débats, deuxième session-31e Législature, Le 26 août 1977-Vol. 19-No. 101, clf. 3443-3444.
27) 以下のエピソードからもレヴェックとロランの言語法についての見解の相違がわかる。ロランは、1号法177条において、ケベック言語法の実効性を高めるために、この言語法にケベックの人権憲章よりも法的に優越した地位を与えた。これに対して、人権憲章委員会は、個人の権利の保護を集団の権利の保護よりも優越すべきであるとして177条の削除を要求した。「ル・ドゥヴォワール」編集長のクロード・ライアンも人権憲章委員会の立場に賛同した。ライアンは、フランス文化に属する者も、フランス文化に属さない者も等しくケベック人であるという主張に基づいて、彼らの人権はいかなる立法の規定にも制限されないと主張した。

ライアンとロランの対立の中で、レヴェックは、こうした人権憲章委員会やライアンの主張に対し、それらをよきアドバイスであるとして理解を示し、ケベックの言語法とケベックの人権憲章は同じ立場にたつ法律にすべきであると主張して、ロランにケベック言語法から177条を除外するように命じている。

このように、レヴェックは、ライアンや人権憲章委員会の主張に対してある程度の理解を示す姿勢を持っていたのである。ここに、後に明らかになるレヴェックの、個人の権利と集団の権利の相互補完的発展の思考が現れている。Jean-Claude Picard, *Camille Laurin, l'homme debout* (Montréal: Les Éditions du Boréal, 2003), pp. 287-288.
28) Art. 72 dans Loi 101 sanctionné le 26 août 1977, assemblée nationale du québec.

29) Art. 73 dans Loi 101 sanctionné le 26 août 1977, assemblée nationale du québec.
30) *Le Devoir*, 17 juin, 1977.
31) Art. 93 dans Canadian Constitutional Act (1867).
32) Art. 93[1] dans Canadian Constitutional Act (1867). 松井、『カナダの憲法』、329頁参照。
33) Journal des débats, commission parlementaire, Le 12 août 1977-No. 170, clf. 2138.
34) Art. 7 dans Loi 101 sanctionné le 26 août 1977, assemblée nationale du québec.
35) Art. 133 dans Canadian Constitutional Act (1867).
36) Journal des débats, commission parlementaire, Le 15 août 1977-No. 170, clf. 2207.
37) Art. 10 dans Loi 101 sanctionné le 26 août 1977, assemblée nationale du québec.
38) Art. 9 dans Loi 101 sanctionné le 26 août 1977, assemblée nationale du québec.
39) Journal des débats, commission parlementaire, Le 15 août 1977-No. 170, clf. 2221.
40) Journal des débats, commission parlementaire, Le 15 août 1977-No. 170, clf. 2221.
41) Lévesque, *Memoirs,* p. 290.
42) McRoberts, *Quebec,* pp. 278-279.
43) マルク・レヴィーン（Marc V. Levine）の研究によれば、労働の言語についてみると、モントリオールにおいてフランス語のみで働くフランス語系の割合は1971年の48％から1979年の55.4％まで上昇した。この傾向は1980年代も続き、1983年には、フランス語系の56.6％がフランス語を排他的な労働の言語として挙げている。他方で、英語のみで働く英語系の割合は急激に減少した。1971年と1978年の間で、モントリオールにおいて、英語のみで働く英語系の割合は66.8％から46.7％まで減少した。さらに、1970年代の終わりまでに、英語とフランス語の両言語で働く英語系の割合も増加した。しかし、101号法の制定により、多くの英語系企業がオンタリオ州や西部カナダに流出するという事態が生じた。そのような中で、ケベック州政府の政策もあり、フランス語系の資本の民間企業が増加した。これにより、フランス語系と英語系の所得格差が減少することになった。モントリオールにおける英語系男性の所得は1961年においてフランス語系より51％も多かったが、1980年には、14％まで低下した。1980年では、英語系に比してフランス語系の労働者の所得格差が依然残っていたが、1985年になるとその差もかなり減少している。英語系企業のフランス語系に対する雇用差別は残存しているが、フランス語系の公的企業や民間企業が増えたことにより、所得格差が減少した。しかし、地方支社の管理職にはフランス語系も食い込んでいるが、本社勤務の管理職では英語系が多くなっている。さらに、商業広告の言語や商業サービスの言語がフランス語になったことにより、モントリオールはフランス語圏の都市という相貌を帯びるようになった。デパートやレストランでのサービスもほぼフランス語で受けられるようになった。Levine, *The Reconquest of Montreal,* pp. 178-201.

第4章

憲法闘争の第3幕
―― カナダ1982年憲法および人権憲章制定を巡る憲法闘争

1 トルドーの憲法改正案とケベック州政府の立場

　1977年のフランス語憲章の制定以後、カナダ政治では憲法問題が再び主要な議題になる。その発端は、1976年6月にトルドー連邦首相が「行動の時（Time for Action）」という白書を公表し、その数カ月後、連邦法C-60法（Bill C-60）を下院で可決したことである。「行動の時」は、連邦政府による憲法移管を二段階のプロセスに分けた。第1は、カナダ連邦議会が関わる領域である。この期限は1979年の7月までとした。第2は、権限分配であり、これは州政府の同意が必要な領域であり、その期限は1981年の7月とした。C-60法はこの第1の段階に関わるものである。しかしながら、C-60法による一方的な憲法移管は、州政府から批判され、またカナダ最高裁判所の判決によっても違憲であるとされたため、連邦政府は再び、憲法改正手続きだけでなく、権限の分配に関わる広範な議題を州政府と議論する方向へと舵を切った。ここにおいて、憲法移管の議題として、天然資源や漁業への州の管轄権の議題も論じられるようになった。[1]

　トルドーは1978年に連邦・州憲法会議を開催したが、そこでは、上院や最高裁判所の改革、漁業資源や家族法、天然資源に関する州の権限など広く討議の対象となった。参加した州政府首相たちは、自らの州の固有の問題を第1に明確にしなければ、憲法移管や人権憲章の議論に応じないと主張していた。[2] これ

らの主張の背景には、それぞれの州に特有な経済的な理由がある。1973年のオイルショック以来、カナダにおいてもインフレと高失業が進み、州政府はそれぞれの州経済の再建を優先的に考える傾向が一層高まるという事情が横たわっていた。³⁾

　天然資源に関する州の権限は、アルバータ州とサスカチュワン州にとって重要な課題であった。なぜなら、アルバータ州では石油が、サスカチュワン州では天然ガスが重要な経済資源になっていたからである。英領北アメリカ法の95条は、天然資源の所有権を州に与えている。しかし、それは同時に連邦政府に、無制限の課税権やあらゆる国際貿易および州間貿易を規制する権限および宣言権限を与えている。連邦政府が、石油や天然ガスからの収入は、国民経済にとって重要な影響を与えると主張したのに対して、アルバータ州やサスカチュワン州は、連邦の宣言権限を廃止し、天然資源に関する州の権限を強化することを要求していた。1978年の連邦・州憲法会議で、アルバータ州のピーター・ローヒード（Peter Lougheed）首相は、権限のさらなる分権化を求めた。すなわち、新しい憲法は全ての州が平等な憲法的・法的地位をもつという原理を反映すべきであるとした。さらに、州の権限は、天然資源や間接税および直接税、国際貿易において拡張されるべきであると主張した。海洋資源は、ニューファンドランド州やノヴァスコシア州の主要な関心事であった。ニューファンドランド州は、沿岸漁業や沿岸の海洋資源について連邦政府との共同の使用権を主張していた。ノヴァスコシア州も沿岸の海洋資源への権利を求めていた。⁴⁾家族法は、離婚に関わる権限は連邦政府の管轄事項であったが、州政府はそれを自らの管轄事項にすることを望んでいた。⁵⁾上院改革については、州政府の多く、特に西部の州は現在のような上院（オンタリオ州やケベック州に有利な地域別議席配分）ではなく、また連邦政府がC-60法で主張する「連邦院」（代議員の半数は、連邦政府による任命からなり、残りの半数は州政府からの任命）でもなく、各州の意見が国家政策に反映されやすいドイツ型の上院を創設することを提案していた。⁶⁾トルドーは、1978年の憲法会議の時点では、連邦政府の提案する人権憲章と憲法改正手続きを受け入れるならば、以上のような分野における州政府の権限の増大に応じる用意があると述べていた。

その後、1980年にケベック党が実施した「主権連合」の州民投票は、トルドー連邦政府が憲法移管に対して再び強硬な姿勢を示し始める大きな転機となった。1980年にケベック州で開かれた州民投票において、レヴェックは、「主権連合」について、ケベック州政府にカナダ連邦政府と交渉する権限の諾否を州民に問うた。カナダ連邦制維持を主張したのは、ケベック自由党と連邦首相トルドーである。ケベック自由党は、1978年にクロード・ライアンが党首に選出されていた。ライアンは、1967年から「特別の地位」の憲法構想化やケベック言語法制定において個人の権利を主張するなど、「ル・ドゥヴォワール」紙上において大きな役割を果たしてきた人物である。ライアンは、第2章でみたように、1967年においては、「特別の地位」を主張してきたが、1978年にケベック自由党党首になる時期には、憲法構想を変更していた。ライアンは、「もはや特別の地位は、カナダ連邦制にとって好ましい構想ではない。不均等ではなく、均等な連邦制こそが不可欠である」と主張した。さらに、彼は、憲法改正に関しても、トルドーが主張するように、個人の権利を保護する人権憲章を憲法の中に導入することにも賛成した[7]。こうして、ライアンが率いるケベック自由党とトルドーの間に共同戦線が成立したのである。この州民投票の選挙運動の間、ケベック州民を「主権連合」への反対票へ引きつけるため、トルドーは、カナダ連邦制度をケベック市民のために「刷新」することを約束した。

　州民投票の結果は、「主権連合」に対する支持が約40％、反対が約60％であった。勝利宣言をした上で、トルドーは、憲法問題のための連邦・州憲法会議を、1980年の9月に開催することを決定した。トルドーの憲法構想は1980年および1981年の憲法会議における討論を経て、1982年3月にイギリスのエリザベス2世女王の認可を経て、カナダ1982年憲法として成立する。

　この憲法制定により、憲法改正手続きは以下のように決まった。ほとんどの事項の憲法改正において、全ての州の人口の少なくとも50％を代表する7つの州の同意があれば憲法改正が実現されることになった。したがって、ケベック州には全会一致が必要とされる時以外は、拒否権が与えられなかった。ケベック州は、伝統的な2民族契約論の見地から、ケベック州は憲法改正に関して拒

否権をもつとの考えを主張したが、その考えは新しい憲法には反映されなかった。

しかし、この憲法改正手続き以上に重要な点は人権憲章である。カナダ人権憲章は、主として思想信条の自由や表現の自由のような基本的自由や、選挙権などの民主的権利、刑事手続き上の個人権の保護を保障する法的権利や平等権、言語権のような個人的権利の尊重を謳ったものである。トルドーがカナダ人権憲章を憲法に含めようとしたのは以下のような理由によるものであった。すでに、連邦レベルでは、1960年に、ジョン・ディーフェンベイカー（John Diefenbaker）首相の下でのカナダ連邦政府が「カナダ権利章典（Canadian Bill of Rights）」を連邦法のレベルで制定していた。これは、個々のカナダ人の言論の自由や財産権の保護などを定めたものであった。例えば、第1節の第1項には、カナダにおける言論の自由および宗教の自由、第2項には、平等権、第3項には個人の生命、自由、安全への権利、第4項には、財産権、第5項には、弁護人接見の権利などが規定されている。しかしながら、この1960年のカナダ権利章典は連邦法によるため、連邦の管轄下にある機関に対してのみ効力が及び、州の領域には及ばなかった。そのため、トルドーは人権規定が州の管轄領域でも拘束するような、憲法上の規定が必要であると考えた。[8]

トルドーの人権憲章の憲法化の主張に一貫して対抗しつづけたのが、ケベック党の党首であり、1976年からケベック州の首相の地位にあったレヴェックであった。トルドーの人権理解は多くの研究者や論者が触れるところであったが、レヴェックの言語使用権に関わる人権理解については、従来、ケベックの研究者の間でもその検討はほとんど行われてこなかった。

序章で触れたように、これまでの研究においては、ケベック州側はフランス語の優越的な使用権という集団的権利を主張すると捉えられてきた。しかし、そのような理解は、以下詳述するように、歴史の文脈理解において、またその憲法闘争に関わった政治家の思考への内在的理解において十分に検証されたことはなかったといっていいだろう。

この点を、1980年代のカナダ憲法会議を中心に明らかにするのが、本章の目的であるが、議論の展開を理解するための前提として本章の1を、人権憲章制

定史という観点からトルドーやケベック州政府の見解を1960年まで遡って検討する。1では、トルドーの人権憲章の提案を検討する。ここでは、トルドーが個人の権利の保護と、その保護の担い手をカナダ最高裁判所に求めていることを確認する。2では、以上のトルドーの人権憲章の提案を受けて、ケベック州政府がいかなる反応をしたのかを検討する。ケベック州政府が、権利の担い手を、ネイションとしての一体性をもつケベック州市民に求める考えに基づき、カナダ連邦憲法裁判所の設立や、州のレベルでの人権憲章の制定を要求した点を検討する。さらに、ケベック州の人権憲章の制定過程を巡って、人権憲章を重視するか州議会による立法を重視するかの議論が、ケベック州で行われていたことをも検討する。その点から、州レベルの人権憲章を制定する際にも、ケベック州は議会制民主主義の方に力点を置いていたことを確認する。また、これがトルドーの構想する司法の権限に重点を置いた政治体制のあり方と異なることを確認する。

以上の前提を踏まえた上で、2以下で、トルドー率いるカナダ連邦政府と、レヴェック率いるケベック州政府の間の1980年代以降のカナダ憲法制定に関わる闘争を検討する。2 1では、1980年の連邦・州憲法会議における連邦政府と州政府の間の討論を、憲法移管と改正手続き、最高裁判所、言語権、権限の分配、憲法前文、人権憲章という項目に分け検討し、第2項では、1981年の連邦・州憲法会議における議論、とりわけ、憲法移管、人権憲章、憲法改正手続きについての連邦政府と州政府の論争を紹介し、第3項で、連邦首相トルドーとケベック州首相レヴェックの政治的見解の対立の核心部分を分析する。

1 トルドーの憲法改正案

トルドーは、すでに1968年1月に、「将来のカナダ連邦 (Confederation of Tomorrow)」と題する連邦・州憲法会議を開き、その会議でカナダ連邦の4つの目的を整理していた。すなわち、第1に、カナダの国制を連邦制とすること、第2に、カナダ人の個人的な人権を尊重すること、第3に、カナダ国家の主要な目的を個人の発展に置くこと、第4に、カナダを世界平和に貢献する国家とすること、であった。この4つの目的は、さらに、1969年2月に、トルドー連

邦政府によって提示された「憲法とカナダ国民 (The Constitution and the People of Canada)」と題された憲法改正案の核心部分として提示されている。したがって、カナダの人権憲章の成立過程から見れば、ある意味でこの憲法改正案は1982年の憲法制定に至る一連の憲法闘争の原点に位置づけられるものであると言える。

この憲法改正案は、全体で5章からなり、第1章は、カナダ連邦の目的、第2章は、基本的権利、第3章は、カナダ政府の構成（行政府、内閣、大臣、議会、下院、上院）、第4章は州の憲法、第4章は司法制度からなっていた。[9]

以下、憲法闘争に関わる主要な論点として憲法前文、人権憲章、司法制度について検討してみよう。

(1) **憲法前文** トルドーの憲法改正案の第1章は憲法の前文に関する提案である。カナダの「英領北アメリカ法」の前文を、国家の目的をより明確にしたものに書きかえることをトルドーは考えていた。トルドーが考案した前文では、カナダ国家の目的として以下の4つの点が述べられている。

第1は、カナダが連邦制の特徴を維持すること、第2は、カナダ人としての個人の権利を尊重することである。ここには、カナダ人としての個人が、連邦政府の諸機関との関係で英語あるいはフランス語でサービスを享受する権利、つまり公的2言語政策も含まれる。第3に、個人の発展をカナダの主要な目的とすることである。これは、個人の発展のあらゆる側面つまり、経済的、社会的、文化的発展を含み、そのような発展を「全ての」カナダ人が享受できるようにならねばならないとされる。第4は、カナダを、世界平和に貢献するために国際共同体の中に位置づけることである。そして、これらの目的を、連邦政府は憲法の前文の中に位置づけ、憲法の中にカナダの目的を記述することで、カナダ国民の権利や利益、目的を明確にすることができる、とされる。また、そのことにより、カナダの中で一体性 (Unity) の感覚を増大させることが可能になるとされる。

以上の点から明らかなことは、トルドーがカナダの国制の目的の中でも個人の発展を最も重要な課題としていることであり、トルドー連邦政府の提示した憲法構想の中に、従来のケベック州の憲法的議論の中で中核的位置を占めてい

た、「2つの民族(deux nations)からなるカナダ」、という観点は少しもみられないことである。

(2) **人権憲章**　第2章では、第1項に「人権憲章が憲法の中に導入され、以下の規定を含まねばならない」とされ、続いて以下の7項目が列挙されている。それらは、(a)「良心および信教の自由」(b)「言論の自由」(c)「集会と結社の自由」(d)「出版の自由」(e)「個人の生命、自由および身体の安全の権利と、法の適正な手続きによる制限を除いてそれらを奪われない権利」(f)「個人の財産権」(g)「個人の法の保護を受ける権利」である。

以上の権利は、基本権とされるものであり、1960年に制定された連邦法である「カナダ権利章典」の第1部の記述とほぼ同じである。これらは、個人の生活、自由、安全という法的権利や表現の自由、出版の自由、信教の自由、結社の自由という基本的な政治的権利からなる。これらをトルドーは普遍的な権利であるとして、それを憲法の中に明文化することで、これらの権利を保護し、連邦・州議会での政治的な決定が及ばないように意図していた。第2項は、逮捕もしくは拘留された場合、不合理な捜索から保護される権利や、遅延なく弁護人を選任し指示する権利などが列挙されている。第3項は、「人権憲章は、カナダにおける全ての個人が人種や、肌の色、国民的・民族的出自、宗教、性別による差別を受けないよう規定する」と記されている。

注目すべきは、第4項である。第4項には、「人権憲章は英語とフランス語に関して、以下のことを承認し、保護すべきである」と規定されている。その事項は、①個人がカナダ下院あるいは全ての州議会において、英・仏いずれかの言語を使用する権利。②個人が、両方の言語で、カナダ連邦議会やニュー・ブランズウィック州、ケベック州、オンタリオ州の議事録および議事広報にアクセスする権利、③個人が英・仏いずれかの言語で裁判をする権利、④個人が英・仏いずれかの言語でカナダ政府の機関と連絡する権利が、挙げられている。

以上の4項は、1969年の連邦法として成立した公的2言語法を憲法の中に書き込むことを意味している。公的2言語法は本書の第2章で検討したように、あくまでもカナダ全体において、個人が、英語かフランス語の2言語において連邦機関からサービスを受ける権利であり、個人に向けられたものである。そ

の意図するところは、言語を文化と切り離して、個人をカナダ国民へと統合することである。

次に司法制度についてみてみよう。

(3) **司法制度改革**　司法制度改革のうち、最も重要な点は、最高裁判所に、先例にとらわれず自由に憲法を解釈する最終的な権限を与えていることである。すなわち、カナダの最高裁判所が先例にとらわれることなく、人権憲章に照らして市民の人権に関わる一切の法的事実を解釈する権限をもつアメリカの最高裁判所のようになることが望まれている。

ケベック州が提起することになる憲法裁判所の設置の要望については、それを明確に否定している。その理由は、憲法問題は通常の訴訟の過程で行われる方がよく、最終控訴院は現在のカナダ司法制度がもつような統合的な管轄をもっていた方が望ましいとされたからである。[10]

以上のような憲法改正に関する論点から、トルドーの憲法改正の主要な柱である、人権憲章の導入の意図が明確になる。まず、カナダ憲法の前文において、カナダは1つのネイションであることを明確に確認している。さらに、人権憲章を憲法の中に組み込むことで、個人の権利の侵害に対する裁判官による法的保護という司法優位の法制度を提起している。以上のように、トルドーが人権憲章の制定を通じて意図していたのはカナダ政治制度の、イギリス的な構造からアメリカ的な構造への変化である。

2　権利の概念についてのケベック州政府の立場
——1975年におけるケベックの人権憲章を巡る議論

他方、トルドー司法大臣から、人権憲章の憲法への導入を課題として突き付けられた1967年のユニオン・ナシオナル党政権のケベック州政府は、対応策として2つの方向性を提示していくことになる。第1は、ケベック州が独自の人権憲章を確立すること、第2は、連邦の司法制度の改革、つまり新たに連邦憲法裁判所を設立することである。第2章で検討したように、ジョンソンのネイション理解の背景には、「2つのネイション論」があった。彼は、その『平等か独立か』という著書において、ケベック州政府の立場として、カナダが単に

第4章　憲法闘争の第3幕

10州からなる連邦というだけでなく、権利や事実において平等な2つのネイションからなる連邦であるように認識されねばならないと主張していた。[11]

このようなネイション理解にたつジョンソンは、ケベック州政府の採るべき第1の方向性として、トルドーによって人権憲章が初めて提起された1968年の連邦・州憲法会議において、連邦政府の管轄に属するものを扱う連邦の人権憲章と、ケベック州の管轄に属する事項を取り扱うケベック州の人権憲章の両方の並存が望ましいという考えを提案した。

第2の方向性として、ジョンソンは憲法問題のみを取り扱うような連邦憲法裁判所の設立を提案した。その理由は以下のようである。彼によると、社会の同質性を基盤とするような単一国家では、その憲法における権利の宣言は、倫理概念の一定の同質性が前提とされ、したがって、その権利の宣言は全ての市民にとって受容可能な道徳であるとされる。このように、同質的な社会では、憲法による人権宣言も実現の可能性があるが、特にカナダのような連邦制度においては、憲法の中に人権憲章を組み込むことは重大な政治的誤りをもたらす危険性がある。ケベック州は1775年のケベック法の制定以来、民法ではフランス民法の伝統をもつため、基本的権利を承認し保護する方法も、他のカナダの州の裁判所における方法と著しく異なっている。ケベック州の民法の伝統を反映するためには、もしカナダにおける最高裁判所が基本的権利の内容を明確にする役割を担うのであれば、現在のような連邦政府の影響力の強い最高裁判所ではなく、連邦政府と州政府にとって中立的な憲法裁判所の設立が必要である。ジョンソンが提示した憲法裁判所の構想とは、「その憲法裁判所の判事の少なくとも3分の2は州によって任命されるべきであり、この裁判所の構成は連邦的性格とカナダの文化的2元性（cultural duality）を反映せねばならない」というものであった。[12]

ジョンソンが提示したケベック州独自の人権憲章の提案は、1970年に就任したロベール・ブラサのケベック自由党政権が法制化することになった。ブラサは、ケベックが独自の人権憲章を制定する権利が守られるならば、カナダ連邦の人権憲章の提案にも賛成するという立場を表明した。さらに、カナダ連邦の司法制度改革、つまり連邦憲法裁判所の設立もジョンソンと同様に要求してい

た。[13]

　以上のケベック州政府の主張に関して確認すべきことは、ケベック州政府が、権利の担い手をネイションとして括られたケベック市民に求め、そうした枠組みの中で、州議会の権限や、州のレベルの人権憲章の制定、憲法裁判所の設立を要求した点である。その中で、1975年には、ケベックの人権憲章が実際に制定されるが、その内容と形式を巡って、ケベック州の政党間でも見解の対立がみられた。

　ケベック州独自の人権憲章が制定された1975年までに、すでに各州で人権憲章を州法のレベルで制定する動きがみられた。1947年に、サスカチュワン州が人権法を制定したのを皮切りに、1962年にオンタリオ州、1963年にノヴァスコシア州、1966年にアルバータ州、1967年にニュー・ブランズウィック州、1968年にプリンス・エドワード・アイランド州、1969年ニューファンドランド州、1969年ブリティッシュ・コロンビア州、1970年マニトバ州が人権憲章を制定していた。

　ケベック州の人権憲章も、遅ればせながら個人の権利と自由を擁護するための法律として制定されたが、内容上はカナダの他の州の人権憲章よりも先進的なものであった。それは、個人の権利の法的な保護だけでなく、社会経済的な権利の保護も規定していたからである。[14]しかし、この人権憲章を制定するに当たり、議会制民主主義の優位か司法の政治かという点で、ケベック州の2大政党であるケベック自由党とケベック党の間で議論が展開されることになった。議会制民主主義優位の主張は、一般的には裁判官主導の司法の政治と対立する。それでは、この問題をどのようにケベック州では議論したのだろうか。1974年11月12日に開かれた、ケベック人権憲章の制定を巡るケベック州議会での第二読会での以下の2人の政治家の討論が注目に値する。その2人の政治家とは、学識の高さで知られていた、ケベック自由党のジェローム・コケットとケベック党のジャック・イヴァン・モラン（Jacques-Yvan Morin）の2人である。コケットは、マギル大学を卒業し、弁護士として活動していたが、1966年以来、ケベック自由党の代議士として活動し、1970年から1975年の間、ブラサ政権の司法大臣として活動していた。一方のジャック・イヴァン・モランもマ

第4章　憲法闘争の第3幕

ギル大学で法律を勉強した後、モントリオール大学で法律学の教授を務めていたが、ルネ・レヴェックの主権連合運動に共鳴し、1973年、ケベック党から州選挙に出馬し当選した。しかし、ケベック党は1973年の州選挙では敗北し、党首のレヴェックすら当選できなかった。それゆえ、1973年の時点ではレヴェックはモランに州議会でのケベック党のリーダー役を託していた。また、ユニオン・ナシオナル党の崩壊後、ケベック党は野党第1党、つまり公式反対党（official opposition）の地位をもったので、モランはケベック州議会における野党リーダーを務めていた。

　ケベック自由党のコケットの見解から検討していこう。1974年のケベック州議会において、この人権憲章の第1の目的は、「個人の権利と個人の自由を尊重する点で、西洋諸国の立法の発展の流れにケベック州を位置づけることである。なぜなら、全ての西洋諸国は、個人の権利と自由を保護する法をもっているからである」。第2の目的は、これまでケベックで何世代にもわたって培われてきた原理、つまり民主的価値観と個人の尊重を基軸とする歴史的思考と、新しく尊重されるような原理（例えば経済社会的権利など）との統合を行うことである。第3の目的は、人権は自由主義の中で認められる個人の権利および自由がもつ価値観の将来における発展を含むものでなければならない。さらに、第4の目的は、人権憲章委員会という組織を創設し、個人の権利や自由が侵害された場合の救済手段を整えることである。¹⁵⁾このように、コケットの提案したケベックの人権憲章の目的とするところは、個人の権利および自由の保護であったということができる。

　ケベック州が、個人の権利と自由を保護するための人権憲章を確立するという点については、ケベック党のモランもまた反対してはいなかった。¹⁶⁾それどころか、モランは、すでに1963年に、ケベックの人権憲章設立についての提案を行っていた。モランは同年に発表した『マギル・ロー・ジャーナル』の論文の中で、戦後の西洋世界における人権や基本的自由の保護の潮流を受け、ケベックもこの流れに乗る必要があると述べている。¹⁷⁾

　しかしながら、モランは、以上の見解に止まってはいなかった。モランによれば、ケベックではかつては共同体的きずなが重視されていたが、その崩壊が

生じている。かつての共同体的生活が失われつつある今、北アメリカの文明には、欲得に基づく産業社会が生まれている。そうした潮流に抗して、共通する新しい生活の様式を考え出す必要があり、個人が占める場としての集団の社会的目的を再定義することが求められている。人権憲章の制定はこの視点から新たな意義を帯びることになった。[18)]

このように、モランはコケトの提案するようなケベックの人権憲章の制定の必要性について賛成の意を表していた。しかしながら、人権憲章の法的地位についてはコケトの案では不十分であると主張する。コケトは、この人権憲章を他の普通法よりも高い地位に置くのではなく、通常の法律と同等の法的地位をもつものとして共存させようとした。そして、人権憲章を通常の法と同等に位置づける法理解がケベック州に適合的であるとする論拠として、コケトは、ケベック州の議会制民主主義のイギリス的伝統の継承を挙げる。

このコケトの主張に対し、モランはケベックの人権憲章を憲法に準ずる法的地位に置こうとした。モランにとっては、人権憲章は、個人と集団の相互の要求の調整および、ケベック人の社会的・経済的・政治的・文化的権利とその基本的自由を定義するものであったからである。それゆえに、彼は、この人権憲章をケベック州のあらゆる立法の土台になるものとして位置づけようとした。彼は以下のように言う。「(コケトによって提案されている) この人権憲章の45項の2段落をみれば、この人権憲章は、全ての普通法を修正および、制限してはならないとある。このような人権憲章は憲章でもなく、基本法でもない。それは、明日にでも他の法によって反駁されうるような普通法である。それは、諸外国の憲法や立法の中で「憲章 (Charte)」と呼ばれるようなものではない」。

この文章は、モランが憲法に準じた地位を人権憲章に与えることを要求していたことを示している。しかしながら、モランもまたケベックの政治の伝統である議会制民主主義の意義を否定していたのではない。彼は、議会制民主主義の枠内で、つまり議会主権の枠内でもこのような憲章を制定することができると主張する。彼によれば、コケトが依拠するような、議会の主権は何物もそれに優越しえないとするイギリスの古典的な憲法学者であるアルバート・ダイ

シー（Albert Venn Dicey）が述べるような議会主権論は、不十分であると述べる。確かに、議会が立法を行う際の裁量権は制限され得ない。しかし、モランは1930年代のイギリスの憲法学者であるアイヴォア・ジェニングス（Ivor Jennings）[19]の法的主権から示唆を受け、議会主権の枠内での憲章制定の可能性を主張するのである。

参考までに紹介すると、ジェニングスの見解は次のようなものである。「法的主権とは、立法府が単に、法によって要求された様式であらゆる種類の法を形成する権限をもつことを意味するにすぎない。つまり、貴族院と庶民院の助言と同意を得て女王によって作成される法は、この法それ自身を変える規則を含んでいる。そうであるならば、立法府の法的主権は立法府自身に法的制限を課すことができる。なぜならば、立法府が保持する法を変更する権限は立法府自身に影響を与える法をも含むからである」[20]。いわば、立法府が決定した諸々の法を統括するための法規範の存在をジェニングスは言及しているのであって、諸々の法を統括する法こそが憲章と考えられる法規範なのである。したがって、議会主権の下でも、人権憲章の修正を厳格化することが可能となるとモランは述べる[21]。

この第二読会での議論を受けて、翌年1975年6月26日に開かれた第三読会までに、コケットは若干の妥協を示し、ケベック人権憲章の第50条を「人権憲章は、特別に人権憲章に反しても有効であると規定されない限りは、今後制定される法律に優る」という形に条文を変更した。しかし、モランは、この修正は、憲章が本来もつ、他のあらゆる法律に優る優位性（primauté）の原理をもっていないとして反対し、この人権憲章は、「ケベック州議会によって、ケベック州の法規の改定法（loi de refonte）として、あらゆる立法規定に優る」という条文にするよう改めて動議を提出した。しかし、コケットはこの動議を認めず、結局、委員会の投票においてモランの案は否決された[22]。最終的に、1975年6月27日の州議会の採決において、ケベック自由党のコケットの案のまま、ケベック人権憲章が可決された。しかし、1976年にケベック党が政権に就くと、1978年にケベック党政権の下で、ケベックの人権憲章は憲法に準じるものとして再規定されていく。

それでも、ケベック党によって改定された人権憲章は、後にトルドーによって制定されたカナダの人権憲章よりも議会を重視した憲章になっているということができる。モントリオール大学のジョゼ・ウェリング（José Woehrling）によれば、ケベック人権憲章は、カナダの人権憲章ほど裁判所に権限を付与していない。彼の研究によれば、ケベック人権憲章の第9.1項の制限条項は、「人はその基本的自由と権利を行使するに際して、ケベック市民（the Citizens of Quebec）の民主的価値、公共秩序、一般的福祉を維持せねばならない」とされている。ここでは、自由と権利の範囲、それらの行使への制限は「ケベック市民の民主的価値」を反映する議会の立法によって規定されうる。反対に、カナダ人権憲章の第1項における制限条項では、権利は立法者の介入に先立って存在するものと考えられている。[23] このような法解釈が可能であれば、カナダ連邦の人権憲章は、近代自然法的な立法原理に立っていると言うことができるし、他方、ケベックの人権憲章はそうではなかった、と言うことができる。

　以上のように、ケベック州は、人権憲章の法的位置について、議会制民主主義の伝統的権威を重視していたが、それに加えて、司法の自立性、正確に言えば、連邦の司法構造の中での州の独自の司法権擁護をも主張していた。具体的に言えば、カナダの司法制度の中央集権的な構造を端的に表している、カナダの最高裁判官および州の高等裁判所判事の連邦政府からの任命制度がケベック州の司法の自立にとって重大な問題であると主張する。そうした観点からケベック州政府はカナダ最高裁判所の改革を要求してきた。つまり、権利の具体的内容を決定する場としての議会と司法がケベック州の市民の意思が代表できる制度になっているか否かが課題として浮上しているのである。

　1975年のケベック州人権憲章の制定を巡って、議論の対象となった点をまとめると、以下のようになる。ケベック州政府は、第1に、権利の担い手をネイションとして括られるケベック市民としてとらえ、第2に、議会制民主主義の伝統に基づいて州議会の重要性を主張した。それゆえ、ケベック州は自らの人権憲章を制定する場合でも、司法優位の政治よりも州議会重視の政治を重視していた。第3に、また連邦の司法制度の改革としてカナダ憲法裁判所の設置を要求していた。この憲法裁判所は、カナダ全体の人権憲章を解釈する最終審と

しての憲法裁判所にケベック州の利益を代弁する裁判官を参加させるという構成をとるものであった。

　ケベック州における、ケベック自由党とケベック党の人権憲章を巡る以上のような対立は、結局、カナダの国制を巡る理解の相違に帰着するであろう。しかし、国制を巡る問題は、先に示したように、1980年実施のケベック州の「主権連合」の州民投票に持ち越されることになった。この州民投票においては、先にも述べたように、主権連合反対派が勝利した。トルドーは、その2週間後、州政府らと憲法問題のために、広範な議題を含めた討論を行い、最終的な憲法会議として、連邦・州憲法会議を、1980年の9月に開催することを決定したのである。

2　カナダとケベックの間の人権憲章を巡る闘争
　——1980年および1981年の連邦・州憲法会議を中心に

1　1980年の連邦・州憲法会議

　1980年、9月8日から12日にかけて首都オタワで開かれた憲法会議に、連邦首相トルドーをはじめ、各州から10人の州首相が集った。オンタリオ州のウィリアム・デイビス（William Davis）首相、ケベック州のルネ・レヴェック首相、ニュー・ブランズウィック州のリチャード・ハットフィールド（Richard Hatfield）首相、ノヴァスコシア州のジョン・ブキャナン（John Buchanan）首相、プリンス・エドワード・アイランド州のアンガス・マクリーン（Angus MacLean）首相、ニューファンドランド州のブライアン・ペックフォード（Brian Peckford）首相、マニトバ州のスターリング・ライオン（Sterling Lyon）首相、サスカチュワン州のアラン・ブレイクニー（Allan Blakeney）首相、アルバータ州のピーター・ローヒード（Peter Lougheed）首相、そして、ウィリアム・ベネット（William Benett）州首相の代理として出席したブリティッシュ・コロンビア州のアラン・ウィリアムズ（Allan Williams）法務長官（Attorney General）である。

　この会議の議長を務めたトルドー連邦首相の開会宣言が、この会議の重要さ

を示している。彼は、初代首相を務めたジョン・A・マクドナルドら、カナダ建国の父祖たちが、1867年にシャーロットタウンに集い、カナダ建国について議論を交わしたことを会議参加者に想起させ、その時以降、この会議が最も重要な会議であると述べた。というのも、イギリスからの憲法移管（patriation）は、カナダを祖国として（patria）建国するという意味をもつものであったからである。[24] 彼が最も重要な課題として掲げた点は、①人権憲章を憲法の中に導入すること、②この会議で合意に至らねば、全州の同意を得ずに連邦政府が単独で憲法移管を実施すること、であった。[25]

しかし、この時点ではトルドーは、その他の論点に関して、州と妥協する用意があった。それゆえ、この会議では主要な議題として以下の12項目が挙げられ、これらについて広範に議論することになった。すなわち①資源所有と州間貿易、②通信、③最高裁判所、④家族法、⑤漁業資源、⑥沿海資源、⑦平衡化および地域間不均衡、⑧言語権を含む人権憲章、⑨憲法移管と改正手続き、⑩経済に関わる権限（カナダ共通市場の創設）、⑪憲法前文の規定、⑫上院改革、である。

本節では、この憲法会議で議論されたこれらの項目を、(1)憲法移管と改正手続き、(2)最高裁判所、(3)言語権、(4)連邦と州の権限配分に関わる議題（天然資源、漁業、通信、沿海資源、経済統合）、(5)憲法前文、(6)人権憲章、として整理し、トルドー連邦政府と10州の州首相の主張の分析を試みる。

(1) **憲法移管と改正手続き**　連邦政府側は、1971年のヴィクトリア憲章の際に諸州間で合意のあった「ヴィクトリア」方式といわれる憲法改正手続きを提案していた。それは、以下のようなものである。

> ヴィクトリア方式：憲法改正は「カナダ議会の両院（上院および下院）の決議、最新の人口統計において、その地域の人口の最低50％を含む、少なくとも2つの西部の州の州議会の決議、少なくとも2つの大西洋諸州の州議会の決議、および国民の人口の少なくとも25％をもつ州（つまりオンタリオ州とケベック州）の州議会の同意」の下に改正される。[26]

これに対して、西部の州、特にブリティッシュ・コロンビア州とアルバータ

州が中心になり、別の憲法改正手続きが1979年の2月に提案されていた。それが、バンクーバー方式である。このバンクーバー方式は以下の通りである。

　バンクーバー方式：憲法改正は以下の手続きによる。「カナダ議会の両院（上院および下院）の決議、連邦政府の決議、国民の人口の4分の3を代表する4分の3の州（つまり10州のうち7州）の州議会の決議、ただし、州の権利に関わる事項については、3州の反対があればオプティング・アウト（選択的離脱）できる」。

　討論は上記の2つの憲法改正手続きを巡ってなされた。オンタリオ州とニュー・ブランズウィック州を除く8州側は、バンクーバー方式で合意に至りつつあった。連邦政府は、バンクーバー方式には、オプトアウト権が規定されており、それはカナダの分裂を引き起こす危険があると批判する一方で、8州政府側が人権憲章の導入を受け入れるならば憲法改正手続きに関しては、バンクーバー方式を受け入れる余地があると表明した。しかし、この会議では、最終的に憲法改正手続きについては連邦政府と州政府の間で合意には至らなかった。

(2) **最高裁判所**　最高裁判所の改革については、連邦政府は、主として以下のような提案を行っていた。

1　最高裁判所を憲法の中に位置づけること。
2　カナダの司法制度の2元性、すなわち、英語系カナダのコモンローの伝統とケベック州の大陸法の伝統を十分に反映できるように、最高裁判所の構成（ケベック州選出の裁判官3名とその他の州選出の裁判官6名の9名体制）を変更すべきか否か。
3　憲法問題のみを扱う憲法裁判所を新たに設置すべきか否か。[27]

　以上の連邦政府の提案に対して、レヴェックは、以下のような提案を行った。カナダを構成する英語系カナダとフランス語系カナダの2元性（dualité）の観点から、コモンローと大陸法の2元性の観点を反映した司法制度枠組を要求する。それゆえ、ケベック州は、連邦政府と州政府の間の真の仲裁者として、①憲法問題のみを扱う憲法裁判所（tribunal constitutionnel）の設立を要求する。②司法の2元性に近づけるために、憲法裁判所を構成する裁判官の人数

を、現在の9名体制ではなく、ケベック州選出の裁判官5人とその他の裁判官6人からなる11人体制にする。③最高裁判官をケベック州選出とその他の州選出との交替制にする。また、裁判官の任命においても、現在のような、連邦政府の恣意的な任命によるのではなく、連邦司法大臣と州の検事総長の合意による任命にする。[28]

しかしながら、トルドーを含め、その他の州は、既存の最高裁判所を憲法の中に位置づけることを承認するにとどまり、レヴェックの提案を受け入れなかった。[29] このように、カナダ最高裁判所に関してはほとんど議論の進展なく終息した。

(3) **言語権の問題**　連邦政府が提案した言語権のうち、主要な提案は以下の2つであった。

> 公用語について、①英語およびフランス語は、カナダ連邦の公用語であり、連邦議会および連邦政府の全ての機関における使用に関し、同等の地位、権利、および特権を有する。[30]
>
> 教育言語について、②カナダ連邦の市民で、カナダ連邦において、自己の子弟のうち誰かが、英語またはフランス語で初等または中等学校教育を受けたか、現に受けている者は、自己の子弟の全てに同一の言語による初等および中等学校教育を受けさせる権利を有する。[31]

第1の点は1969年の連邦法である公用語法（Official language act）の憲法化である。公用語法はカナダ連邦政府が英語とフランス語を2つの公用語として承認し、2つの言語の法の前の平等や、全てのカナダ市民はどちらかの言語で連邦政府機関と連絡する権利をもつというものであった。この公用語法の目的は、ケベックの市民集団をネイションとして承認することではなく、カナダに住む全ての人を同じ平等な立場でカナダ人として統合することであった。

第2の点は、言語少数派の言語教育権である。この点は、従来2言語2文化調査委員会で勧告されていたが、初めて法制化されることになった。この規定は、ケベック州の言語法であるフランス語憲章の原理と真っ向から対立している。この条項の趣旨は、フランス語憲章を個人の選択の自由を侵害するという

第4章 憲法闘争の第3幕

理由に基づき批判し、ケベック州の英語系市民が、裁判所でフランス語憲章に拘束されないような体制を整備することであった。[32]

連邦の2言語政策に対して、賛同を示したのがオンタリオ州とニュー・ブランズウィック州の2州であった。オンタリオ州のウィリアム・デイビス首相は、少数派言語住民の両親が、カナダのいかなる場所においても自己の子弟に英語学校またはフランス語学校で教育を受けさせる権利に賛成する。オンタリオ州は、カナダの統合のために2言語主義に率先して取り組む覚悟も表明した。[33] ケベック州に次いで多くのフランス語系カナダ人が居住するニュー・ブランズウィック州のリチャード・ハットフィールド首相も、2言語主義への尊重は、集団的権利を承認する方向性であると述べ、2言語主義に好意的であった。[34]

しかしながら、その他の州は、2言語主義に対していずれも距離をとる発言を行った。これらの州（特にフランス語系住民が少ない西部の州）は、2言語主義の実施に協力できるとしながらも、この言語法が連邦の法律として制定されることには賛成するが、憲法化されることには反対を表明した。その例として、ブリティッシュ・コロンビア州のウィリアムズ法務長官は、ブリティッシュ・コロンビア州はフランス語系少数派言語住民の保護に積極的に取り組むつもりであると述べながらも、憲法によって強制的に2言語政策を課されることには反対を表明した。また、マニトバ州のスターリング・ライオン首相は、個人の基本的権利や民主主義的権利と言語の権利は異なるものであり、言語権は憲法において保護されるものではないと述べる。さらに、サスカチュワン州のアラン・ブレイクニー首相も、言語権の憲法への導入には政治的取引を感じると主張した。ケベック州のレヴェック首相も、2言語主義に反対した。レヴェックは、フランス語の使用という点で北米における独自の社会を形成するケベック人を代表するケベック州政府が、フランス語1言語主義を推進するのは当然の権利であると主張した。

トルドーは、このレヴェックの発言に対して、ケベック州の考え方ではフランス語系はケベック州の中でしか生き残れないことになり、ケベック州以外に居住するフランス語系少数派住民は死滅するにまかせることになると非難す

る。そしてケベック州でフランス語のみが話されることになれば、カナダは2つに分断されるとした。トルドーの論法に従うならば、ケベック州で生まれた英語系の両親のみが英語学校でその子弟の教育を受けさせる権利をもつと規定したケベック州言語法（101号法）の「ケベック条項」は「カナダ条項」に書き換える必要があるということになる。[35]

　ここで、トルドーが言及した「カナダ条項（Canada clause）」とは、言語権に関する改正提案の第2項、すなわち、「カナダ連邦の市民で、カナダ連邦において、自己の子弟のうち誰かが英語またはフランス語で初等または中等学校教育を受けたか現に受けている者は、自己の子弟の全てに同一の言語による初等および中等学校教育を受けさせる権利を有する」という規定のことである。トルドーはこの「カナダ条項」の立場に立って、レヴェックを次のように批判した。ケベック州以外のフランス語系を保護するために、レヴェックが提案した相互性の原理（ケベック州が言語少数派住民の保護に関する協定を各州別に結ぶ）は、失敗であると断定し、言語少数派保護の最善の方法は、憲法の中に州政府が言語少数派住民の保護をするように義務づけることであると主張する。最後に、トルドーは、カナダにとって最善のヴィジョンは、フランス語系がいかなる場所でも自分の家と感じられるようなカナダにすることであると締めくくった。

　このトルドーの主張に対し、レヴェックは、以下のように反論する。フランス語憲章という単一言語法の下でも、ケベック州内の英語系少数派は不安を感じる必要はない。ケベック州の英語系少数派は憲法的保護が不必要なほど十分に保護されている状況にある。しかし、ケベック州以外のフランス語系カナダ人は、保護されるというような幻想を抱くことができない程、保護状況は劣悪である。このような状況にあって、トルドーの言語政策は実効性に欠けるとレヴェックは批判する。

　さらに、レヴェックの議論は次のように展開する。確かに、トルドーはカナダ全体をフランス語系カナダ人にとって自らの家と感じられるようにするという崇高な理念を掲げているが、常に考える必要があるのは、その実効性という問題である。いかなる崇高な理念も実行されなければ意味がない。しかも、そ

の崇高な理念というものは、上から強制されるものでなくて、国民各個人が共同して絶えず作りあげていくものであることを考えれば、下から、つまり州レベルの同意から行うのが議会制民主主義の理念にかなっている[36]。

以上のように、言語権の問題で、トルドー連邦政府は、2言語主義を憲法化しようと試みたが、ケベック州と西部の諸州はこれに反対した。ケベック州は1言語主義を州内で行うことを表明し、西部の諸州は、2言語主義を憲法レベルで課されることを嫌ったからである。

では次に、連邦政府と州政府の権限の分配の問題を検討する。

(4) **権限の分配**　経済に関わる権限の分配に関して、連邦政府は、カナダ国内において、州間の規制を撤廃して、カナダの経済統合を促進する重要性を主張した。そのような意図から人権憲章の中に以下のような移転の権利（Mobility Rights）を組み込もうとした。

> 移転の権利：カナダ市民がいかなる州で出生し、いかなる州の出身であろうと、いかなる州にも移動し、居住し、いかなる州においても生計を得ることができ、財産を獲得しうる[37]。

また、経済的移動を侵害するような法や規則を州政府が制定することを制限する規則を憲法の中に入れること、および、経済統合を行うために連邦の権限を拡大すること、さらに、経済統合に関連する立法がカナダ全体で一様に適用されることも提言された。このように、連邦政府は1867年の英領北アメリカ法の貿易・通商協定で定められた連邦政府の管轄を越えた権限を要求した。

このカナダ連邦政府の主張に対し、オンタリオ州とニュー・ブランズウィック州は連邦政府の政策を支持していた。オンタリオ州のウィリアム・デイビス首相は、オンタリオ州は自州の地域発展に関心がないわけではないが、それよりも、強固な経済連合としてカナダが1つにまとまることが必要であると主張する。その理由として、連邦政府の提案がカナダを諸ネイションに分断せず、強力なカナダを築くために必要な方法であることを挙げている[38]。ニュー・ブランズウィック州のハットフィールド首相も、連邦政府と州政府の権限のバランスを今後も調整することが重要であると述べ、特に権限の分配における変更を

要求はしなかった。

しかし、その他の英語系の州は、自州の天然資源に関わる権利を主張した。天然資源の管理がどちらの管轄に属すかが連邦政府と州政府の対立点となった。ブリティッシュ・コロンビア州の法務長官によれば、ブリティッシュ・コロンビア州は強力なブリティッシュ・コロンビア州を建設するために、州によるエネルギー政策、輸送政策、産業政策を必要とすると述べる。サスカチュワン州のブレイクニー首相は、資源製品への課税権やその生産率への発言権を求めた。ノヴァスコシア州やニューファンドランド州は沿岸資源（ガス・石油）についての州の管轄権を求めていた。

トルドーは、権限の分配に関わる各州の要求について、各州は自州の権限拡大を一方的に追求していると述べながら、それらの問題とは別の、以下の3項目の問題には十分な考慮が払われていないと論難する。すなわち、憲法移管、人権憲章、憲法改正手続きの3項目は、連邦政府の権限拡大のためでも、州政府の権限拡大のためでもなく、「人民のパッケージ（people's package）」であり、カナダ人民のための利益を第1とする重要問題であると力説する。今まで、憲法移管の問題が成功しなかったのは、憲法移管の様式について連邦政府と全ての州政府の合意が必要というルールがあった。しかし、このルールでは、どこか1つの州政府が必ず自らの権限拡大を要求して、全州一致を崩そうとする。したがって、もしこの会議で合意に至らなければ、このゲームのルールを変える必要がある、とまで発言し、天然資源や漁業などの点で合意に至らなくても、以上の3項目は必ず達成しなければならないと力説した。

(5) **憲法前文**　以上のように、諸州は権限の分配においてそれぞれ自らの関心事について主張を行ったが、カナダを1つのネイションとする原理の点ではケベック州を除く全ての州が合意していた。そうした傾向は連邦政府の主張に賛同していたオンタリオ州の意見に典型的にみられる。オンタリオ州のデイビス首相は、「まさに今こそが我々の成文憲法の中に、我々のピープル（people）を守るために、議論の余地のない民主主義的な権利および自由を書き入れる時であり、それはオンタリオ州から見て進歩である」と発言する。さらに彼は、自説を展開する。「カナダ憲法の目的は、カナダ・ネイションの中で何

第4章 憲法闘争の第3幕

が最善かつダイナミックであるかを確認し、少数派を保護し、経済連合を強化することである。これらの行為は我々のピープル（people）としての市民性とネイションとしての連帯性を証明するだろう。我々を人権憲章という基本原理に結びつけることは、我々が1つのピープル（people）、1つのネイション（nation）として一緒になるということなのである」と。[42]

　後で述べるように、マニトバ州やサスカチュワン州は、人権憲章を憲法に導入することには反対していたが、1つのネイションとしてのカナダを建設していくということについては同意していた。例えば、マニトバ州のライオン首相は、マニトバ州は、人権憲章を憲法の中に書き込む問題に対しては異論をもってはいるが、それでも1つのネイションの歴史の中で積極的に協力することは可能であると述べる。ブレイクニー首相は、カナダには州間で地域的不均衡が存在しているが、それでもカナダの住民全員が統一されたカナダ市民であることは否定されないと述べる[43]。さらに、プリンス・エドワード・アイランド州のアンガス・マクリーン（Angus MacLean）首相も州への誇りをもつことと同時に、1つのネイションとしてのカナダへの強い愛着をもっていると宣言する[44]。

　これらの州の主張と全く違う見解を提出するのが、ケベック州の首相レヴェックである。レヴェックによれば、カナダ連邦は2つの異なるネイション（nation）が連合して形成されたものである（Le Canada est composé de deux nations égales entre elles）[45]。つまり、ここでレヴェックは「2つのネイション論」を唱えているのであるが、他の州は1つのネイション論で合意していたのである。

　以上の議論の食い違いは、この憲法会議の憲法前文の議論において顕著に表れていた。「英領北アメリカ法」の前文は、カナダ自治領の結成が「大英帝国の利益を増進」するという文章からなっていた[46]。そのため、憲法の前文をカナダの統合を象徴する文章にすることを連邦政府は提案していた。しかし、そこで問題になったのが、カナダを1つのネイションとするか否かの問題である。連邦政府が1980年の7月に起草した草稿では、「We, the people of Canada」となっていた[47]。

　レヴェックはその文章が「2つのネイション」の概念を踏まえていない表現

であると批判する。レヴェックによれば、「カナダ連邦を生じさせたのは、ロワー・カナダとアッパー・カナダの間の基本的な妥協（compromis）である。これは大西洋諸州、特に、ノヴァスコシア州やニュー・ブランズウィック州の重要性を無視するものではないが、ロワー・カナダとアッパー・カナダの基本的な妥協がカナダ連邦の始動装置（déclencheur）であったことは誰もが認めるものであると私は思う[48]」と述べている。

　レヴェックによれば、連邦政府が起草したカナダのピープル（people of Canada）という規定は、適切な表現ではない。people（peuple）という語は、いわゆる「2つの基本的なピープル（deux peuples fondateurs）」というように、残りのカナダとケベック州の2つの peuple のうちの1つとして使われるべきであると主張する[49]。ここで、当然、ピープル（peuple）とネイション（nation）の違いがどのようにレヴェックの中で区別されているのかが問題になる。レヴェックは自ら、ピープル（peuple）の定義について議論を展開している。「私が学んだ文化の中では、以下のような条件を満たした場合、ピープル（peuple）の存在が認められる。それは、1つの言語、共通の文化（それはある種の特別な波長に例えられる）や一般的に、ある領域の中に定住している場合である[50]」。

　このように述べて、レヴェックは憲法前文についての自らの代案として以下の文面を掲げる。

　　フランス語系の多数派とともに、カナダの2元主義の基盤の1つを構成するケベックピープルの独特な性格を承認すること（Reconnaître le caractère distinct du peuple québécois qui, avec sa majorité francophone, constitue l'une des assises de la dualité canadienne）[51]

　そして、レヴェックは憲法前文について憲法会議でよい討論がなされることを期待するが、この自らの提出した代案の水準を下回るような要求は決して受け入れられないと主張した[52]。

　このレヴェックの主張を受けて、トルドーは以下のように反論した。まず「レヴェックは、ピープル（peuple）をネイション（nation）の同義語として定義している。つまり、彼はピープル（peuple）を共通、あるいは一定の領域に

第4章　憲法闘争の第3幕

居住し、1つの言語を話し、共通の文化をもつ集団（groupe）として語った。これがピープル（peuple）である」と[53]。その上でトルドーはピープル（peuple）とエスニック集団（ethnie）の間の表現の区別に注意を喚起する。一定の領域に居住する政治的な意味をもつケベックピープル（peuple québécois）をピープル（peuple）と表現する場合と、アカディアン（Acadian）やフランス系カナダ人のようなエスニック集団（ethnie）もピープル（peuple）として表現する場合があるが[54]、そこに混乱が生じる。レヴェックが意図するのは前者の意味でピープル（peuple）を使用しているが、それはソビエト連邦共和国のピープル（peuple）やスイス連邦共和国のピープル（peuple）を意味する場合と同じ意味であり、すなわち、ピープル（peuple）の中に多くのエスニック集団（ethnie）が存在している場合である[55]。以上のことを前提として、トルドーはレヴェックに問いかける。「私が理解できないのは、カナダに対してピープル（peuple）という表現を使用することをレヴェックが拒絶し、私の憲法前文の草稿に反対していることである。ケベックが、あらゆる種類のエスニック集団（ethnie）と少なくとも2つの言語から構成される州に居住する人々について語り、ケベックピープル（peuple québécois）と主張する権利はある。しかし、それならば、カナダもまた、ある一定の領域に住み多様なエスニック集団（ethnie）から構成され、国際法にも認められた国家を形成している。それゆえ、ケベックピープル（peuple québécois）と主張することが許されるのは、カナダピープル（peuple canadien）と主張することが許されることが条件となる。ケベックがピープル（peuple）なら、カナダも明らかにピープル（peuple）だからである[56]」。

　要するに、トルドーが主張しているのは、レヴェックのようにケベックをネイションと同義語のピープル（peuple）と主張するなら、カナダ全体こそがピープル（peuple）でありネイションだということである。つまり、カナダこそが1つのネイションであるという主張である。

　それゆえ、トルドーは、レヴェックが提示した憲法前文の草案に対して、「ケベックピープル（peuple québécois）」の表現を削除し、「ケベック社会（société québécoise）」という表現に取り換えることを、連邦政府が妥協できる条件であると提示した。結局、トルドーとレヴェックとの間の溝が埋まることはな

129

かった。

(6) **人権憲章**　人権憲章の導入は、連邦政府の最優先課題であった。連邦政府によって提案された人権憲章の概要は以下の通りである。

1　基本的権利：良心と宗教、思想、信条および表現の自由、結社の自由
2　法的権利：人身保護令状、陪審裁判、弁護士接見の権利や推定無罪を含む法の適正な手続きを受ける権利
3　民主主義的権利：カナダ連邦議会と州議会において、少なくとも5年毎の選挙において投票する権利
4　差別禁止規定：全ての人に対する法の前および法の下の平等
5　言語権：2つの公用語が、立法手続きや司法手続きにおいて使用される。少数派言語の教育権は彼らが一定数以上居住している場合にカナダ全土において保障される
6　移転の権利：市民がどこの州で生まれ、どこの州の出身であっても、全ての州に移動することができ、生計を立て、財産を獲得することができる[57]

以上の人権憲章の導入について、オンタリオ州とニュー・ブランズウィック州は賛成した[58]。実際、ニュー・ブランズウィック州のハットフィールド首相は、少数派言語権に関して規定されている「一定数への保障」という条件すら撤廃することを主張した[59]。ニューファンドランド州は言語権と移転の権利を除く人権憲章の導入には合意した。

残りの7州は人権憲章の憲法化に反対した[60]。マニトバ州のライオン首相によれば、人権憲章の憲法への導入は、権利に関わる議題を連邦および州の議会が取り扱う権利を侵害し、代わってそれを最高裁判所に付与する。しかし、裁判官は国民の選挙によって選ばれておらず、それゆえに、国民に対して直接責任をもたない。また、人権憲章の憲法化は、新しく生じてくる権利、例えば身体障害者の権利のような、新たな権利の承認について柔軟に対応しづらい。それに対して、州法のレベルでの人権憲章は新しい人権を承認するような領域において、より柔軟な対応を可能にする。こうした観点からマニトバ州は人権憲章の憲法化に反対する[61]。

サスカチュワン州のブレイクニー首相も、以下の理由で人権憲章の導入に反対した。議会の主要な目的は紛争解決である。その解決方法の1つの方法は、

国民の意見が変わるたびに妥協を形成し、規則を変更することである。第2の方法は、1世紀間にわたって有効であるような一般的規則を確立し、裁判所に紛争の和解を任せることである。第1の方法は、妥協と寛容に基づく社会を形成する。第2の方法は、一般規則と裁判判決に基づく競争的な解決方法に基づく社会に至る。それゆえ、第2の方法のような、司法を通じて市民の権利を保障しようとする方法は、市民の権利に正当な実効性を付与しない。なぜならば、彼によると、裁判による決定は裕福な市民に有利な判決を与える傾向があるからである。[62]

　以上のライオンやブレイクニーの主張の基本線は、人権憲章を憲法に導入することで生じる「政治の司法化（judicialization of politics）[63]」の問題、つまり政策決定の場が州議会から連邦の最高裁判所へと移行することに反対することであった。カナダは、1980年の時点でほぼ全ての州が州レベルにおいて人権憲章をもっている。それゆえ、憲法の中に新たにカナダの人権憲章が導入されれば各州の人権憲章の意味が低下することになるであろう。アルバータ州のローヒード首相も、アルバータ州では、州民の基本的権利はすでに、通常の州法に優位した効力をもつアルバータ人権憲章によって守られている。もし、カナダの人権憲章が導入されれば、アルバータの人権憲章の効力が弱まるという懸念を表明した。

　ブリティッシュ・コロンビア州のウィリアムズ法務長官も、この連邦の政策はカナダ人の自由を強化するというよりも、カナダ人の自由を制限することになると述べる。連邦の文書の中では、最も基本的な3つの権利として、生命、自由、安全の権利が列挙されている。しかし、これらの原理が具体的に何であるのかを定義するのは、連邦政府の案ではカナダ連邦の裁判所であり、国民に選出された議員ではない。つまり、人権憲章を憲法の中に導入することは基本的な誤りである。なぜなら、カナダ人の自由の具体的内容について、正確かつ具体的な定義を憲章化という一度の行為で行うことは困難である。現在の人権保護の制度が存続する限り、かつて定義した権利内容が間違いであることが判明した場合には、州の立法府やカナダ議会を通じて議会制民主主義の下でその規定を修正することができる。しかし、人権憲章を憲法の中に導入するとい

う、一度きりの決定ではそのような修正は不可能である。以上がウィリアムズの発言の趣旨である。[64]

　それではケベック州の首相レヴェックは、この問題に対してどのような見解を表明したのだろうか。レヴェックは、以上の人権の司法化批判の点を踏まえながらも、人権のとらえ方そのものに立ち返って、連邦の人権憲章の導入に反対する以下のような発言を行った。レヴェックによると、ケベック州は、基本的人権の保護にコミットするという姿勢を明確にしている。ケベック州では、基本的自由（宗教、思想、言論、出版）や基本的な民主主義的原理[65]はすでにケベック州の法律の中で尊重されている。それゆえに、今回の連邦政府が提起する人権憲章の憲法化の問題は、「ケベック州政府における人権の否定」ということではなくて、むしろ「何がケベックの市民の権利を保護する最善の方法であるのか」を問うことである。広範な範囲にわたる個人的権利を憲法に書き込む場合に、以下の3つの問題が検討されねばならない。第1は、憲法化が権利の最善の保護の方法か否か、第2は、憲章の中で扱われる権利が全てのカナダ人に共通の価値観を表現しているかどうか、第3は、その権利の意味と範囲が十分に定義されているかどうかである。

　そこで、レヴェックは人権憲章を憲法に書き込む場合の利点と問題点を比較検討する。まず、利点としては、人権憲章の憲法への導入によって、個人の権利は強固に保護される。なぜならば、連邦および州の立法府を含め、いかなる組織も憲章の中に含まれる原理を侵害できないからである。第2点は、憲法への人権憲章導入は、1つのセレモニーとして人権憲章に象徴的な意味を付与するので、国民に憲章への尊重を促す効果がある。

　しかしながら、以下の問題点が挙げられる。憲法への人権憲章の導入は、「裁判官の統治（gouvernement des juges）」を誘発する。そのことによって、権利の保護について最も民主主義的な手段が失われることになる。なぜなら、権利および自由は巨大な範囲に渡り、かついまだに絶えず進化する状態にある。人権憲章の憲法への導入は、選挙に基づく議会から、権利および自由を民主的原理に従って形成する権限を奪う。[66]カナダの政治システムは、代表制民主主義と議会主権に基づいている。立法の権限の裁判所への移行は、市民から、各人

の個人的権利の進展（l'évolution de leurs propres droits individuels）に影響を及ぼす最も効果的な手段を奪うことになる[67]。

　以上がレヴェックの発言である。ここでレヴェックは注目すべき論点を導入している。権利というものは、範囲も広く、かつ常に変化、進化しているものであるという点である。この点からみれば、憲法への人権憲章の導入という、一時の決定で権利を定義しようとする連邦政府のやり方は、権利の問題に対して優れたアプローチではないということになる。さらに、注目すべきは、その権利を定義する場合、市民が代表制民主主義という討論の場を通じて常に、自らの権利の形成に関わるということそのものが個人的権利であると理解されている点である。

　また、憲法の中に含まれる権利の範囲が拡大すればするほど、「裁判官の統治」の弊害は大きくなるという指摘も重要な点である。例として、レヴェックは連邦政府が導入しようとする個人の移転の権利の問題を挙げる。この権利は一般的には誰も反対できない権利である。しかし、この権利のもつ意味や含意、範囲をよく考えれば次のような問題が生じる。この権利は、ケベック州が保持する、専門職業への資格制限を行う権利を侵犯する恐れがある。なぜならば、ケベック州は、フランス語系が多数居住する州であるため、その他の州とは医師や弁護士、会計士など専門職業に要求される資格が異なるからである。それゆえ、ケベック州ではこの資格の規制はどこの州よりも厳格だが、これは個人の移転の権利と衝突することになる。また、移転の自由を憲法の中に組み入れることは、カナダ全体を通じて教育制度の標準化へと導くことになる。なぜなら、制度間の差異は、移動の障壁として解釈されるからである。そして、もし最高裁判所がこのような解釈を行う場合、ケベック州としては憲法を改正しようと試みることになるが、憲法の改正には他の州の同意を得ねばならず（少なくともカナダの全州の3分の2の議会での議決）[68]、それは非常に困難であるからである。

　以上のような移転の権利に対する反対と同様に、レヴェックが反対するのが、連邦政府の提案する言語権である。もし言語権が憲法の中に固定化されるならば、社会的発展とともに新しい討論が必要な場合に、憲法を修正すること

が必要になるが、その場合、ケベック州は自らの言語政策に関して連邦政府と他の全ての州の同意が必要ということになってしまう。連邦政府が行う言語政策の真の狙いは、ケベックの言語法101号法を、教育の言語の自由選択という理由から修正しようとするものである。レヴェックによれば、いかなる憲法も、人々に言語権を保持するという信念を変更させることはできず、州政府にその信念と異なる政策を強制させることができない。言語少数派の権利を保護する一般規定を連邦レベルで強化しても、それを行う政治的意志がそこに存在しないならば、言語少数派の運命を本当に変えることはできない。それゆえ、特別な言語使用の問題に関して採択された具体的な言語政策のみが本当に言語少数派の地位を向上させることができるとレヴェックは考える。そして、最後にレヴェックは次のように締めくくる。ケベック州は、ペパン・ロバーツ委員会（Pepin-Roberts commission）の報告として以下の方法が言語少数派の保護の最善の方法であると考える。つまり、州が、地方の状況の多様性を考慮して、その言語少数派の保護のための立法を行う。その後に州間のコンセンサスが徐々に形成され、いずれは連邦国家の憲法の中に含まれうる共通項が形成されるようになる、という方法である。[69]

　このレヴェックの発言で注目すべきは、権利の考え方について、トルドーの見方と決定的な違いがあるということである。トルドーは、権利は国民の権利であり、同時にまた普遍的な個人的権利であるから、憲法の中に書き込まれることが重要であると主張する。これは、ひとまず近代の国民国家を前提とした近代個人主義的な考え方であると言うことができる。ジョン・ロック（John Locke）の統治論によれば、個人は、生命や安全、財産といった各自の個人権を保護するために、お互いに契約を結んで国家を形成する。これらの権利は生まれながらに人がもつ不可侵の権利であり、自然権であるとされる。[70]それを、国家の基本法に書きこむというトルドーの発想は、まさにロックのこの発想の影響を受けていると言える。ロックの発想がアメリカの人権宣言に影響を与えたのは周知の事実であるが、トルドーは、アメリカの人権宣言の起草者であるトマス・ジェファーソン（Thomas Jefferson）の影響をも受けている。彼は、ジェファーソンの「人間に固有で不可譲の権利以外には、いかなるものと言え

第4章　憲法闘争の第3幕

ども、変えることのできないものはない[71]」という文章を引きながら、政治構造よりも、人権に絶対的な普遍的な価値があると説く[72]。以上のトルドーの思考は、イギリスやアメリカの個人主義的自由主義の影響と並んで、「人権は神聖にして不可譲の自然的権利である」ことを高らかに謳った1789年のフランスの人権宣言の影響を受けていることも明白である[73]。

　レヴェックもまた人権や、さらにはより一般的な概念である権利が重要なものであるということは否定していない。しかし、権利の具体的な内容は、一度に固定されてしまうものではなく、討論という過程を経て議会の場で絶えず、時代の変化に対応しながら形成されていくものだという発想を採っている。このようなレヴェックの発想にたてば、移動の自由権の範囲など権利の具体的な内容を審議する場は、できるだけ各人の生の現場に近い政治的場所で行われることが望ましいということになる。それによって、初めて各人は自らの権利の形成に参加することができるのである。それゆえ、カナダ人権憲章の憲法への導入よりも望ましいのは、州政府がその州政府レベルで権利の憲章をもつことである。実際、彼は、カナダ人権憲章に先立って1975年に制定されたケベックの人権憲章を例証として提出し、この州レベルの人権憲章によって、表現の自由や、宗教の自由など基本権がすでに保護されていると主張する。また、このような州レベルの人権憲章は、人権規約をもつサスカチュワン州やその他の州も何らかの形で権利を保護しているから、カナダの人権はトルドーが述べるような危険にはさらされていないと述べる[74]。さらに、レヴェックは、トルドーの主張の真の狙いは、連邦最高裁判所の権限の強化による、州議会の法律の地位の低下と連邦の中央集権化であると批判する[75]。

　このレヴェックの発言の中にみられるのは、カナダ連邦制の中央集権化への批判であり、分権的な連邦制の方向への支持である。これは特に、ケベック州にとっては重要な問題であった。ケベック州は、フランス語系住民が州人口の8割を占める州であり、フランス語で独自に社会形成を行ってきた歴史がある。レヴェックの発言は、そうした歴史的・社会的事情を踏まえた上で、さらに独自の人権観を提示したということができるであろう。しかし、トルドーは、レヴェックのこのような考え方は、カナダをバラバラにしてしまうと反論

する。トルドーにとって、重要なのは、カナダ市民が1つの共通の価値観をもつことであり、人権憲章の憲法化は、そのための決定的な方策であった。

この1980年の連邦・州憲法会議の議論は、レヴェックとトルドーの真っ向から異なる国家観の対立を浮き彫りにしたと言っていいであろう。オンタリオ州とニュー・ブランズウィック州は、当初からトルドーの連邦主義を支持していた。残りの英語系の諸州は、天然資源の所有権など州の権限の拡大を唱えてはいたが、連邦国家論としては、近代個人主義的自由主義国家論としてのカナダ国民国家の形成という観点に立っていた、と言ってもいいであろう。いずれの州もカナダを1つのネイションとして統合することを主張し、諸州の平等と個人の平等を主張した。確かに、マニトバ州やサスカチュワン州など西部の諸州は自らの州権の保護のために、人権憲章の導入に反対という点でレヴェックと意見を同じくした。しかしながら、西部の諸州は、概して、自らの州権の保護の観点からレヴェックに同調した、と言うことができる。

しかしこのトルドーの連邦国家論に対して、レヴェックの国家論は全く異なるものであった。レヴェックは、カナダを「2つのネイション」からなる国家であるという基本的観点を捨てず、その点から堂々とケベック州の特別な権利を主張し、ネイションの政治的独立の権利と国家連合という国家論を展開したのである。

こうして、国家論の対立としては、この1980年の連邦・州憲法会議の段階ですでにケベック州政府対、連邦政府を含む諸州政府という形での対立構図が浮かび上がっていた。しかし、1980年の連邦・州憲法会議後では、ケベック州はオンタリオ州とニュー・ブランズウィック州を除く7つの英語系の諸州と人権憲章の憲法化への反対および州の権限拡大という共通目標で共同戦線を張る余地があった。他方、この1980年の連邦・州憲法会議で合意に至らないと感じたトルドーは、一方的に連邦政府による憲法移管を行う決意をしたのである。

2　1981年の連邦・州憲法会議

こうして、1980年9月8日から12日まで開催された憲法会議は、諸州の意見の不一致で幕を閉じた。しかしながら、10月2日の夜、トルドーはテレビ放送

において、連邦政府が一方的に憲法移管と人権憲章の導入を行うことを発表した。ここにみられるように、トルドーは州首相の頭を飛び越して、直接国民に訴えかける姿勢を明らかにした[76]。

トルドーは、同日、連邦政府の憲法構想案を提示した。この憲法案には、まず第1部としてカナダ人権憲章が置かれている。それらは、基本的自由権、民主的権利、移転の権利、司法上の権利、差別禁止規定、公用語法、少数派言語教育権からなっている。第2部は、平等化および地域的不均衡であり、第3部は憲法会議、第4部は憲法改正手続きとなっている。ここで規定された憲法改正手続きは、一度は連邦政府と州政府の間で合意に至りながら、ケベック州の反対で批准に至らなかった1971年のヴィクトリア憲章で定められた憲法改正手続きの様式であった。

その後、連邦政府は単独で憲法議論を連邦下院において進めた。カナダ連邦政府を支持したオンタリオ州とニュー・ブランズウィック州を除く8つの州は、この事態の展開に脅威を感じ、急遽、連邦政府のプランに対抗するプランを作成せねばならなくなった。その結果、アルバータ州の大臣の提案から、新しい憲法改正手続き案であるバンクーバー方式が検討され始めることになった。1981年4月16日、連邦のプランに反対する8つの州は連邦政府の憲法移管に対抗する合意を形成した[77]。ここでの主要点は、州政府は天然資源や漁業、通信などの点については将来の議論にゆだねること、また、人権憲章の導入は行わず、憲法改正手続きのみを決定すること、である。その際、合意に至ったバンクーバー方式の骨子は以下の通りである。

> 1981年のバンクーバー協定の概要：①ほとんどの憲法改正手続きについて、人口の50％を代表する諸州の3分の2（10州のうち7州）の賛成を必要とすること。②州の権限を連邦政府に移行する時、州は経済補償付きで選択的離脱（オプトアウト）できるということ[78]。

このバンクーバー案に関して注目すべき点は、第1に、トルドーが主張する人権憲章の憲法化を拒絶していることである。第2は、ケベック州が歴史的に主張してきた憲法改正に関する拒否権を放棄していることである。レヴェック

によれば、「拒否権は確かに防御の手段になるが、発展を阻害することにもなる。ケベック州が拒否権をもつならば、他の州もそれを欲することになる。反対に、オプトアウト（選択的離脱）の権利はより優れた武器であり、柔軟でダイナミックである」[79]。このように語りながらも、明らかに、レヴェックはここで経済補償付きのオプトアウトによって英語系の7州に妥協したといっていいであろう。これはケベック州の伝統的な要求からすればかなりの妥協である。言いかえれば、レヴェックはなんとしても連邦のプランを阻止するための決断を行ったということもできる。

　この州の合意案が提示された1981年4月16日、トルドーはカナダ放送協会（CBC）の記者団に対し、8州の合意案であるバンクーバー案を拒絶することを発表した[80]。その理由を以下のように述べる。「私は、我々のいかなる者も脱退できない国民的意志のようなものが存在すると考えている。8州の合意案は、この国民的意志の存在を否定している。すなわち、たとえ、95％のカナダ国民が憲法改正に合意しても、1つの州がそこから脱退することを許してしまう」[81]。このトルドーの行動に対抗して、8州政府側のうちケベック州、マニトバ州、ニューファンドランド州が、連邦政府が一方的に憲法移管を行うことはカナダの憲法上妥当であるのか否かに関して、カナダ最高裁判所に提訴した。1981年9月25日に、ボラ・ラスキン（Bora Laskin）最高裁判事の下、9人のカナダ最高裁判事は、7対2で、連邦政府の憲法移管行為は合法であるが、カナダの憲法慣習に反しているという判決を下した。しかし、この憲法慣習は8州政府側が主張していた憲法移管の様式に全州一致の合意を要求するものではないとされた。

　この最高裁判決によって、ケベック州を除く7州のトルドーへの抵抗意思は弱まった。そうした動きにもかかわらず、レヴェックは、連邦政府のプランに対抗するためのより強固な基盤を築くために、9月29日、連邦の提案に反対を表明する決議をケベック州議会で行おうとした。この時点では、ケベック自由党党首のクロード・ライアンも決議の賛成に回った[82]。

　連邦司法大臣クレティエンは、連邦の行為が合法と判断されたことは連邦側の勝利であると解釈したが、トルドーはもう一度州の同意を取り付ける必要を

感じ、1981年11月に再度の連邦・州憲法会議をオタワで開催することを決定した。こうして、連邦・州憲法会議が、1981年の11月2日から5日にかけてオタワの連邦会議場で開催されたが、この4日間でカナダの憲法とカナダの国家の行末が決定されることになった。会議の参加者は、トルドー連邦首相、オンタリオ州のデイビス首相、ケベック州のレヴェック首相、ノヴァスコシア州のブキャナン首相、ニュー・ブランズウィック州のハットフィールド首相、マニトバ州のライオン首相、ブリティッシュ・コロンビア州のウィリアム・ベネット首相、プリンス・エドワード・アイランド州のマクリーン首相、サスカチュワン州のブレイクニー首相、アルバータ州のローヒード首相、ニューファンドランド州のペックフォード首相である。ブリティッシュ・コロンビア州の首相ウィリアム・ベネット本人がウィリアムズ法務長官に代わってこの会議に参加していること以外は、1980年9月の連邦・州憲法会議に参加した各州首相は同じ顔ぶれであった。

　連邦・州憲法会議の初日である11月2日に、トルドーは開会宣言において、この会議の目的を3点に絞る。第1は、憲法移管の実施、第2は、カナダ人権憲章の制定、第3は、憲法改正手続きである。ここで、トルドーは第1の憲法移管の必要性については全員が一致するが、争点は第2の点と第3の点にあることを確認する。第2の点は、全てのカナダ人を拘束するカナダ人権憲章を憲法に導入するか、あるいは従来のように連邦法としてのカナダ人権法と州レベルでの人権法の並存の体制を続けるのか、である。第3点は、憲法改正手続きの様式として、連邦が提案するヴィクトリア方式を採用するのか、8州政府らが提案するバンクーバー方式を採用するのか、である。トルドーは、かつて一度は全ての州が合意に達した協定であるという理由で、ヴィクトリア方式を提案する。しかしながら、トルドーはこのヴィクトリア方式には問題もあると述べる。ヴィクトリア憲法改正方式は、全ての州を平等には取り扱わず、ケベック州とオンタリオ州に拒否権を与えている点で難点がある。他方で、8州の提起するバンクーバー方式にも大きな難点がある。例えば、9つの州の合意、連邦政府の合意およびカナダ人の95％が合意したような憲法改正においても、たった1つの州でもオプトアウトできる権限をもっている。この権限の行使は

漸進的な分離主義に行きつく危険性がある。こう述べて、トルドーはどちらの改正方式が適切であるのか、この連邦・州憲法会議で議論する必要性があると主張する[84]。

続いて、第2点である人権憲章について、トルドーは次のように自説を展開する。現在の人権保護の体制では、カナダ権利章典は連邦の法律にのみ適用され、州の人権法は州の法律にのみ適用される体制である。このような法体制ではカナダ人の共通の価値観を醸成することができない。確かに、カナダ人権憲章の導入は州政府から権利に関わる関与権を奪うという点は、その通りである。しかし、それは州政府だけでなく、連邦政府からもその権利を奪うのである。問題の本質に立ち返って考えてみれば、人権は誰に与えられるかと言えば、国民である。「あなたはカナダ人である。あなたは住みたい場所に住み、移動する権利がある、あなたはカナダのどこにいてもフランス語学校あるいは英語学校に子供を通わせることができる」それゆえ、重要な点は、人権憲章の憲法化は連邦政府や州政府の侵害から市民の自由を守ることである[85]。

オンタリオ州のデイビス首相は、人権憲章の憲法への導入と憲法改正手続きの問題に関して、カナダ連邦政府の意見を支持すると主張した。さらに、憲法改正手続きについては、彼はヴィクトリア憲章を支持するとした。さらに、デイビスはこの憲法改正手続きについて妥協する余地があるとほのめかし、ヴィクトリア様式でオンタリオ州が拒否権をもつことが問題であるなら、オンタリオ州の拒否権については放棄してもよいと主張した[86]。

同じく、トルドー側にたつニュー・ブランズウィック州のハットフィールド首相も、人権憲章の憲法化に支持を表明する。その利点について次のように述べている。今日の人権保護体制は、確かに、州毎に人権法をもっていることによってすでに保護されているとも言えるが、カナダの人権憲章を制定すれば、カナダ人はどこの州に行っても、その権利を保護される。ケベック州の首相は、ケベック人の権利を守ると主張しているが、ケベック人の権利を守るのは、カナダ憲法である。さらにハットフィールドは人権憲章の憲法化に関して妥協案を提起した。それは、人権憲章の制定を2つの部分に分け、その第1の部分たる、基本権や民主的権利、移転の権利、公的言語権、少数派言語教育権

はすぐに発効するが、第2の部分である司法上の権利や平等権は、3年間の猶予期間を設けるという内容である。憲法改正手続きについては、ハットフィールドはカナダ連邦政府の案、つまりヴィクトリア様式を支持するとした[87]。

残りの州首相、例えば、ノヴァスコシア州のブキャナン首相[88]や、マニトバ州のライオン首相[89]、ブリティッシュ・コロンビア州のベネット首相は、トルドーの一方的な憲法移管を批判した[90]。アルバータのローヒード首相も、トルドーの一方的な憲法移管の進め方はカナダの連邦主義の原理に反するため、それを撤回するように主張した。ローヒードによれば、カナダ連邦主義の原理とは、連邦政府であれ、州政府であれ、1つのレベルの政府が一方的にその他のレベルの政府の権利をその同意なく変更してはならないというものである。さらに、憲法改正方式としてバンクーバー方式を主張する理由として、ヴィクトリア方式はオンタリオ州とケベック州に拒否権が与えられていることが問題であるとし、アルバータ州は州の平等の原理を重視すると述べる[91]。ニューファンドランド州のペックフォード首相も、一方的な憲法移管はカナダの伝統に反すると述べた[92]。

サスカチュワン州のブレイクニー首相は、憲法改正手続きはバンクーバー方式を支持するが、交渉の余地もあるとする。他方、彼は人権憲章の憲法への導入には反対する。その理由は、彼が1980年の憲法会議において主張したように、選出される議員ではなく、任命制の裁判官に権利の内容について決定する権限を付与することによって、政治的プロセスではなく司法のプロセスを重視することになるからであるとする[93]。このように、ケベック州を含む8州側は、1981年の4月の8州合意の協定の内容を確認し、トルドーの一方的な憲法移管を批判した。

ケベック州の首相レヴェックも、憲法改正手続きとしてバンクーバー方式を支持する。他方で人権憲章の憲法への導入は、人権の具体的保護の問題を選挙によらない裁判官の判断にゆだねてしまうと批判する。レヴェックによれば、人権憲章は、時間とともに変化する思想および行動のパターンにあわせるように、絶えず議会によって修正されることが必要なのである[94]。また、レヴェックは、憲法移管がこれまで失敗に終わってきた原因は、州政府が権限の増大を求

めているからであるというトルドーの主張は妥当ではないと批判する。事実、レヴェックを含む8州の首相が提案したバンクーバー様式では、州の権限の拡大については何も述べていない[95]。それでも、トルドーはこの州の合意案に理解を示さなかった。この点に関して、レヴェックは、結局、連邦政府の真のねらいは、人権憲章をカナダの憲法の中に入れることで、州議会の権限を縮小することにあると述べる。

> 「(人権憲章をカナダの憲法に入れること)は、その権限領域において主権をもつ議会であるケベック州議会の権限を弱くしてしまう。この議会の有する権利は実のところ全てのケベック人の集団的権利であって、あらゆるピープルが有する権利同様、譲渡不可であり、彼らの同意なしで、制限することはできない……それらの権利はその経済発展および文化的保全を保障するために、ケベックにとって絶対に必要な権利だからである。(On aurait dangereusement affaibli notre assemblée nationale, qui est un parlement souverain dans les domaines de sa compétence. Les droits que possède ce parlement, ce sont en fait les droits collectifs de tous les Québécois, ils sont comme les droits de tous les peuples, inaltérables et ne peuvent pas être limités sans consentement...parce que ces droits, ce sont des droits dont le Québec a un besoin absolu pour assurer son développement économique et sa sécurité culturelle.)」(下線は筆者)[96]

ブリティッシュ・コロンビア州の主張と、サスカチュワン州の主張には連邦政府の提案に対して妥協の余地を残す可能性が示されていたが[97]、アルバータ、ノヴァスコシア、マニトバ、プリンス・エドワード・アイランド、ニューファンドランドの主張ははっきりと連邦政府の提案を拒否するものであった。結局、11月2日の討論の最後に、トルドーは、今日の会議ではほとんど進展がなかったと結論づけざるを得なかった。明くる11月3日の午後、トルドーは連邦政府の閣僚を招集し、州政府への提案を検討した。そこで、人権憲章と憲法改正手続きについては、ヴィクトリア様式・バンクーバー様式の2つの改正手続きを示し、これらの手続きについて、カナダ国民に国民投票を実施し、直接国民に賛否を問う提案を行うことを決定した。

11月4日の午後に、諸州の集まる会議の場において、サスカチュワン州のブレイクニー首相により新しい改正様式が提案されたが、その提案はケベック州

第 4 章 憲法闘争の第 3 幕

が「オプティング・アウト（選択的離脱）」の権利をも失うものであった。レヴェックからすれば、「オプティング・アウト」ですらかなりの妥協であり、これ以上の譲歩は決して認められないものであった。この討論の後、昼食休憩に入る直前、その会議の場で、トルドーが前日に閣僚の中で決定した国民投票案を提案した。トルドーは、人権憲章と憲法改正様式についてこの会議で合意が得られないならば、今後 2 年間これらの議題について合意に至るように討論し、それでも合意がなされないならば、人権憲章と憲法改正手続きの是非について国民投票にかけるという提案を提示した。[98] その手続きは、オンタリオ州、ケベック州、西部の 4 州全体と東部の 4 州の全体で単純な過半数を伴う、カナダ全体の過半数の合意というものであった。この提案を受けて、ケベック州政府側は、ケベック州が拒否権を得ることができ、さらに 2 年の猶予期間を得ることができるので、2 年後に国民投票が開かれた場合は、トルドーを破る機会を得ることができると思われた。[99] レヴェックの回顧録からも、レヴェックはこの提案に対し、「8 州の同盟が崩れかけている今、失うものはないし、密室で政治を行うよりは、全国民がこの議題について決定権をもてるというのはより民主主義的ではないか」と思ったと述べている。[100]

しかし、ケベック州と同盟していた残りの 7 州の首相達は人権憲章の憲法化以上に国民投票の実施を嫌悪したので、トルドーの提案にたじろいだ。[101] トルドーは、そのような中、レヴェックに向かって、「君は民主主義者だろう？この戦いをうけるべきだろう」と主張した。レヴェックは、トルドーの提案を真摯なものと受け止め、いったんはこの国民投票案に合意した。4 日の昼食の後、午後 4 時ごろ、トルドーは国民投票の施行細目についての説明書きを州政府首相に配った。それによれば、国民投票が実施される前に、提案される憲法改正手続きの合意が全州から得られる必要があるとされていた。レヴェックは、この方式は真の国民投票ではなく、4 日の午後の提案は欺瞞的なものであると判断した。[102]

しかし、事態は思いがけない方向に展開していった。4 日の会議が終了した後、レヴェックたちケベック州政府代表はオタワの対岸のケベック州の都市ガティノーにあるホテルに戻ったが、ケベック州と共同戦線を張っていた残りの

143

7つの英語系の州は連邦会議場の前のシャトー・ローリエホテルに宿泊するため、そのままオタワにとどまった。夜間に、トルドー政権で司法大臣を務めていたジャン・クレティエンは、シャトー・ローリエホテルのキッチンにおいてケベック州以外の7つの州に以下のような提案を行った。その提案の主要なものの1つは、「憲章の適用除外条項（notwithstanding clause）」である。これは、連邦議会と州議会に憲章の一定の規定の不適用の宣言が認められるというものである。しかし、その条項は以下の2つの制限規定をもっていた。[103] 1つは、移転の権利、2公用語政策や少数派言語教育権といった言語権、さらに民主的権利に対しては適用除外を宣言できないという点である。第2に、この適用除外宣言は、5年間に限って認められる点である。以上の適用除外条項は、人権憲章の憲法への導入に反対していた西部の諸州への連邦政府側からの妥協案であった。
　クレティエンから州政府への第2の提案は、憲法の改正手続きに関するものである。これは4月16日に州政府が主張したバンクーバー様式に基づき、ほとんどの憲法改正が、連邦政府と人口の50％を代表する3分の2の州の議決によってなされるということになった。それゆえ、連邦政府が提案していたヴィクトリア憲法改正提案にあったようなケベックやオンタリオ、大西洋州の拒否権はなくなった。しかし、バンクーバー様式が主張していたような財政補償付きの「オプティング・アウト」の権限は一切削除された。この提案によれば、ケベック州は一切の拒否権を喪失するということを意味していた。ケベック州以外の7つの州は、このクレティエンの案に合意した。[104] 11月5日の朝、ニューファンドランド州のペックフィールド首相は州首相全員が出席したシャトー・ローリエホテルでの朝食の席で「我々は最終提案に達した。これがそれである。」と述べ、レヴェックに1枚の紙を渡した。それには昨日のケベック州を除く州首相の合意案が書かれており、財政補償付きのオプティング・アウト権が削除されていた。[105] ケベック州は孤立した。
　トルドー連邦政府は、ケベック州の同意を得ないままで、1981年12月初旬に、カナダ両院にこの法案を提出した。そこでの決議・承認の後、1982年3月、イギリス議会での承認を経て、1982年4月17日には、カナダの元首である

第4章　憲法闘争の第3幕

イギリスのエリザベス2世によって調印され、1982年憲法が発効した。
　この憲法の調印の後、レヴェックはすかさず、1982年憲法33条の「適用除外条項」をケベック州の全ての法に適用し、それ以降ケベック州で制定される全ての州法に自動的にこの憲章不適用の条項を挿入した。それが、彼が提起したオムニバス法（Loi concernant la loi constitutionnelle de 1982）である[106]。これにより「適用除外条項」が該当する項目において、ケベック州の州法は適用除外されるということを意味した。トルドーの制定した憲法に対して、ケベック州は明らかに抵抗の意志を示したのである。

3　憲法闘争の総括——トルドーとレヴェックの対決の意味するもの

　1981年の連邦・州憲法会議で展開されたレヴェックとトルドーの政治的言説の対立は、両者の権利理解の相違に基づくものであったと言っていいだろう。レヴェックにおいては、ケベック州議会が行使する審議・決定する権利は、その内容が個人の権利の具体的実効的な拡張であったとしても、ケベック人の集団の権利と呼ばれた。他方で、トルドーにおいては、個人の普遍的権利は、議会の審議によって決定され、保護されるのではなく、自然法的な根拠に基づくものとされ、その具体的権利の保護については司法によって担保される、とされた。1981年の連邦・州憲法会議は、トルドーとレヴェックの政治的言説の対照的な性格を浮き彫りにしたということができる。
　先にも示したように、トルドーの政治哲学の根幹にあるのは、個人の権利である。彼は、「シテ・リーブル」紙のインタビューの中で、「私は共同体の観念を尊重するけれども、この共同体をなす個人の主権をそれ以上に尊重する」と述べている。そして、このカナダ人権憲章の制定は、彼によれば、彼が政治家になる以前から考えていた最も重要な課題であった[107]。トルドーは、このように普遍的な個人主義を主張し、フランス語系カナダ人をネイションとするのではなく、政治的に統合されたカナダ人のネイションを作り、それをもってカナダ統合を図ろうとした。
　それでは、レヴェックの言説の中に見られる思考はどのような普遍性をもつのであろうか。1980年と1981年の連邦・州憲法会議の中で展開された彼の権利

の考え方にはある種の独自性がみられる。今、その点について若干敷衍してみよう。その考えの一部はすでに、レヴェックが1978年のケベック弁護士会で発表した、「個人の権利と集団の権利の相互補完性（La complementarité des droits individuels et des droits collectifs)」と題された論文にみられる。彼によれば、近代の自由主義は、特に個人的自由主義を発展させてきており、個人的自由主義がなければ社会は強制収容所のようなものになってしまう。しかし、個人的自由主義と同様に発展してきたのが、集団的な、あるいは共同体的な自由の側面、敢えて言えば、自由と権利の「集団化された」側面である。この個人の権利と集団の権利は、相互補完的に発展する必要があるし、そうなるものである。[108)]

集団的な権利は、個人の権利が幻想に止まらないように望むいかなる社会にとっても、目標とすべき最小限のものを構成する。「そこでは、個人の権利と集団の権利は相互に補い合い、ある意味では互いを豊かにできる。なぜなら、集団的権利は実際、一般的な権利であるが、それが正しく理解され、適正に適用されるならば、それの行使は必ず各人の基本的な個人的権利の効果的な行使に有利に働くという結果をもたらし、全ての市民へとその享受を広げることになるからである（C'est là qu'ils se complètent et, dans un sens, qu'ils s'enrichissent mutuellement parce que les droits collectifs, au fond, sont des droits généraux mais dont l'exercice a nécessairement pour effet, s'ils sont bien compris et bien appliqués, de favoriser l'exercice effectif des droits individuels fondamentaux de chacun et de chacune, en généralisant la jouissance pour tous les citoyens.)」（下線は筆者）。[109)]

具体的に言えば、共通の言葉による教育や労働の権利は、それ自体は集団の権利であるが、それによって初めて集団内の個々人の個人的権利—すなわち教育権や労働権—は、実効的に保障される、ということができる。ケベックの人々の個人的権利の保障は、個々の集団的権利の保障によって保たれているのである。

こうした主張をレヴェックは、さらに広い国際的視野の下に展開している。レヴェックは、一般的には集団的権利を定めた言語法と言われる101号法、つまりフランス語憲章を個人的権利を発展させた法律として引用しているが、こ

れを検討するに際し、彼は、まずベルギーにおける言語紛争の事例を挙げる。1952年に発効した「人権と基本的自由の保護のための条約（Convention for the Protection of Human Rights and Fundamental Freedoms）」、いわゆる「欧州人権条約」の第1議定書第2条（教育についての権利）には、「何者も教育についての権利を否定されない。国家は、教育および教授の領域における役割の遂行に際し、両親が自らの宗教および哲学的信念に従う教育および教授の確保をしようとする権利を尊重する」と規定されている。ベルギーでは、北部のオランダ語系が多く居住するフランデレン地域では、公的教育は、オランダ語のみで行われ、南部のフランス語系が多く居住するワロニー地域では、フランス語のみで行われた。しかし、ベルギーの最高裁判所と欧州人権裁判所はそろって、ベルギーにおける教育言語に関する制限は、欧州人権条約の教育に関する権利に反していないと結論づけている。

　実際、オランダ語の地域に住む全てのベルギー人とその子弟は、いかなる区別もなく、オランダ語で教育を受ける権利をもち、ワロニー地域に居住する全てのベルギー人はフランス語で教育を受ける権利をもつ。つまり、欧州人権条約の下で認められた教育への権利は、各ベルギー人個人がその母語で教育を受ける権利として解釈されるのではなく、各社会（society）が全ての子供に公的かつ無料の教育を提供する権利であるとして欧州人権裁判所によって解釈されたのである。欧州人権裁判所の判決は以下の通りである。

> 議定書の第2項第1文によって保障される教育への権利は、その本質上、州による規制、つまりその共同体と個人の必要性と資源に応じて、時と場所において異なる規制を必要とする。そのような規制は欧州人権会議において導入された教育への権利の本質を侵害せず、他の権利と衝突しないことは言うまでもない（下線は筆者）。

　以上のベルギーの事例から、ケベック州においてもっぱらフランス語で公的教育を与えることによって、全ての人の権利を尊重するというのは、全く普通のことであり、基本的人権に一致するのであるとレヴェックは述べる。

　以上のレヴェックの考えは、おおよそ、次のようなものである。すなわち、個人的権利は、その権利の範囲を定めることは簡単ではないとしても、個々人

に直接保障されるものである。しかし、言語使用権のような、集団的権利によって支えられた個人的権利は立法という手段によってそれを具体化する必要があるということである。権利というものは、トルドーが主張するように絶対的な普遍的な権利として存在するというのではなく、その時々の立法者および立法機関の意思によるところが大きい。そのような立法の過程を経て、初めて権利は正当性と具体的な実効性を保障されたものとなるのである。[113] 先に示した、ベルギーの言語紛争の事例こそがまさにそのことを表しているのであり、欧州人権条約では、両親の選択の自由も規定されているが、公的な言語権をどのように実施するかは、各社会の中での立法の過程に任されている。その過程で、各社会は公正になるように人権を規定することができるということである。

その後の1980年と1981年の連邦・州憲法会議のレヴェックの言説からは、レヴェックの思考のさらなる発展をみることができる。つまり、権利の形成について、重要な役割を果たすのは、ケベック州においては、もちろん伝統的にケベック州議会である。このケベック州議会において、ケベック市民各個人が自らの権利の形成に参加するということが重要である。つまり、個人の権利という場合に想定されるのは、まさに個人が個別で行うことだけを意味しているのではなく、各個人が自らの言語で、経済、教育などの生活形成への個人的な志向の現実化のために、集団的な法形成に参加していくという側面も、個人の権利であると捉えるのである。個人の権利と集団の権利は相互に豊かに補いあうことができる。なぜなら、集団的権利は一般的な権利であるが、その具体的行使が上手くなされうるならば、各人の基本的な個人的権利を助長し、全ての市民にとってその享受を広げることになるからである。[114]

レヴェックによれば、州政府のそのような権利に関する立法の役割は、単に、集団的権利の問題だけでなく、個人の権利という点からも捉えられる。彼によれば、権利というものを、各人がそれぞれその自らの権利について、討論し決めていくということが個人的権利であり、それを可能にするのは、できるだけ個人に近い政体であるべきである。自らの権利を、自らが決めていく可能性をもつ場（議会等）に参加する権利を彼は個人的権利と呼び、そのような民主主義的な権利を重視する。彼が反対していたのは、そのような権利が連邦政

府によって、州の権限から取り上げられ、しかも憲法の中に固定化されるならば、もはや各個人は、その権利のあり方について関与することができなくなるという点であった。

　ここで、トルドーとレヴェックが対決した1982年の憲法闘争の中心的論点をまとめておこう。憲法闘争において問題になったのは、個人の権利と集団の権利の対立ではなく、権利そのものについての捉え方の違いであった。レヴェックは、人権に関わる権利を、動的で変化し、時代に対応して常に対話・討論・承認を通じて形成していくものと捉えている。その上で、そのような権利の形成に関わる個人の参加の権利をも、権利内容の個人的性格への要求権とは別に個人的権利の概念に含まれるものとした。他方、ケベック州はカナダの中において、言語的、歴史的に特別な州であるという事実が横たわっている。これらの点を考慮すれば、ケベック州の州議会の重要さは個人の権利および集団の権利の相互補完的拡張という視点において、極めて大きなものがある。つまり、州議会にとっては、個々の州民の権利の拡張のために、ケベック州を1つのネイションとして、文化的、社会的に存続、発展させていくということが重要になる。そのようなケベックの文化的・社会的な発展を、ケベック市民が自らの意志で決定していく権利を、レヴェックはケベック人の集団的権利と言っているのである。これは、ケベック問題についてのレヴェック的な解決方法であったと言える。

　以上のようなレヴェックの権利の考え方の背景には、ケベック州の州権を強くして、ケベックをネイションとして承認させたいという強い政治的意志があることは明白であろう。ネイションとしてのケベック人を否定するトルドーに対抗して、ケベックをネイションとする政治的承認を求めるレヴェックは、同時に、しかしトルドーの方式とは異なった形で他のカナダとの連携を追求した。そうしたレヴェックの姿勢は、フランス語の言語法を巡る闘争の中でも一貫していた。レヴェックは、101号法の作成においても、集団的権利を強固に主張するロランの見解だけでなく、ライアンや人権憲章委員会の意向も汲み、フランス語憲章をケベックの人権憲章よりも優越させる条項を削除させている

のである。

　さらに、カナダ全体の政治的統合を追求するレヴェックの姿勢は、1982年憲法制定以後のケベック党内で生じた路線対立においても貫かれていた。以下、その点を時系列的に紹介しておこう。1982年12月に開かれたケベック党の党大会において、純粋な独立主義を信奉していた旧 RIN のグループを中心に、ケベック党の「主権連合」の主張から「連合」の部分を削除することを求める動議が提出された。レヴェックはこれに断固反対する。レヴェックは、自らの党首としての辞任をかけてこの動議を阻止した。結局、1982年２月にケベック党内で党員投票を行うことが決まり、レヴェックの主権連合維持案が有効投票の95％を獲得して、勝利した[115]。

　しかし、ケベック党内での主権強硬派の動きは収まらず、さらなるケベック党内の内紛を引き起こした。1984年のケベック党大会において、「主権連合」を早期に実現しようとする強硬派が、ケベック党への州民の支持を「主権連合」への州民の支持とみなすという動議を提出した。ケベック党への支持は、「主権連合」への支持とは別であり、両者は分けて考えるべきであるとするジャック・イヴァン・モランの意見にレヴェックも同意したが、動議は党員の圧倒的多数で可決されることになった[116]。

　そのような中、連邦政界において変化が生じる。1984年６月トルドーが連邦首相を辞任し、連邦政界を引退した。トルドーの引退後、1984年９月に開催された連邦総選挙において、ブライアン・マルローニ（Brian Mulroney）率いる進歩保守党がトルドーの後継であったジョン・ターナー（John Turner）率いる連邦自由党を大差で破り、政権を掌握する。マルローニは、ケベック州を憲法体制の中に引き入れることに積極的な姿勢を示した。マルローニは、1984年８月、ケベック州のセティル（Sept-iles）において、「名誉と熱意をもって、ケベック州議会が新しい憲法に調印できるように、調整と連邦・州政府間の協力を推進する」と約束した。この約束こそ、レヴェックが待ち望んでいたものであり、トルドーが政界を引退したことで、連邦政府との新しい交渉の機会が生じたと積極的にとらえた。1984年９月、レヴェックは、連邦政府と誠実に交渉することは州政府の義務であると主張した。「もし連邦主義の問題が少し改善

され、または実際に改善したとしても、ケベック党の基本的な政策（主権連合
—筆者注）が消滅してしまうような危険はないだろう」[117]。さらに、レヴェックは
マルローニ連邦政府と交渉するために、1984年のケベック党の党大会で決定し
た「主権連合」を次の州選挙の目的にするという決定をも変更する意図を明ら
かにした[118]。これに対して、ケベック党の強硬派は、このレヴェックの行動は、
ケベックがカナダの憲法体制を承認する基盤を準備するものであるとして批判
した[119]。

　レヴェックの選択に納得できなかった副首相兼社会問題（Affaires sociales）
省大臣カミーユ・ロランや財務大臣ジャック・パリゾー（Jacques Parizeau）、
科学技術省大臣ジルベール・パケットを含む主権強硬派の5人の大臣は、大臣
を辞任し、ケベック党を脱退する[120]。ケベック党の分裂というケベック設立以来
の危機的状況の中で、レヴェックはマルローニとの憲法交渉に備えて、ケベッ
ク州政府側の要求をまとめようと奔走する。しかし、レヴェックは体調を崩
し、政治活動が困難になった。1985年6月ついにレヴェックはケベック州政界
を引退する。その後、1985年12月に開催されたケベック州選挙では、レヴェッ
クの後を継ぎケベック党党首となったピエール・マルク・ジョンソン（Pierre-
Marc Johnson）はケベック自由党を率いたロベール・ブラサに大差で敗北す
る[121]。こうして、1976年以来9年間一貫してケベック州政権にあったケベック党
が下野したのである。そのわずか2年後、1987年の11月1日、レヴェックは心
筋梗塞のため他界した[122]。

　こうして、1982年から1987年までの政治家レヴェックの行動原理は、ケベッ
クとカナダ全体との何らかの政治的連携の追求であった、と言えるであろう。
とりわけ、レヴェックが「主権連合」を主張する上で重視していた点は、英語
系ケベック市民が、フランス語系ケベック市民と同等の権利をもつという点で
ある。この点を忘れて、排他的な「主権連合」構想を採ることは、彼の意図を
逸脱することになる。この場面からも、レヴェックはケベックの主権を唱えな
がらも、カナダとの交渉や関係の保持を重視していたのである。

　さらに、レヴェックが実際のケベック政治の文脈で果たした役割として、ケ
ベックの分離主義者を「主権連合」という枠組みの中に集結させたことの意義

は極めて大きなものがある。実際に、1960年代後半は、ケベック州において過激なナショナリストによって何度もテロ事件が生じていた。レヴェックは、こうした状況下で、一方ではケベックをネイションとする基本的見解を展望し、同時に、フランス語を唯一の公的言語とするケベックの言語法を制定しながら、他方で、多様な文化観を包摂しうる「主権連合」を提示したのである。本書で取り扱った1967年から1982年までの憲法闘争の後の、カナダ政治の展開を概観するならば、レヴェックの「主権連合」の果たした役割はケベックの主権派を抑制することになっていることがわかる。

　レヴェックの死後のカナダ政治の展開について若干述べておこう。1985年の州選挙で勝利したケベック自由党のロベール・ブラサは、レヴェックが行おうとしていたカナダ連邦政府との交渉を引き継ぐ役割を果たした。ブラサは、新たな憲法改正の条件として「独特な社会」条項をはじめ5つの条件を挙げた。1987年、マルローニは、ブラサが要求していたこれらの要求を受け入れる形で、1982年憲法の改正協定を提案する。これがいわゆるミーチレーク協定であり、この協定は、第1章で検討したように、カナダにおいて不均等連邦制が成立する大きなチャンスであった。しかしながら、英語系の2つの州、マニトバ州とニューファンドランド州の州議会の賛成が得られず、協定は失敗に終わる。[123] ブラサはこの協定の失敗に対し、深い失望を感じ、以下のように述べた。「英語系カナダは理解しないといけない。我々が何を言おうと、何をしようと、ケベックは今日も将来にわたっても、その運命と発展を自由に担う独特の社会（distinct society）であり続けることを」。[124] その後、マルローニは、1992年、再び憲法改正協定として、シャーロットタウン協定を提起するが、ケベック市民のみならず、カナダ国民全体が憲法論議に幻滅しており、この協定の成否はカナダ国民投票にかけられたものの、10州と2準州において、ニューファンドランド、プリンス・エドワード・アイランド、ノヴァスコシアの3州と北西準州では賛成票が多かったが、オンタリオ州では賛成がわずかに上回る程度であり、ほとんどの州で全く支持されなかった。[125]

　これらの協定の失敗の後、ケベック州では再び「主権連合」を標榜するケベック党に人気が集まった。ミーチレーク協定の失敗の後の1989年には、ケ

ベック党にパリゾー（Jacques Parizeau）らが復帰し、ケベック党党首となった。シャーロットタウン協定の失敗後の1994年の9月のケベック州選挙で、パリゾーは、ケベック自由党から政権を奪い返し、主権国家を選択するような州民投票を実施しようとする。しかしながら、ケベック州においてパリゾー以上に人気があったのは、連邦政党である進歩保守党から離脱して「主権連合」を標榜する連邦政党「ケベック連合（Bloc Québécois）」を結成していたルシアン・ブシャールである。彼は熱烈なレヴェックの支持者であった。[126] ブシャールは、パリゾーに対して、州民投票にかける国家構想を、主権独立ではなく、「主権連合」にするよう圧力をかけた。結局、パリゾーは、ブシャールの「主権連合」の案に妥協する。こうして、1995年にケベック党、ケベック連合に加え、「主権連合」に好意的な小政党、「ケベック民主連合（Action démocratique du Québec）」と「主権連合」についての州民投票を実施する協定を結び、すぐ1995年の秋に、1980年の州民投票以来、2度目の州民投票が実施された。この州民投票は、「主権連合」賛成票が49.42％に上り、反対票が50.58％と賛成票が過半数に迫った。[127]

　これに危機感を覚えた連邦政府はある程度、ケベック州の要求に応える必要を認める。クレティエン連邦政府は、1997年9月に、英語系の全州の首相と2つの準州の代表をカルガリーに集めて、ケベック州は独特の性格（unique character）をもつという宣言を採択した。ケベック自由党のダニエル・ジョンソン（Daniel Johnson, Jr.）党首は、この宣言は連邦制の再編への重要な一歩になり、ケベックを「独特な」と規定することは、「特別の地位」と認めることと同じ意義をもつものであると高く評価した。しかし、当時の政権党であるケベック党は、この宣言は、州の平等の原則を同時に宣言しているため、偽りの承認でしかなく無意味なものであるとした。彼らによれば、ケベック人を本当に満足させる唯一のものは、ケベックをピープル（people）と認めることである。[128]

　2006年11月には、スティーヴン・ハーパー（Stephen Harper）連邦政府は、連邦議会において「ケベックを統一カナダの中でのネイション（Les Québécois forment une nation au sein d'un Canada uni）」であると宣言する決議を行った。[129] この決議は、ケベックがネイションであることを承認するという意味でマルチ

ナショナル連邦制に向かう1つの大きな進歩であると言える。実際、ケベック党の党首アンドレ・ボワクレール（Andre Boisclair）は、この連邦下院でケベックをネイションと認める宣言は、ケベックにとって進歩であると語っている。彼は、「この宣言は、『独特な性格』の承認また、『独特な社会』のような観念を時代遅れにする効果をもっている。……したがって、過去に遡ってはならない。ネイションは、単なる独特な社会には還元されないのである（Une nation ne se réduit pas à une simple société distincte）」[130]。しかし、注意すべき点は、この決議は法的な効力をもっていないことである。それゆえ、ボワクレールは、このケベックのネイション決議は憲法化されなければならないと主張する。「ひとたび、ネイションが承認されると、以下のことが必要になる。自治が拡大し、根本法規である憲法が、この現実を承認しなければならない」[131]。このように、このネイション決議は、憲法上の特別な権限を要求するという意味での憲法的な不均等連邦制には至っていないということができる。

　マルチナショナル連邦制の構想の現実化の道のりはなお不明である。しかし、少なくとも、テロ事件が頻発した1960年代後半のケベックの状況からみれば、今日、暴力的な分離主義の運動はほとんどない。その意味で、1968年以後のカナダ・ケベック憲法闘争は、言論に基づく政治闘争に転化したということができる。本書で検討したように、トルドーとレヴェックの憲法闘争は、それぞれの利益を政治的に代弁する方策を生み出し、自らの正当性を主張して論争した。レヴェックの政治的言説やその政治家としてのリーダーシップは、ケベックのフランス語系住民の言語を求める権利の正当化の精緻化を果たし、今日のマルチナショナル連邦制論の展開からみれば、マルチナショナル連邦制の論理を明確化することに貢献したということができる。1968年以後の憲法闘争を通じて、ケベックは分離の方向よりも、「主権連合」や「特別の地位」といったマルチナショナルな統治構造に向かう可能性を打ち出す選択肢を得たのである。その意味で、カナダ／ケベックの憲法闘争は、普遍主義的な個人の権利と国民主義的な連邦主義を主張するトルドーと、個人と集団の権利の相互補完性と「主権連合」を主張するレヴェックの争いを通して、はからずも、カナ

ダ国家を1つに収斂させる政治的ダイナミズムを生み出したと言えるだろう。

1) Russell, *Constitutional Odyssey*, p. 104.
2) Federal-Provincial conference of first ministers on the constitution, verbatim transcript, Ottawa November 2-5, 1981, p. 42.
3) Edward McWhinney, *Canada and the Constitution 1979-1982* (Toronto: University of Toronto Press, 1982), p. 3.
4) Stephen Fogarty, *Resume of federal-provincial constitutional conferences: 1927-1980* (Ottawa: Research Branch, 1980), p. 38.
5) Fogarty, *Resume of federal-provincial constitutional conferences*, p. 39.
6) Russell, *Constitutional Odyssey*, p. 101.
7) Olivier Marcil, *La raison et l'équilibre: Libéralisme, nationalisme et catholicisme dans la pensée de Clande Ryan au Devoir (1962-1978)*, pp. 152-155.
8) Pierre Elliott Trudeau, 'Une nouvelle déclaration des droits de l'homme serait le meilleur point de départ d'une veritable reforme', *Le Devoir*, 6 septembre, 1967.
9) Pierre Elliott Trudeau, *The constitution and the people of Canada: An approach to the Objectives of Confederation, the Rights of People and the Institutions of Government* (Ottawa: Government of Canada, 1969).
10) *Ibid.*, p. 40.
11) Johnson, *Égalité ou indépendance*.
12) Gouvernement du Québec, Secrétariat aux affaires intergouvernementales canadiennes, *Positions du Québec dans les domaines constitutionnel et intergouvernemental de 1936 à mars 2001* (Québec city, 2001), p. 34.
13) *Ibid.*, pp. 47-48.
14) André Morel,《La Charte québécoise des droits et libertés: un document unique dans l'histoire législative canadienne》, dans *Revue juridique Thémis*, vol. 21 (1987), pp. 16-17.
15) Assemblée nationale du Québec, *Journal des Débats*, deuxième session-30e Législature, vol. 15, No. 79 (1974), pp. 2741-2743.
16) *Ibid.*, p. 2750.
17) Jacques-Yvan Morin,《Une charte des droits de l'homme pour le Québec》, *McGill Law Journal*, vol. 9 (1963), p. 273.
18) Assemblée nationale du Québec, *Journal des Débats*, deuxième session-30e Législature, vol. 15, No. 79 (1974), p. 2750.
19) 彼の主要な著作は以下の通りである。Sir Ivor Jennings, *The British constitution* (Cambridge: Cambridge University Press, 1967). *The law and the constitution fifth edition* (London: University of London Press, 1959).

20) Jennings, *The law and the constitution fifth edition*, pp. 152-153.
21) Assemblée nationale du Québec, *Journal des Débats*, deuxième session-30ᵉ Législature, vol. 15, No. 79 (1974), p. 2756.
22) Assemblée nationale du Québec, *Journal des Débats*, troisième session-30ᵉ Législature, Le 26 juin 1975, No. 155, B5135-B5136.
23) José Woehrling, 《Les conséquences de l'application de la charte canadienne des droits et libertés pour la vie politique et démocratique et l'équilibre du système fédéral》, dans Alain-G. Gagnon (dir.), *Le fédéralisme canadien contemporain : Fondements, traditions, institutions* (Montréal : Les Presses de l'Université de Montréal, 2006), p. 277.
24) 実際、ケベックの著名なナショナリズム理論家であるフェルナン・デュモン(Fernand Dnmont)は、トルドーの「憲法移管」プロジェクトを、「カナダの第2の建国(Seconde fondation du Canada)」と呼称している。Fernand Dumont, *Raisons communes* 2ᵉ éd. (Montréal : Éditions du Boréal, 1997), p. 46.
25) Transcript of the Prime minister's Statement at the First Ministers Conference on September 8, 1980, document 800-14/050 (1980), Federal-Provincial conference of first ministers on the constitution, publications officielles, bibliothèque de la ville de Montréal (以下では TPSFMC と表記する).
26) ヴィクトリア憲章第49条。Anne F. Bayefsky, Canada's constitution act 1982 & Amendments: A documentary history, p. 218.
27) Bayefsky, *Canada's constitution act 1982 & amendments: documentary history*, pp. 718-723.
28) TPSFMC, pp. 242-244.
29) TPSFMC, pp. 267-269.
30) Anne F. Bayefsky, *Canada's constitution act 1982 & Amendments: A documentary history* (Whitby: McGRAW-Hill Ryerson, 1989), p. 706.
31) Bayefsky, *Canada's constitution act 1982 & Amendments*, p. 707.
32) トルドーは回顧録で以下のように語る。「私は、哲学的には、(ケベックの言語法) 22号法やそれ以上に厳しい言語法であるケベック党の101号法を嫌っているが、憲法を使ってその立法を却下する気はない。悪法を変える方法はカナダ連邦政府が州政府に強制するのではなく、州政府を変えることである。最善の方法はケベックの市民が裁判において州法を訴えることである。Trudeau, *Memoirs*, p. 235.
33) TPSFMC, p. 11.
34) TPSFMC, p. 37.
35) TPSFMC, p. 22.
36) TPSFMC, pp. 545-548.
37) Bayefsky, *Canada's constitution act 1982 & Amendments*, p. 705.
38) TPSFMC, pp. 13-15.

39) TPSFMC, p. 53.
40) TPSFMC, p. 33.
41) TPSFMC, p. 102.
42) TPSFMC, pp. 11-12.
43) TPSFMC, p. 75.
44) TPSFMC, p. 64.
45) *Positions du Québec dans les domaines constitutionnel et intergouvernemental*, p. 57.
46) 「英領北アメリカ法」、すなわち1867年憲法の前文は以下の文章からなる。「カナダ、ノヴァスコシア及びニュー・ブランズウィックの諸州はグレート・ブリテン及びアイルランド連合王国の王位の下に、連合王国の憲法と同じ原理を有する1つの自治領に連邦として結合したい旨の希望を表明した。またこのような連邦は、これらの州の繁栄に寄与し、かつ、大英帝国の利益を増進するものと思われる。また、議会の権限によるこの連邦の創設にあたっては、この自治領における立法府の構成を規定するのみならず、執行府の性格をも宣明するのが適当である。また、英領北アメリカのその他の部分の、将来におけるこの連邦への加入のために規定を設けておくことが、適当である」。Hogg, *Constitutional Law of Canada*. ジョン・セイウェル（吉田建正訳）『カナダの政治と憲法 改訂版』（三省堂、1994年）、187-188頁。
47) Bayefsky, *Canada's constitution act 1982 & Amendments*, p. 624.
48) TPSFMC, p. 904.
49) TPSFMC, p. 906.
50) TPSFMC, p. 906.
51) TPSFMC, p. 908.
52) TPSFMC, p. 908.
53) TPSFMC, p. 923.
54) 1605年のポールロワイヤル建設に端を発するフランスの植民地「アカディア植民地」に居住していたフランス系の末裔。英仏植民地戦争の影響を受け、支配者がたびたび交替したことにより、イギリスにもフランスにも与しない独自な社会を形成することになった。現在では、ニュー・ブランズウィック州に多く居住している（州民の3分の1）。木村編、『カナダ史』、94-96頁。
55) TPSFMC, pp. 924-925.
56) TPSFMC, pp. 925-926.
57) Bayefsky, *Canada's constitution act 1982 & Amendments*, pp. 704-705.
58) TPSFMC, p. 502.
59) TPSFMC, p. 516.
60) *The Globe and Mail*, September 11, 1980.
61) TPSFMC, pp. 476-483.
62) TPSFMC, pp. 496-497.

63) 1982年憲法制定以後もたらされた「政治の司法化」の問題は、今日のカナダ政治学研究の上で、主要なテーマになっている。この問題は、特に、アルバータ州の政治学者、憲法学者らによって指摘されている。主要な研究としては以下の研究を参照のこと。F. L. Morton and Rainer Knopff, *The Charter Revolution and the Court Party* (Peterborough: Broadview Press, 2000).
64) TPSFMC, pp. 558-559.
65) ここで言われる基本的な民主主義的原理の例としては、普通選挙権、4年あるいは5年毎の選挙、議会の毎年の開催がある。
66) TPSFMC, p. 535.
67) TPSFMC, p. 537.
68) 1982年憲法第38項(b)。Hogg, *Constitutional Law of Canada*, A-48.
69) ここで言及されるペパン・ロバーツ委員会とは、正式名称「カナダ統合に関するタスクフォース (Task Force on Canadian Unity)」と呼ばれるものである。その本文は以下の通りである。「我々の見解では、州レベルでの言語権の保護は、次のいずれかの方法で取り扱われるべきである。第1は、1867年憲法の第133条の保護規定を全てのあるいはいくつかの州に拡大すること、第2は、これらの憲法的保護を取り除き、州に、地域の事情を考慮しつつ、それらの少数派に対する保護を立法させるように促し、州間の合意がやがては国家の憲法の中に含まれる共通分母を形成するようになることを期待することである。我々は正当な考察の後、第2の方法が、対立を引き起こさず、連邦制度の精神に適い、長い目でみて、より成功をもたらすものであると考える」。The Task Force on Canadian Unity: Future Together Observation and Recommendations (Ottawa: Canadian government Publishing Centre, 1979), p. 52.
70) John Locke, *Two Treatises of Government; edited by Peter Laslette* (Cambridge: Cambridge University Press, 1960), p. 350.
71) トマス・ジェファーソンの「ジョン・カートライト少佐宛て書簡 1824年6月5日」の中の1節。以下を参照のこと。Thomas Jefferson, *The complete Jefferson: Containing His Major Writings, Published and Unpublished, Except His Letters, assembled and Arranged by Saul K. Padover* (New York: Duell, Sloan & Pearce, 1943), p. 296.
72) Trudeau, *Federalism and the French Canadians*, p. 53.
73) 実際、トルドーは、国家の基礎は言語や文化ではなく、国民の意志にあると主張する文脈で、イギリス名誉革命、アメリカ独立宣言と並んで、フランス人権宣言の意義を述べている。Trudeau, *Federalism and the French Canadians*, p. 183.
74) TPSFMC, p. 529.
75) TPSFMC, p. 529.
76) *Le Devoir*, 3 octobre, 1980.
77) *The Globe and Mail*, April 17, 1981.
78) 'The text of the amending formula proposed by the eight premiers', in *The Globe and Mail*, April 17, 1981.

第 4 章　憲法闘争の第 3 幕

79) Lévesque, *Memoire*, pp. 325-326.
80) *The Globe and Mail*, April 17, 1981.
81) *The Globe and Mail*, September 29, 1981.
82) Fraser, *René Lévesque and the Parti Québécois in power*, p. 290.
83) *The Globe and Mail*, September 29, 1981.
84) Federal-Provincial conference of first ministers on the constitution, verbatim transcript, Ottawa November 2-5, 1981（以下、FPCFC と表記する）, pp. 3-6.
85) FPCFC, pp. 9-10.
86) FPCFC, pp. 13-15.
87) FPCFC, pp. 37-38.
88) FPCFC, p. 28.
89) FPCFC, pp. 41-45.
90) FPCFC, pp. 49-54.
91) FPCFC, pp. 72-75.
92) FPCFC, p. 78.
93) FPCFC, pp. 60-65.
94) FPCFC, p. 21.
95) FPCFC, pp. 22-23.
96) Allocution de M. René Lévesque Premier ministre du Québec, Lundi le 2 novembre, conférence fédérale-provinciale des premiers ministres sur la constitution, Document 800-15/015（1981）, publications officielles, bibliothèque de la ville de Montréal, p. 9.
97) Lévesque, *Memoirs*, p. 329.
98) *The Globe and Mail*, November 5, 1981.
99) Jean Pare, *Sur la piste de Trudeau*（Montréal Éditions Rogers, 2014）, p. 148.
100) *Ibid.*, p. 331.
101) ケベック州と共同戦線を張っていた 7 州政府が国民投票を嫌悪したのには、7 州政府が連邦・州憲法会議に代表されるように州政府と連邦政府の間の協議で憲法問題を処理するというカナダ政治の伝統であるエリート協調を重視していたからである。とりわけ、西部の諸州は、人権憲章についての州政府の意見と州民の意見の相違が国民投票の結果に表れることを危惧していた。以下を参照。Fraser, *René Lévesque and the Parti Québécois in power*, p. 296.
102) *Ibid.*, p. 332.
103) 「適用除外条項」の詳細については、以下の文献を参照。松井、『カナダの憲法』、163 頁。
104) Fraser, *René Lévesque and the Parti Québécois in power*, pp. 296-298.
105) Lévesque, *Memoirs*, p. 332.
106) André Binette, 《Le pouvoir dérogatoire de l'article 33 de la Charte canadienne

des droits et libertés et la structure de la Constitution du Canada》, dans *Revue du Barreau*, Tome 63 Numéro spécial (2003), p. 118. Loi concernant la loi constitutionnelle de 1982, ch. L-4.2, L. R. Q.

107) *Cité libre*, 《Entretien avec Pierre Elliott Trudeau》, pp. 104-105.

108) Lévesque, *René Lévesque : Textes et Entrevues 1960-1987 Textes colligés par Michel Lévesque en collaboration avec Rachel Casaubon* (Montréal: Presses de l'Université du Québec, 1991), p. 240.

109) Lévesque, *René Lévesque*, p. 243.

110) 原文は以下の通りである。「No person shall be denied the right to education. In the exercise of any functions which it assumes in relation to education and to teaching, the State shall respect the right of parents to ensure such education and teaching in conformity with their own religious and philosophical convictions.」。

111) Lévesque, *René Lévesque*, p. 245.

112) 1968年のヨーロッパ人権裁判所による「ベルギーにおける教育言語の使用に関する事件（CASE "RELATING TO CERTAIN ASPECTS OF THE LAWS ON THE USE OF LANGUAGES IN EDUCATION IN BELGIUM" v. BELGIUM (MERITS)」の判決は、以下の通りである。「第1議定書の第2条の第1文によって保障される教育への権利は、その本質上、州による規制、つまりその共同体や個人の必要性と資源に応じて、時と場所において異なる規制を必要とする。そのような規制は欧州人権会議において導入された教育への権利の本質を侵害せず、他の権利と衝突しないことは言うまでもない」。CASE "RELATING TO CERTAIN ASPECTS OF THE LAWS ON THE USE OF LANGUAGES IN EDUCATION IN BELGIUM" v. BELGIUM (MERITS), European court of human rights, 1968.

113) このようなレヴェックの考えは、イギリスの政治思想家エドマンド・バーク（Edmund Burke）の主張にある類似性をもっているように思える。バークは、人間の自然権を抽象化して絶対視するフランス革命に対して、人間の権利は複雑で変化する社会の中で、具体的善である法を通じて形成するものであると主張する。「政府は、それとは全く独立に存在しているとされる自然権によって形成されるのではない。自由や制限は時と状況に応じて変化し、無限の修正の可能性があるのであるから、それらはいかなる抽象的な規則にも基づかない。そのような原理に基づいてそれらを議論するほどばかげたことはない (Government is not made in virtue of natural rights, which may and do exist in total independence of it …. as the liberties and the restrictions vary with times and circumstances, and admit of infinite modifications, they cannot be settled upon abstract rule; and nothing is so foolish as to discuss them upon that principle.)」。Edmund Burke, *Reflections on the Revolution in France, Oxford World's Classics* (Oxford: Oxford University Press, 1993), pp. 58-62.

114) Lévesque, *René Lévesque*, p. 243.

115) *Le Devoir*, 9 février, 1982. Lévesque, *Memoirs*, p. 336.

116) Fraser, *René Lévesque and the Parti Québécois in power*, p. 348.
117) *Le Devoir*, 24 septembre, 1984.
118) *Le Devoir*, 20 novembre, 1984.
119) *Ibid.*, pp. xiii-xv.
120) パリゾーは、その辞任の理由の中で、「(レヴェックが行うとする) マルローニ連邦政府との交渉は不毛であり、屈辱的なものである。我々が自らの共同体の責任を担う道を突き進むか、あるいは、連邦制という拘束を承認し、連邦制と共に歩むか2つの道がある。私は第一の道を歩む」と述べた。これに対し、レヴェックは「私の立場は誤解されており、私の立場はケベック党の本質的目的を放棄するものではない」と述べている。*Le Devoir*, 23 novembre, 1984.
121) *Ibid.*, pp. xx-xxv.
122) *Le Devoir*, 2 novembre, 1987.
123) *The Globe and Mail*, June 23, 1990.
124) *The Globe and Mail*, June 23, 1990.
125) *The Globe and Mail*, October 27, 1992.
126) Lucien Bouchard, *À Visage découvert* (Montréal: Boréal, 2001), p. 85.
127) *Le Devoir*, 31 octobre, 1995. Fraser, *René Lévesque and the Parti Québécois in power*, pp. xxxii-xxxiii.
128) *Globe and Mail*, September 16, 1997.
129) このケベコワネイション決議の制定過程については、以下の丹羽の論文が詳細に分析している。丹羽卓「Québécois Nation Motion を巡る言説とその意味」『金城学院大学論集』人文科学編第5巻 (2008年)。
130) *Le Devoir*, 24 novembre, 2006.
131) *Le Devoir*, 24 novembre, 2006.

第5章

カナダ憲法闘争の今日的意義

　以上、述べてきたように、カナダ・ケベック憲法闘争の中でレヴェックが展開してきた権利観や国家構想は、今日、政治学上重要な問題を提起している。ケベックのように、一定の文化・言語の共通性に基づいて政治的な自己決定権を主張する集団の運動は、ヨーロッパの先進諸国である英国におけるスコットランドや、ベルギーのフランデレン地域やワロニー地域、スペインのカタルーニャやバスクなどでも、提起されている。そして、それらの運動は、今日いずれも国家体制の意味を転換させるほどの影響をもっている。ここでは、レヴェックの議論がこのようなヨーロッパの国内ネイションの運動に与えた影響を考察する。まず、ベルギーの事例から概説する。

　1830年、カルヴァン主義プロテスタントを奉じるオランダからカトリックの南部諸州がベルギーとして独立した。しかし、その後、ベルギーの北部フランデレン地域の多数派オランダ語系と南部ワロニー地域およびブリュッセル首都圏の多数派フランス語系の間で激しい対立が存在している。ベルギーの住民の比率は、フランデレン人が約60％、ワロニー人が約40％である。ワロニー人の方がフランデレン人よりも少数ではあるが、歴史上、1830年のベルギーのオランダからの分離・独立は、ワロニー地域のフランス語系富裕層が中心になって行われた。それゆえ、憲法もフランス語で起草され、フランス語が優位な言語として確立された。これに対して、フランデレン地域のオランダ語系知識人の間にはオランダ語をフランス語と対等の地位に置くことを求める運動が生じてくる。いわゆるフランデレン運動である。[1] 1930年代には、行政・教育、裁判、軍隊の分野で1言語主義に基づく言語法が制定された。1960年代には、フ

ランデレン人は、単一言語に基づく領域区分を要求するようになる。以上のようなフランデレン人のナショナリズムの高まりは、南部のワロニー人のナショナリズムを刺激するようになる。石炭業でベルギーの重工業を代表していたワロニー地域の経済が1960年代に停滞し、ベルギー経済の主導役が北部のフランデレン地域に移動したことも、ワロニー人のナショナリズムを刺激する要因となった。1960年代には、フランデレン地域でもワロニー地域でもナショナリスト政党が誕生し、言語に関して激しい紛争が生じることになる[2]。

それを象徴するのが、ルーヴァン・カトリック大学（Université Catholique de Louvain）事件である。ルーヴァン・カトリック大学はその創立が15世紀に遡るベルギーを代表する大学であり、フランデレン地域にありながら、オランダ語とフランス語の2言語で教育を行っていた。しかし、オランダ語系がフランス語で教育が行われることに異を唱えるようになった。これをきっかけとして、1968年にベルギーの言語紛争について、欧州人権裁判所が言語問題に関して判決を下すことになった。この判決の後、1970年の憲法改正では、ベルギー国内には、オランダ語共同体とフランス語共同体、ドイツ語共同体の文化共同体が存在していることが確認され、それらの文化共同体にそれぞれの文化・言語・教育政策に関する権限が認められた。そして、1993年の憲法改正において、「ベルギーは共同体と地域からなる連邦国家である」と規定され、正式に連邦国家となる[3]。

こうして言語権の主張から始まった連邦制化の要求は、今日、ベルギーの連邦制を、その構成単位が外交に関してかなりの自治権をもつほど、分権的な連邦制として成立させている。同時にベルギーの諸政党と市民にはヨーロッパ統合への支持について広範な合意がある。この分権化への志向とヨーロッパ統合への支持、つまり国家の下への権限移譲と国家の上への権限移譲への動きは、既存の連邦国家そのものへの重大な問題提起を行っていると言える。それは、ベルギー国家における究極的な主権とは何かを問う新しい次元の問題であり、この点でケベックにおいて提示された不均等連邦制と同一水準の問題を抱えていると言っていいだろう[4]。

スペインにおいても、言語権の主張は大きな争点になっている。元来、スペ

第5章　カナダ憲法闘争の今日的意義

イン国家の成立はイベリア半島からイスラム勢力を追い出す失地回復運動（レコンキスタ）の過程において、諸伯国からなる連合として形成されてきた。それゆえ、歴史的に、諸地域には歴史的特権が付与されるなど独立性が強い。特に、バルセロナ市を中心とするカタルーニャ州は、19世紀以来、独自のカタルーニャ文化、カタルーニャ語の保持を主張して、中央政府に対して自治権を主張してきた。これに対し、マドリードの中央政府は、1つのスペインを形成するため、カスティーリヤ語やカスティーリヤ文化を単一国民国家スペインの文化として、カタルーニャの自治運動を弾圧してきた。バルセロナの経済のスペインにおける重要性を根拠に、第一次世界大戦後、第二共和政の下で、ようやく、カタルーニャは1932年に自治憲章をもつことが認められた。しかし、その直後、スペイン内戦が起こり、内戦を終結させたフランシスコ・フランコ（Francisco Franco）将軍が政権を握ると、文化的多様性ではなく、キリスト教カトリックとカスティーリヤ文化を中心としたスペインという観点からスペインの国家統一を重視したフランコは、カタルーニャ自治憲章を否定し、スペインの国民国家化を断行した[5]。

事態に変化が生じるのは、フランコの死後、新しい首相の下で自由主義への転換が行われる状況においてである。アドルフォ・スアレス（Adolfo Suárez González）首相率いるスペイン政府は、諸地域に自治権を付与する憲法の起草にとりかかる。それが、1978年のスペイン憲法である。この憲法は、単一にして不可分なスペイン・ネイションの存在を規定しながらも、そのネイションは多様な「ナショナリティ（nationality）」や「地域（region）」を含むとされた。この憲法により、スペインには17の自治州（Autonomous Communities）が誕生した[6]。この憲法はそれぞれの自治州に州政府を創設することを規定している。それゆえ、スペインは連邦制とは呼称していなくても、連邦主義的国制を採るようになった[7]。この憲法の中で、カスティーリヤ語を全国規模での唯一の公用語と規定しながらも、カタルーニャ語やバスク語は、それぞれの自治州においてスペイン語と並ぶ同等の公用語であるとした[8]。スペイン政府はあくまでも、均等な連邦制の枠組みの中で、カタルーニャ自治州を創設したと言える。

こうして誕生したカタルーニャ自治州においては、ジョルディ・プジョ

(Jordi Pujol) 率いる、カタルーニャ・ナショナリズムの代表的政党であるカタルーニャ民主集中党 (CiU) が1980年以来州政権を担った。プジョルは、スペインからのカタルーニャの分離を主張するのではなく、カタルーニャをネイションと主張して、州の自治権の拡大を主張した。その一環として、この政権は、1983年にカタルーニャの言語法「カタルーニャ言語正常化法 (Language Normalization Laws)」を制定した。

　さらに、1998年には、カタルーニャ州政府は、バスク州政府やガリシア州政府と共同で、バルセロナ宣言を採択した。それは、スペインが多民族国家として定義されるよう求めるものであった[9]。加えて、カタルーニャは2006年に新たな自治憲章を制定しようとした。その文言にカタルーニャはナシオン (nacion) であると明確に定義された[10]。プジョルは、カタルーニャが歴史的な背景をもつネイションであるという理由から、他の地域とは別の特別な権限をもつという不均等連邦主義 (asymmetrical federalism) の形態を主張している[11]。しかしながら、スペイン政府は、あくまでもネイションという呼称はスペインのみということに固執し、マイノリティ・ネイションをネイションと呼称することには抵抗を示している[12]。とはいえ、実際の政治のレベルでは、かなりの自治権がマイノリティ・ネイションに付与される分権的な連邦主義的制度へと変質している。

　同様の動きはイングランドとスコットランドの間にも生じている。元来、スコットランドは、イングランドとは別個の国家を形成していたが、1707年のイングランドとの合同の後は、スコットランド省 (Scotland Office) がイギリス政府の下でのスコットランド大臣の管轄下に置かれ、そこでスコットランド行政に関わる立法が行われていた。1970年代のイギリスの経済発展に、スコットランドが取り残されたことに加え、1980年代はマーガレット・サッチャー (Margaret Thatcher) 首相やジョン・メージャー (John Major) 首相の保守党の政権時代が続いた。スコットランドは労働党を支持する傾向が強いため、自らの政治的代表が十分になされないという不満が高まった[13]。そのような中で、スコットランドにおいて独自の議会の設置を求める運動が高まった。トニー・ブレア (Tony Blair) に率いられた労働党は、1997年の総選挙に際して、スコットランドおよびウェールズ、北アイルランドへの権限移譲を公約に掲げた。1997年の

第5章　カナダ憲法闘争の今日的意義

スコットランド議会設置についてのスコットランドにおける住民投票での賛成を経て、1998年にスコットランド法によって、スコットランドに、外交、金融・財政、福祉に関わること以外での広範な立法権をもつ議会が設置された。ウェールズもまた、1997年の住民投票を経て、1998年にウェールズ議会が発足したが、スコットランド議会とは異なり、立法権をもつ議会ではなく、執行権（イギリス議会が制定した法律の枠組みの細則を定める権限）に止まった[14]。イギリスでは、このように各国内ネイションの権限移譲を求める政治的要求の違いに対応する形で不均等な権限移譲（asymmetrical devolution）が行われた[15]。

　イギリスのスコットランドは、ベルギーのフランデレンやワロニー、スペインのカタルーニャと同じく、国内ネイションである。スコットランドは、高地地方には、ゲール文化があり、低地地方では、アングロサクソンが独自のスコットランド語をもっていた。しかし、イングランドとの1707年の連合後、ゲール語は19世紀には西高地地方に後退し、スコットランド語も廃れていった[16]。しかし、1970年以後、ゲール文化やスコットランド文化の再評価が生じ、それらの文化の保持という視点から、スコットランドはイングランド中央政府に対して自治権を主張してきたと言える。もちろん、ウェールズにおいてはウェールズ語の保持は重要課題である。

　これらの国内ネイションはどれも、彼らの歴史・文化に根付くネイションの保持を主張している。その１つの証として、それらは自らの言語を法的に保護しようとする言語権を確立しようとしていることが挙げられる。その場合の問題点は、そのネイションの言語権とそれを保障する政治的表現としてのマルチナショナルな制度構造の正当化の方法である。この正当化を図るに際して、１つの大きな手掛かりとなるのは、ベルギーの言語紛争における欧州人権裁判所の判決である。この判決は、欧州人権条約における教育の権利は、個人ではなく、社会がその権利を定める権限をもつという内容である。この判決の理論的意味を他ならぬレヴェックが見抜き、それをカナダ／ケベック憲法闘争の中で提示していたことは本書で詳細に紹介してきたところである。

　さらに、レヴェック政権が作成したケベックの言語法、つまりフランス語憲章が、ベルギーや、カタルーニャ、ウェールズの言語法の制定に影響を与えて

いることも指摘されている。ベルギーの言語法の起源は、ケベックの言語法であると言われている。[17] ケベックの言語政策の最も重要なポイントは、言語が単なるコミュニケーションの道具ではなく、当該社会に住まう個々の市民の自己形成の根幹であるということ、また言語政策によって便益を受ける対象は、個々の市民であるという点であった。クリンケンベルグ（Klinkenberg）も指摘するように、ケベックの言語政策は、個人および集団の不平等や排除と戦うためにあるものとして位置づけられる。[18] 個々の市民の権利を増進するために言語法が存在するという発想はレヴェックの権利論の核心であった。

ケベックの言語法は、カタルーニャの言語法にも重要な影響を与えている。カタルーニャが、カタルーニャ語についての統制権を取り戻し、1983年にカタルーニャ言語法を制定する際に、大いに参照したのが言語法のケベック・モデルである。カタルーニャ言語法がケベック言語法から影響を受けたのは、社会生活のあらゆる分野にわたって自らの言語で生活するという考えである。これは、単に、議会や裁判所などの行政・裁判機構や公的サービスを自らの言語で受ける権利だけではなく、フランス語を経済生活の言語にすることによって、社会生活全般を自らの言語で行うことを意味している。この点は、レヴェックが101号法の主張で譲れない根拠として挙げた論点であった。ケベック言語法の1983年のカタルーニャ言語法への影響は、カタルーニャ言語法の第2項にみられる。これは、ケベック言語法の第2項～第6項を踏まえたものである。[19]

ケベックの言語法はウェールズの言語法にも、大いに影響を与えている。ウェールズは1993年に言語法を制定したが、ウェールズの学者は、北アメリカでのフランス語系の抵抗運動に親近感をもってきたと言われている。ウェールズも、ケベックも同様に大英帝国からの差別を受けてきたことや、イギリス政治の伝統を受け継いだからである。ウェールズの知識人は、1970年代後半から、ケベックの言語政策には、関心を示してきた。1976年のケベック党の政権獲得も、ウェールズでは、大いに参照すべきものと受け入れられた。しかし、ウェールズ語は、ウェールズでも話者は30％未満であるため、ケベックの言語法のようにウェールズ語を唯一の公的言語としたり、民間企業での言語にするまでには至っていない。[20]

第5章　カナダ憲法闘争の今日的意義

　こうして、本章で検討したヨーロッパの国内ネイションの運動はそのいずれもケベックの言語法の影響を受けつつ、マルチナショナル連邦制を志向しつつあると言えるだろう。それでは、レヴェックの主張する「主権連合」、つまり国家連合の構想はどのような意義をもっているだろうか。この論点については、マイノリティ・ナショナリズムの比較を研究するマイケル・キーティング（Michael Keating）の議論が参考になる。

　スコットランド、ベルギー、ケベックのナショナリズムを比較して、キーティングは、マイノリティ市民のナショナル・アイデンティティの重層性に着目する。これらのネイションの成員は、その個々人の意識のレベルでは自らをフラマン人であると同時に、ベルギー人であると認識したり、カタルーニャ人であると同時にスペイン人であると認識している。この点を、キーティングは多元ナショナル（Plurinational）という言葉で説明する。それは、多元的なネイションの帰属の感覚を説明するものであり、さらに、このネイションがいかなるものであるかも常に、再定義される。

　さらに注目すべき点は、これらのネイションの自己決定権を主張する運動が、ヨーロッパの場合、ヨーロッパ連合（European Union）という超国家的政治機構の存在の下で生じていることである。実際、ヨーロッパ諸国の国内ネイションはEUにおいて様々な政治的意志表明をする場を得ている。そのような政治構造の中での、国内ネイションの主張は、自らが必ずしも主権国家になることを追求するものではなく、自治権の主張という選択肢も現実性のある主張となる[21]。

　キーティングによれば、多様なネイションの帰属性の表明や、国家の下（自治権を持った地域）と上（超国家組織）における政策決定の場の多層的な出現は、以下の2つの近代的な国家観への挑戦である。第1は、単一不可分の国民国家観であり、第2は、国家が究極の権威を独占するという、主権国家への挑戦である。このような近代国家観に代えて、キーティングが提示するものが、多元ナショナル国家観、すなわち権威が多層的に分散している国家という概念なのである[22]。ベルギー、スペイン、イギリスの国内ネイションの政治運動は、新しい政治的ガバナンスの可能性という問題提起をしているのである。

ケベックについて、キーティングは以下のように考察している。カナダにおいては、ヨーロッパのような超国家制度は存在していないが、そこではカナダという国家がEUのような超国家組織の役割を果たしていると述べる。つまり、そこでは、ケベックのネイションは完全な主権の獲得を目的にするのではなく、ケベックの「特別の地位」という不均等連邦制や、レヴェックの「主権連合」といった、国家連合の構想が提起されているとする。このように、キーティングは「主権連合」を多元ナショナル国家の流れの中に位置づけている。[23]さらに、カナダの政治学者フランク・カニンガム（Frank Cunningham）も、不均等連邦制と「主権連合」の類似性を主張している。カニンガムは、「主権あるケベックの州政府が、ヨーロッパ連合構想をモデルとした何らかの方法で、残りのカナダとの新しい提携関係を模索する権限を得ることになる。不均等連邦制と若干の修正を経た主権とは、確かに異なる選択肢ではあるが、全くの対立関係にあるわけではない」[24]と述べる。いずれにしても、レヴェックは、1982年の憲法闘争では、トルドーの前に敗れたようにみえるが、彼が主張していた権利論やその背景にあるマルチナショナル連邦制の発想は、現代の多元ナショナルな国家観の形成にとって大きな影響を与えていると言えよう。

1 ）　津田由美子「ベルギーのエスニック紛争と連邦制――1993年の連邦制への移行に関する一考察」日本政治学会編『年報政治学1994――ナショナリズムの現在・戦後日本の政治』（岩波書店、1994年）、48頁。
2 ）　François Rocher, Christian Rouillard and André Lecours, "Recognition claims, partisan politics and institutional constraints: Belgium, Spain and Canada in a comparative perspective", in Alain-G. Gagnon and James Tully (eds.), *Multinational Democracies* (Cambridge: Cambridge University Press, 2001), pp. 177-178.
3 ）　Patrick Peeters, "Multinational Federations, Reflections on the Belgian federal state", in Michael Burgess and John Pinder (eds.), *Multinational Federations* (London: Routledge, 2007), p. 31. 松尾秀哉『ベルギー政治危機――その政治的起源』（明石書店、2010年、26-27頁。石塚さとし『ベルギー・つくられた連邦国家』（明石書店、2000年）、57-61頁。ただし、連邦制化したベルギーにおいて、以下のような新しい問題も浮上している。その第1は、高度に分権的な構造になったために、個々の市民がベルギー中央国家にもつ忠誠心が減退し、それが中央政府による財の再配分機能（もてる地域であるフランデレン地域からもたざる地域であるワロニー地域へ）の正当性を脅かし

ている問題である。ここでは、個々の市民が1つのネイションに属しながら、別のネイションにも属するという多層的なネイション帰属のあり方を国政に反映させる方策が問われている。第2に、どのようにフランデレンとワロニーの両共同体が協力してベルギーの中央政治を担っていくかの調整に関わる問題である。2007年には、連邦総選挙後の政党間の組閣交渉がまとまらず、新しい連邦首相が決定するまでに一年を要するほど不安定な状況が存在した。この問題は、単一のネイション国家に比べて、多数のネイションから成る国家の運営には、調整に時間がかかるということを示唆している。しかしながら、1つの国家の中に多数のネイションが共存するという現実がある以上、それを時間はかかりながらも絶えざる調整の努力を通じてネイション間の調整を実現していく必要があるであろう。津田由美子「第6章　ベルギー——コンセンサス・デモクラシーの成立と変容」津田由美子、吉武信彦編『北欧・南欧・ベネルクス』（ミネルヴァ書房、2011年）、158-159頁。

4) Michael Keating, *Plurinational Democracy* (Oxford: Oxford University Press, 2001), pp. 83-84.
5) Montserrat Guibernau, "Between Autonomy and sucession: the accommodation of minority nationalism in Catalonia", in Alain-G. Gagnon, Montserrat Guibernau and François Rocher, *The Conditions of Diversity in Multinational Democracies* (Montreal: IRPP, 2003), p. 122.
6) *Ibid.*, p. 124.
7) Luis Moreno, "Federalization in multinational Spain", in Michael Burgess and John Pinder (eds.), *Multinational Federations* (London: Routledge, 2007), p. 95.
8) Pierre Coulombe, "Federalist language policies: the cases of Canada and Spain", in Alain-G. Gagnon and James Tully (eds.), *Multinational Democracies* (Cambridge: Cambridge University Press, 2001), p. 252.
9) Guibernau, "Between Autonomy and sucession: the accommodation of minority nationalism in Catalonia", p. 127.
10) 若松隆、山田徹『ヨーロッパ分権改革の新潮流——地域主義と補完性原理』（中央大学出版会、2008年）、7頁。
11) 立石博高「カタルーニャ・ナショナリズムの歴史」立石博高、中塚治郎編『スペインにおける国家と地域——ナショナリズムの相克』（国際書院、2002年）、138-140頁。
12) カタルーニャ州は一層の自治権を獲得しようとしているが、それに対するスペイン政府側の抵抗も根強い。そのことは、カタルーニャ新自治憲章制定後の、カタルーニャとスペイン・ネイションの一体性を主張する勢力との対立から理解できる。2006年に、カタルーニャ新自治憲章は、スペイン国会で承認されたが、その際、「カタルーニャはネイションである」とした記述は全て削除された。若松隆「カタルーニャ新自治憲章（案）を巡るその後の展開」『比較地方自治研究会調査報告書』（2007年3月）、192-193頁。さらに、新自治憲章制定後、スペイン・ネイションの一体性を強く主張するスペイン連邦政党の国民党は、新自治憲章のいくつかの条項は憲法違反であるとしてスペイン

最高裁判所に訴えた。その結果、憲法裁判所は、カタルーニャの行政および公共メディアにおいて、カタルーニャ語が優先的に使用されるという条項や、カタルーニャがその固有の領土で司法権を行使しうるという条項および経済権限や徴税権を定めた条項が憲法違反であるとする判決を下した。この判決の結果、カタルーニャ住民の独立への気運が高まった。それは、2014年のカタルーニャの分離独立を問う住民投票の実施へと行きつくことになる。アラン゠G・ガニョン（丹羽卓訳）『マルチナショナル連邦制』（彩流社、2015年）、12-13頁。

13) Richard Simeon and Daniel-Patrick Conway, "Federalism and the management of conflict in multinational societies", in Alain-G. Gagnon and James Tully (eds.), *Multinational Democracies* (Cambridge: Cambridge University Press, 2001), p. 357.

14) 山崎幹根『領域をめぐる分権と統合――スコットランドから考える』（岩波書店、2011年）、32-50頁。

15) Michael Keating, *Plurinational Democracy* (Oxford: Oxford University Press, 2001), pp. 115-116.

16) Michael Keating, *Nations against the State* (Hampshire: Palgrave, 2001), p. 231.

17) Jean-Marie Klinkenberg,《L'impact de la politique linguistique québécoise vue de Belgique francophone》, dans Revue d'aménagement linguistique numéro Hors série, 2002, Office québécois de la langue française, p. 231.

18) *Ibid.*, pp. 231-232.

19) Miquel Reniu i Tresserras, 《Le Québec et la Catalogne》, dans *Revue d'aménagement linguistique numéro Hors série*, 2002.

20) Colin H. Williams, 《L'influence de l'aménagement linguistique au québec au-delà de ses frontières: le pays de Galles》, dans *Revue d'aménagement linguistique numero Hors série*, 2002.

21) 2014年9月18日に開催されたスコットランドのイギリスからの独立に関する住民投票では、独立反対派が55％と勝利したものの、独立賛成派が44％であり、過半数に迫った。また、同年11月9日には、カタルーニャにおいてもスペインからの独立に関する住民投票が実施された。この住民投票は、法的効力がなく、また独立反対派はほとんど投票を棄権したという事実はあっても、独立賛成派が81％の投票を示すなど、国内ネイションにとって独立という選択肢も依然大きな意味をもっていることにも大いに注意が必要である。

22) Keating, *Plurinational Democracy*, pp. 162-167. この点で、キーティングは、多元ナショナリズムをマルチナショナリズムと区別している。マルチナショナリズムは、1つの政体の中に、個々の独立したナショナル集団が共存することを意味するのに対して、多元ナショナリズムは、1つの集団あるいは個人が複数のナショナル・アイデンティティ性をもつことを意味し、それは入り組んだナショナリティの多元性を可能にするものであるとする。Keating, *Plurinational Democracy*, p. 27. ただし、マルチナショナル連邦制論者の中には、ギャニオンのように多元ナショナリズムとマルチナショナリズム

を相互互換的に使用する者もいる。ガニョン『マルチナショナル連邦制』、34頁の訳注を参照のこと。
23) Keating, *Plnrinational Democracy*, p. 90.
24) フランク・カニンガム（中谷義和、柳原克行訳）「ケベックの難問——三民族型パースペクティブ」『立命館法学』（1996年3号）（247号）。

結　論

　最後に、本書で検討した事項を今一度辿り、獲得された知見を簡潔に整理し、結びとしたい。本書における課題は、1967年から1982年に至るカナダ憲法闘争の政治過程分析を通じて、カナダにおけるケベック問題の本質を明らかにすることであった。

　以下では、個別の章で議論した内容を改めて整理する。序章では、本書での問題提起と先行研究を検討した。序章1では、本書において中心的な課題となるマルチナショナル連邦制の今日的な意義とその一般的特質を検討した。マルチナショナル連邦制論は、代表的な政治理論家のチャールズ・テイラーやウィル・キムリッカによって近代の国民国家に代わりうる新しい国家像として提起され、今日、多くの議論を引き起こしているが、現実の政治過程においても、マイノリティ・ネイションの自治を主張する多くの政治運動と結びついた1つの理念となっている。本節では、その点を紹介しつつ、マルチナショナル連邦制の制度的特質を整理した。マルチナショナル連邦制は、1つのネイションからなる連邦制である領域的連邦制と異なり、連邦制内に存在するマイノリティ・ネイションへの政治的承認や自治などの制度的保障を行う連邦制であった。序章1の後半では、ネイションを連邦構成単位とする州が、領域的連邦制の原理で構成される他の州よりも多くの権限を有する場合は、不均等連邦制が成立することを明らかにした。

　序章2では、マルチナショナル連邦制論の発生の地の1つである現代カナダの政治過程を取り上げ、1987年にカナダ連邦政府側から提起されたミーチレーク協定を紹介し、マルチナショナル連邦制論の中心的論点を紹介した。ミーチ

レーク協定は、カナダにおいて初めて不均等連邦制が憲法的に実現される可能性をもちながら、英語系カナダ人の反対によって失敗したが、英語系の反対は、次のような論理に支えられていた。すなわち、ケベック州に、言語使用権に代表される特別な権利を付与することは、個人の普遍的権利の優越を定めたカナダ人権憲章の原理に反するという論理であった。本書はこうした理解に再検討を加えるものであった。
　第1章では、内外の公刊された研究書に依りながら、本書の分析への導入として、カナダにおけるケベック問題の発生と展開について検討した。第1章1では、ケベック問題の歴史的な背景について検討した。建国以来今日に至るカナダの政治史の中で、英語系カナダ人とフランス語系カナダ人の歴史観を示す重要な分岐点になるのが、1867年の連邦結成に関する彼らの見解の相違である。1867年の連邦結成を、フランス語系カナダ人は「2つの建国民族の契約」による産物とみなした。しかし、英語系カナダ人は、連邦結成をイギリス帝国の自治領の成立としかみなさなかった。フランス語系カナダ人のカナダ連邦制観は、「2つのネイション」の議論として根付いていくことになった。第1章2では、ケベック問題の社会経済的背景について検討した。フランス語系カナダ人が英語系カナダ人に比して経済的に劣位状況に置かれていたことを、ケベック州政府によって設立されたジャンドロン委員会の公式統計資料から明らかにした。また、この資料から、フランス語系カナダ人の経済的劣位状況を生み出した原因は、民間の企業内言語の使用に関するケベック州の立法の欠如であったことを明らかにした。第1章3では、本書のカナダ憲法闘争の主要なアクターでもあるピエール・トルドーとルネ・レヴェックの2人の人物の経歴を検討した。フランス語系カナダ人の言語問題に対して、連邦政府レベルで取り組もうとしたのが、カナダ人権憲章の制定者でもあるトルドーであった。他方、この問題をケベック州政府の施策として取り組もうとしたのがレヴェックであった。トルドーとレヴェックは、1960年に始まった「静かな革命」と言われるケベック州の近代化改革を共に推進したが、ケベック・ナショナリズムが高まる中で、レヴェックは、ケベック州を1つのネイションと捉え、自立的発展を自らの使命として、ケベック州の政治家となり、他方、トルドーは個人の

結　論

権利の普遍性を重視し、ケベック・ナショナリズムに反対するためにカナダ連邦政界に入った。その後、2人はカナダ国制の将来をかけて争うことになった。

　第2章以下は、上記の問題関心に基づき、1967年から1982年までのカナダ／ケベックの憲法闘争を実証的に検討した。第2章では、主な資料として、カナダ連邦やケベック州の新聞、ケベック州議会の議事録、個人の回顧録等の資料に依りながら、トルドー連邦司法大臣がカナダ人権憲章を含む憲法移管を提起した1967年から、カナダ／ケベックの将来を決める3つの憲法闘争が提示された1968年までを、憲法闘争の第1幕として検討した。第2章1では、1967年から1968年にかけて、カナダ連邦政府が提起しているカナダ憲法移管の議論の中で、3つの憲法構想が提起されたことを明らかにした。その1つは、ケベック州の有力な新聞「ル・ドゥヴォワール」の編集長クロード・ライアンやケベック自由党が提起した「特別の地位」という構想であった。これは、カナダ連邦制の中でケベックがネイションとして承認され、そのネイションの文化の維持・発展のために特別な権限が与えられるという不均等連邦制の憲法構想である。もう1つは、ケベック自由党から脱退したレヴェックによる、「主権連合」構想である。これは、ケベックが政治的に独立し、残りのカナダと、主として経済的な連合を結ぶ国家連合の構想であった。そして、ケベックのこれらの構想に対抗して、トルドーは連邦主義の強化を打ち出した。トルドーの連邦主義は、ケベックをネイションとして認めず、唯一のネイションはカナダだけであることを強調した。トルドーの構想は、ケベック州への特別な権限の付与ではなく、州間の平等を主張する均等連邦制の構想である。こうして、カナダ・ケベックの将来に関わる3つの憲法構想が提起されたことを確認した。第2章2では、ケベック自由党の「特別の地位」の構想が、1968年の連邦・州憲法会議における英語系カナダ諸州や連邦司法大臣を務めていたトルドーの反対に押され、撤回される過程をケベック自由党の党大会における決議から検討した。1968年に開かれたケベック自由党の党大会において、「特別の地位」という名称が削除され、権限の増大も求められなかったことを明らかにした。「特別の地位」に代わって、ケベック州の世論の人気を集めることになったのが、レヴェックによって主張された国家連合構想である「主権連合」構想であった。

レヴェックは、「主権連合」構想を基に1968年にケベック党を設立し、1976年には州政権を獲得し、懸案であったケベック州の言語法の制定を行うことになった。

　第3章では、主な資料としてケベック州議会の議事録に依りながら、1976年にケベック州の政権を獲得したレヴェックが、フランス語の保護を目的として定めた言語法であるフランス語憲章の検討を行った。このフランス語憲章については、政治哲学者チャールズ・テイラーの見解が注目される。テイラーはそのケベック社会論の中で、集団的権利の社会と個人主義的権利の社会の2分法に基づく社会論を展開した。そしてその2分法的な社会理論の中で、ケベック社会は、フランス語系社会を将来にわたって存続させることを目的とする「集団的目標（collective goal）」に基づいている社会とし、まさしくこの集団的目標を保障している法律が101号法、すなわちフランス語憲章であるとした。本章は、憲法闘争の第2幕としてケベック言語法を巡る政治過程を検討することで、このテイラーの主張の妥当性を検証した。

　第3章1では、フランス語憲章制定までの過程を概略した。1969年にカナダ連邦政府は公用語法を制定し、連邦議会、行政、裁判の言語は英語とフランス語の両言語で行われるように定めた。他方、ケベック州では、増加する移民の子供がフランス語ではなく、英語を学ぶようになることにフランス語系住民が危機感を覚えていた。この問題への解決のために、2言語主義ではなく、1言語主義に基づく言語法の制定がフランス語系住民によって提起された。1974年には、フランス語をケベック州の公用語であると宣言した22号法が、当時のケベック自由党政権の下で制定されるが、実際の行政組織や商業用サイン表示、教育などでは、2言語の使用が許可されていた。このような運用を認めた言語法にフランス語系住民の多くが不満を覚え、さらなる徹底した1言語主義の言語法を求めた。こうした経過を踏まえて、1977年にケベック党政権の下で制定された言語法が101号法（フランス語憲章）であった。

　第3章2では、このフランス語憲章の性格を検討するため、フランス語憲章の制定過程のうち、特にフランス語憲章の前文の制定に焦点を合わせ、ケベック州議会でのケベック党とケベック自由党、さらに世論の主張を詳細に分析し

た。ケベック党は、憲章の前文において、フランス語を話すことがケベック人の特徴として定義しようとしたのに対し、ケベック自由党やケベック人権憲章委員会は、その定義では個人の普遍的権利が侵害されるとして修正を要求した。州議会の討論の結果、前文の規定はケベック自由党やケベック人権憲章委員会の主張のように、ケベック人の定義に関して言語的側面を含まない定義へと変更されることになった。この修正案は、個人の言語使用権の自由をあくまでも尊重するという原理であり、トルドーの2言語主義の原理と同じ立脚点にたつものであった。

　第3章3では、フランス語憲章の各論部分を詳細に検討した。ケベック州で生まれた英語系住民の両親だけが子供を英語学校に通わせることができるという教育に関する規定や、フランス語を立法と裁判の言語として定めた行政上の規定や、民間企業の労働言語としてのフランス語を推進することや商業・広告言語のフランス語化の規定などから、フランス語憲章の1言語主義が徹底していることを検討した。結論として、フランス語憲章は、前文においては、個人主義的な原理が強固に導入されている法律であるが、各論では集団主義的な性格をもつという、いわば混合的な性格をもつ法律であることを明らかにした。

　第4章では、主たる資料として、連邦憲法会議の議事録、ケベック州議会議事録、トルドーやレヴェックの著作に依りながら、憲法闘争の最終章として、人権憲章の導入を伴った1982年のカナダ憲法の制定に焦点を当て、カナダ連邦政府とケベック州政府の間の政治闘争を検討した。レヴェックが1980年に行った「主権連合」に関する州民投票において、トルドーはカナダ連邦憲法の再編をケベック州民に約束し、「主権連合」反対派を勝利させた。しかし、実際に1982年に制定したカナダ憲法は、ケベックをネイションとして認めるような規定やケベックに特別な権限を付与するものではなく、個人主義的な普遍的人権の保護に重点をおいた人権憲章の制定を伴うものであった。この人権憲章は、まさに個人主義的自由主義に基づくトルドーの思想の集大成と言えるものであった。トルドーの人権憲章の憲法化の主張に対して、一貫して対抗し続けたのが、レヴェックであった。第4章の課題は、カナダ・ケベック憲法闘争の過程においてケベック州政府の人権、とりわけ言語使用権の理解そのものを検討

することで、従来、集団主義的と理解されていたケベック州政府の見解の独自性を明らかにし、あわせて、1982年憲法闘争の多面的な性格を検討するものであった。

　第4章1では、本章の議論の展開を理解するための前提として、トルドーやケベック州の人権憲章についての見解を1960年代まで遡って検討した。第4章11では、トルドーが1968年に提起した、憲法に人権憲章を組み込むという提案について検討した。トルドーが人権憲章を制定する意図は、1つのカナダ・ネイションの平等な構成員としての個人の権利の保護という、共通の価値観を作りだし、一体性を高めることであった。さらに、トルドーは、個人の権利の保護の担い手をカナダ最高裁判所に求めるという司法優位の法制度を提起した。第4章12では、ケベック州の権利保護についての見解を、ユニオン・ナシオナル党のダニエル・ジョンソンやケベック自由党のロベール・ブラサといったケベック州政府の見解から検討した。それらケベック州政府は、権利の担い手を、ネイションとしての一体性をもつケベック州市民に求めた。その観点から、ケベック州政府は、カナダ連邦憲法裁判所の設立や、州のレベルでの人権憲章の制定を要求していた。さらに、本項では、1975年に制定されたケベック州の人権憲章の制定過程を分析した。そこでは、議会制民主主義の優位か司法の優位かという論点を巡って、ケベック自由党とケベック党の間で議論がなされた。その議論からは、ケベック党は人権憲章の法的優位さを主張しながらも、カナダ連邦の人権憲章と比べると議会制民主主義の方に力点をおいていたことを明らかにした。

　以上の前提を踏まえた上で、第4章2以下で、トルドー率いるカナダ連邦政府と、レヴェック率いるケベック州政府、さらにその他の9つの州の間で、1982年憲法の制定を巡ってなされた議論を検討した。第4章21では、1980年の連邦・州憲法会議における連邦政府と諸州政府の間の討論を、憲法移管と憲法改正手続き、最高裁判所、言語権、権限の分配、憲法前文、人権憲章という項目に分け検討した。この1980年の憲法会議の分析から明らかになったのは、連邦政府を率いるトルドーとケベック州政府を率いるレヴェックの間の根本的に異なる国家観の対立である。オンタリオ州とニュー・ブランズウィック州

結　論

は、当初からトルドーの連邦主義を支持していた。残りの7つの英語系の諸州は、天然資源の所有権など州の権限の拡大を唱えてはいたが、連邦国家論としては、近代個人主義的自由主義国家論としてのカナダ国民国家の形成という観点にたっていた。いずれの英語系の州もカナダを1つのネイションとして統合することを主張し、諸州の平等と個人の平等を主張した。しかし、レヴェックの国家論は全く異なるものであった。レヴェックは、カナダを「2つのネイション」からなる国家であるという基本的観点を捨てず、ネイションの政治的独立の権利と国家連合という国家論を展開した。このような観点にたつレヴェックの主張は、人権憲章を憲法に加える点で、独自の権利理解を示していた。レヴェックは、人権の保護を全面的に司法の判断に任せることに危惧があった。レヴェックによれば、権利というものはその対象領域の範囲が広く、かつ内容上も常に変化しているものであるから、一時の決定で権利を固定化することは不可能であり、市民各個人が自らの権利形成に携わることこそが、個人の権利の中核的内容を構成する。レヴェックにとって重要であったのは、個人的権利は、その権利内容が普遍的に妥当する一般原則であるだけではなく、むしろ個人的権利は、その対象や内容の不断の変化を前提とするものであり、さらに、その権利を実現させる場（議会）への個人的参加の権利を含むものであった、という点であった。

　第4章22では、1981年に開かれた連邦・州憲法会議における議論を中心に検討した。この会議は、憲法移管の実施方法、カナダ人権憲章の制度、憲法改正手続きについて検討がなされたが、いずれの論点も当初、各州の合意を見ることができなかった。そこで、トルドーは政治的計略を用いて、レヴェックとケベック州を孤立させた。本項では、1981年の憲法会議で展開されたレヴェックとトルドーの政治的言説の対立が、両者の権利理解の違いに基づくものであったことを明らかにした。

　第4章23では、憲法会議において表明されたトルドーとレヴェックの言説の対立の根底にある権利観の相違を検討した。トルドーの政治哲学の根幹にあるのは個人主義的自由主義であった。それに対して、レヴェックの場合は、個人的権利と集団的権利の相互補完的な発展とみなした。つまり、個人的権利

は、その権利の範囲を定めることは簡単ではないとしても、個々人に直接保障されるものである。しかし、言語使用権のような、集団的権利によって支えられた個人的権利は立法という手段によってそれを具体化する必要があるということである。権利というものは、トルドーが主張するように絶対的な普遍的な権利として存在するというのではなく、その時々の立法者および立法機関の意思によるところが大きい。そのような立法の過程を経て、初めて権利は正当性と具体的な実効性を保障されたものとなるのである。また、このレヴェックの権利理解は、1968年のベルギーの言語紛争に関して欧州人権裁判所が下した判決から大きな示唆を受けていたことを明らかにした。その判決によれば、公的な言語権の実施は各社会の中での立法に任せられるということになる。

　第5章では、今日の政治潮流からみたレヴェックの主張の意義を検討した。ベルギーのフランデレン地域やワロニー地域、スペインのカタルーニャ、イギリスにおけるスコットランドやウェールズの国内ネイションが自治を求める運動は、いずれも、レヴェックの指導下にあったケベック党が1977年に制定した言語法であるフランス語憲章の影響を受けており、また同様にこれらの運動もマルチナショナル連邦制を志向している。さらに、レヴェックの「主権連合」の主張は、近代の国民国家観に代わるものとしてマイケル・キーティングなどが提起する、権威が多層的に分散しているという多元ナショナル国家観の流れの中に位置づけられ、新しいガバナンスの可能性を提起していることを明らかにした。

　本書が明らかにしたのは、カナダ連邦政府の主張、特にその代表者たるトルドーの憲法観と、ケベック州政府の主張、とりわけケベック党の代表者でありケベック州首相であったレヴェックの憲法観との激しい原理的な対立・相克であった。トルドーの憲法観は、近代の社会契約論的な国家論によるものであり、個人主義的人権観のカナダ全体への徹底を図り、その上でカナダを国民国家的に統合する、というものであった。他方、ケベック社会ではそうしたトルドーの憲法観・権利観に対抗する潮流が形成された。言語の権利は、ケベック社会では、集団的権利のみでなく、個人的および集団的権利であり、個人および個々人からなる集団がその言語を使って彼ら自身の個人的な自己実現を遂行

結　論

するための権利と理解される。言い換えれば、ケベック社会では、個人の権利を拡大するために集団主義的な方法を採用するという考え方が登場した。また、集団に固有な言語の使用の権利を獲得することを、ケベック社会の個々人の選択を通じて、すなわち議会の決定という形を通じて達成するという見解が提示された。このような主張を最も首尾一貫して展開したのが、ケベック州首相レヴェックであった。一方で、ケベック社会の根本問題である固有の言語使用権を提唱し、他方で「主権連合」論を提案することを通して、マルチナショナル連邦制に強固で柔軟な政治的適応力を与えることこそ、レヴェックの意図であった。レヴェックのこの考え方は、ケベック州民に対して純粋な分離独立ではない新たな選択肢を提供することに成功した。それゆえ、このレヴェックと、トルドーの間の憲法闘争は、カナダ国家の統合に寄与するダイナミズムを生み出していたと言える。

あとがき

　本書は、2014年3月に京都大学大学院法学研究科に提出した博士論文に加筆修正を施したものである。

　私の最初のケベック政治への関心は、神戸大学法学部の学部生として月村太郎先生のゼミに参加したことから始まる。月村先生の国際関係論ゼミの課題は、世界各地の民族紛争について受講生が各自の関心に合わせてゼミ論文を仕上げるものであった。様々な民族紛争の事例を検討するうち、私は1995年のケベック州の「主権連合」を巡る州民投票の事件に出会った。カナダのような先進国でも、ケベック州で展開された大きな分離独立運動があることに私は驚いた。ケベック問題を検討する過程で、一冊の本と出会うことになった。それは、ケベック州出身であるカナダ連邦首相のピエール・トルドーが記した『連邦主義の思想と構造』（田中浩、加藤普章訳、御茶の水書房、1991年）と題された本である。この本の中でトルドーは、フランス語系カナダ人の独立運動に対抗して、カナダの国家統合を保持する観点から、彼の信じる国民国家としてのカナダ論を熱く、かつ理論的に展開しているが、このような姿勢は、現代政治理論の展開に関心があった私にはとても魅力的であった。しかし、この本を通じての最大の出会いは何と言っても、トルドーの政治的ライバルであったルネ・レヴェックという人物との出会いである。彼は、カナダ国家の再編に関して、トルドーのような国民国家論ではなく、「主権連合」という国家連合の構想を提示していた。私にとって、彼の主張する国家連合論は、いわゆる国民国家論を超える新しい国家統合論の可能性を示しているように感じられた。

　上記の本は、トルドーが執筆したものであることもあり、レヴェックに対して当然好意的な書かれ方はなされていなかった。また、日本におけるカナダ研究の研究書からも一部の研究書を除けば、レヴェックは、ただ単に分離独立主義者とされており、あまり高い評価はなされていなかったように思う。しかし、2008年にモントリオールを訪れた際、私は、レヴェックという人物が、主

権連合派、連邦派を問わず、いかにケベック州民に愛されているかを肌で感じることができた。私は、その時、カナダ統合の上でのレヴェックの重要さを改めて確信し、彼についての研究を決意した。3年にわたるカナダでの研究を通じて、レヴェックは、単なる政治家ではなく、独自の権利理論の展開者でもあることが、少しずつ見えてきた。このような仮説をケベック大学での指導教官マルク・シュヴリエ（Marc Chevrier）先生にお話しすると、トルドーの政治哲学はよく知られているが、レヴェックの政治哲学は、ケベック州でもあまり知られていないと仰って頂いた。そこで、1982年のカナダ憲法制定の過程での、トルドーとレヴェックの政治的対決を通じてケベック問題の本質を明らかにすることを博士論文のテーマにしたのである。この研究の試みがどこまで達成されているかは、読者諸賢の判断に委ねるほかない。忌憚のない叱正を仰ぎたいと思っている。

　このたび稚拙ながらも本書をまとめることができたのは、多くの先生方からご指導やご助言を頂いたおかげである。まず、何よりも大学院の指導教官である新川敏光先生には、深く感謝申し上げたい。不肖の弟子である私は、先生に本当にご面倒、ご苦労をおかけしたことと思う。博士論文執筆も、順調とは程遠いものであったが、その中でも、先生に「レヴェックという人物に焦点を当てたという点で、君はいいところに目をつけたと思う」と仰って頂いたことは忘れられない。先生のご指導は、いつも深い愛情を感じるものであった。心から感謝申し上げたい。また、学部ゼミの指導教官である月村太郎先生にも感謝申し上げたい。学部ゼミで月村先生から頂いた様々なご助言に改めて感謝の気持ちをお伝えしたい。

　また、京都大学大学院法学研究科の唐渡晃弘先生と島田幸典先生からも、大学院の演習や研究会などを通じて暖かいご指導を賜ってきた。唐渡先生と島田先生には、博士論文の審査の労もとって下さった。改めて先生方のご指導に深く感謝申し上げる。

　長きに渡る京都大学大学院法学研究科での研究生活では、多くの先輩、同僚にお世話になった。中でも、城下賢一さん、近藤正基さん、西村邦行さん、辻

あとがき

由希さん、塚田鉄也さん、安周永さん、川瀬貴之さん、河村有介さん、崔佳榮さんには記して謝意を表したい。同門の先輩である近藤さんは、大学院入学以来常に私のことを気にかけて下さり、モントリオール留学中においてもいつも便りを頂いていた。辻さんや安さんは、お二人とも大変お忙しいにもかかわらずいつも私の様々な悩みの聞き役になって頂いた。大学院演習では、加藤雅俊さんとも共に勉強する機会をもち、学識の高い加藤さんから政治学の理論について多くのご教示を頂いた。

私が初めてカナダ・モントリオールを訪れたのは、博士課程在籍中の2008年のことであった。ケベック研究を本格的に行うには、フランス語系の大学院に入学すべきとの新川先生のご助言に従い、私が留学先として選んだ大学は、ケベック大学モントリオール校であった。ケベック大学モントリオール校でご指導頂いたマルク・シュヴリエ先生は、学問・研究に関して大変厳しい方であった。先生は私を徹底的に鍛えて下さり、最終的に提出した修士論文を、シュヴリエ先生に評価頂いたことは、私の自信につながった。また、マルチナショナル連邦制の世界的権威の一人と言ってもいいアラン・ギャニオン先生は、ご多忙にもかかわらず、数多くの書物の教示や、研究所の所長のお仕事を通して、励ましの言葉を頂いていた。

ケベック大学モントリオール校で共に学んだ多くの友人にもお礼を述べたい。グザビエ・ジェローム（Xavier Jerome）さん、アンドリアマモンジー・セルジュ（Andriamamonjy Serge）さん、ジョン・グラハム（John Graham）さんには特に感謝を表したい。ケベック人、フランス語圏からの移民、英語系カナダ人の友人をもち、語りあえたことは、書籍からだけでは決して得られないだろうカナダ政治に関する彼らの本音を聞くことができた。それらの経験は、どれだけ本書を書く上で直接・間接的に役に立っているか計り知れない。

また、モントリオール滞在中は様々な方々にインタビューを行ったが、中でも元カナダ自由党党首ステファン・ディオン（Stephan Dion）氏と、ケベック自由党員であり現ケベック州議会議長ジャック・シャニオン（Jacques Chagnon）氏には、駆け出しの研究者である私にも、決して権威的になることなく丁寧に、ゆっくりと時間をとって細かな質問にお答え頂いたことに感謝申し上

げたい。

　モントリオール滞在中は、古地順一郎氏、廣松勲氏、佐々木奈緒氏、仲村愛氏、エルジビエータ・スフカ（Elizabeth Sowka）先生、アルビーナ・ボルトルーシ（Albina Bortolussi）さんに大変お世話になった。また、古地氏には、大変お忙しい中、本書の草稿をお読み頂き、貴重なコメントを頂いた。皆で時々集まり、会食したことは、閉じこもりがちな私にとって本当によい気分転換になった。皆様に感謝申し上げたい。

　また、所属研究会などでも、多くの方からご助言を頂戴してきた。日本カナダ学会と日本ケベック学会の先生方には厚くお礼を申し上げたい。日本カナダ学会の細川道久先生や櫻田大造先生には研究会でお会いするたびに暖かい励ましのお言葉を頂いている。日本ケベック学会でも、故小畑精和先生、丹羽卓先生、矢頭典枝先生、真田桂子先生、伊達聖伸先生には大変お世話になっている。中でも、丹羽先生は、本書の草稿を丹念にお読み頂き、有益なコメントを数多く与えて頂いた。真田先生は、研究会などで大変お世話になっている。矢頭先生は、博士論文執筆中に大変貴重な資料を快くお貸し下さった。日本ケベック学会からは、私のような駆け出しの研究者にも研究発表する機会と「2014年度小畑ケベック研究奨励賞」のような海外留学への支援を頂いている。心からの謝意を表したい。

　研究を進めるにあたっては、平成26年度京都大学若手研究者スタートアップ研究費から支援を受けた。本書出版は、平成26年度京都大学総長裁量経費として採択され、法学研究科若手研究者出版助成事業から出版費用の援助を受けた。ここに記して、心から感謝申し上げる。

　本書の刊行にあたっては、法律文化社の小西英央氏と上田哲平氏に大変お世話になった。ただでさえ厳しい時間的制約の中で、私の校正作業の遅れから、一層ご迷惑をおかけしたにもかかわらず、お二人は最後まで丁寧に出版作業を進めてくださった。改めてお礼を申し上げたい。

　この他にも様々な方々のお力添えを頂いたが、その範囲はあまりに広く、全ての方々のお名前を挙げられないことをお許し願いたい。

　最後に私事になるが、父方の今は亡き祖父母、母方の祖父母にも感謝申し上

あとがき

げたい。また、義理の両親にも大変お世話になっている。勝手気ままな私を全幅の信頼で見守ってくれている両親と家族、研究のためと称して研究室に閉じこもりいつも家を留守にしている私を暖かく励ましてくれる妻に感謝の気持ちとして本書を捧げたい。

　平成27年1月23日、モントリオールの酷寒の冬を懐かしみつつ

荒木　隆人

【参考文献】

〔邦語文献〕

イグナティエフ、マイケル（2008）『ライツ・レヴォリューション』（金田耕一訳）風行社。
石川一雄（1994）『エスノナショナリズムと政治統合』有信堂。
石塚さとし（2000）『ベルギー・つくられた連邦国家』明石書店。
岩崎美紀子（1985）『カナダ連邦制の政治分析――連邦補助金を巡る諸問題』御茶の水書房。
岩崎美紀子（1991）『カナダ現代政治』東京大学出版会。
太田唱史（1998）「ケベック・レファレンダムとカナダ連邦制の再編成――1980年～1996年」『同志社法学』49巻4号。
太田唱史（1999）「ケベック・ナショナリズム――その実態と行方」『同志社法学』51巻1号。
加藤普章（1990）『多元国家カナダの実験』未來社。
加藤普章（2002）『カナダ連邦政治』東京大学出版会。
ガニョン、アラン＝G（2015）『マルチナショナル連邦制』（丹羽卓訳）彩流社。
ガニョン、アラン＝G、イアコヴィーノ、ラファエル（2012）『マルチナショナリズム』（丹羽卓、古地順一郎、柳原克行訳）彩流社。
カニンガム、フランク（1996）「ケベックの難問――三民族型パースペクティブ」『立命館法学』（1996年3号）（247号）（中谷義和、柳原克行訳）。
キムリッカ、ウィル（1998）『多文化時代の市民権――マイノリティの権利と自由主義』（角田猛之、石山文彦、山崎康仕監訳）晃洋書房。
キムリッカ、ウィル（2005）『新版現代政治理論』（千葉眞、岡崎晴輝訳者代表）日本経済評論社。
キムリッカ、ウィル（2012）『土着語の政治』（岡崎晴輝他訳）法政大学出版局。
国武輝久編（1994）『カナダの憲法と現代政治』同文舘出版。
ゲルナー、アーネスト（2000）『民族とナショナリズム』（加籐節監訳）岩波書店。
古地順一郎（2012）「ケベックにおける移民・文化的マイノリティとその統合政策――政府行動計画実行委員会（1981-1984年）を中心に」『ケベック研究』第4号。
小林順子（1994）『ケベック州の教育　カナダの教育Ⅰ』東信堂。
新川敏光（2006）「カナダ連邦政治と国家統合――その持続と変容」『法学論叢』158巻5・6号。
新川敏光編（2008）『多文化主義社会の福祉国家』ミネルヴァ書房。

新川敏光（2010）「カナダ多文化主義と国民国家」『法学論叢』166巻6号。
セイウェル、ジョン（1994）『カナダの政治と憲法　改訂版』（吉田健正訳）三省堂。
立石博高（2002）「カタルーニャ・ナショナリズムの歴史」立石博高、中塚治郎編『スペインにおける国家と地域——ナショナリズムの相克』国際書院。
辻康夫（2007）「文化的多様性と社会統合——カナダの先住民とフランス系住民を巡って」日本政治学会編『年報政治学2007-Ⅱ　排除と包摂の政治学』木鐸社。
津田由美子（1994）「ベルギーのエスニック紛争と連邦制——1993年の連邦制への移行に関する一考察」日本政治学会編『年報政治学1994——ナショナリズムの現在・戦後日本の政治』岩波書店。
津田由美子（2011）「第6章　ベルギー——コンセンサス・デモクラシーの成立と変容」津田由美子、吉武信彦編『北欧・南欧・ベネルクス』ミネルヴァ書房。
テイラー、チャールズ（1996）『マルチカルチュラリズム』（佐々木毅、辻康夫、向山恭一訳）岩波書店。
テイラー、チャールズ（2004）『〈ほんもの〉という倫理——近代とその不安』（田中智彦訳）産業図書。
トルドー、P・E（1991）『連邦主義の思想と構造』（田中浩、加藤普章訳）御茶の水書房。
西川長夫、渡辺公三、ガバン・マコーミック編（1997）『多文化主義・多言語主義の現在』人文書院。
丹羽卓（2008）「Québécois Nation Motion を巡る言説とその意味」『金城学院大学論集』人文科学編第5巻。
ハミルトン、A、ジェイ、J、マディソン、J（1999）『ザ・フェデラリスト』（斎藤眞、中野勝郎訳）岩波書店。
ブシャール、ジェラール（2007）『ケベックの生成と「新世界」』（竹中・丹羽監修、立花・丹羽・柴田・北原・古地訳）彩流社。
細川道久（2007）『カナダ・ナショナリズムとイギリス帝国』刀水書房。
松井茂記（2012）『カナダの憲法』岩波書店。
松尾秀哉（2010）『ベルギー政治危機——その政治的起源』明石書店。
マクミラン、マイケル「ケベック」ワトソン、マイケル編（1995）『マイノリティ・ナショナリズムの現在』（浦野起央、荒井功訳）刀水書房。
宮島喬（2004）『ヨーロッパ市民の誕生』岩波書店。
モンテスキュー、シャルル・ド（1989）『法の精神』（野田良之他訳）岩波書店。
矢頭典枝（2008）『カナダの公用語政策——バイリンガル連邦公務員の言語選択を中心にして』リーベル出版。
柳原克行（2001）「西部カナダのネオ・ポピュリスト型地域主義政党（下）——改革党の登場とその発展」『立命館法学』277号。

【参考文献】

山崎幹根(2011)『領域をめぐる分権と統合——スコットランドから考える』岩波書店。
ルナン、エルネスト(1997)「国民とは何か」(鵜飼哲訳)E・ルナン他『国民とは何か』(鵜飼哲他訳)インスクリプト。
若松隆(2007)「カタルーニャ新自治憲章(案)を巡るその後の展開」『比較地方自治研究会調査報告書』。
若松隆・山田徹(2008)『ヨーロッパ分権改革の新潮流——地域主義と補完性原理』中央大学出版会。

〔外国語文献〕

Ajzenstat, Janet, "Reconciling Parliament and Rights: A. V. Dicey Reads the Canadian Charter of Rights and Freedoms," *Canadian Journal of Political Science*, XXX4 (1997): 645.

Balthazar, Louis, *Bilan du nationalisme au Québec* (Montréal: Éditions de L'Hexagone, 1986).

Bayefsky, Anne F., *Canada's constitution act 1982 & Amendments: A documentary history* (Whitby: McGRAW-Hill Ryerson, 1989).

Binette, André, 《Le pouvoir dérogatoire de l'article 33 de la Charte canadienne des droits et libertés et la structure de la Constitution du Canada》, dans *Revue du Barreau*, Tome 63 Numéro spécial (2003).

Bouchard, Gérard et Taylor, Charles, Fonder l'avenir: Le temps de la conciliation, Gouvernement du Québec, 2008.

Bouchard, Lucien, *À Visage découvert* (Montréal: Boréal, 2001).

Bourassa, Henri, *Patriotisme, Nationalisme, Impérialisme* (Conférence donnée à la salle acadèmique du Gesû, sous les auspices de l'Association catholique des voyageurs de commerce, le 23 novembre, 1923).

Bourassa, Robert, *Gouverner le Québec* (Montréal: Fides, 1995).

Brouillet, Eugénie, *La Négation de la Nation* (Sillery: Éditions du Septentrion, 2005).

Burelle, André, *Pierre Elliott Trudeau: L'intellectuel et Le politique* (Montréal: Fides, 2005).

Burgess, Michael and Pinder, John (eds.), *Multinational Federations* (London: Routledge, 2007).

Burke, Edmund, *Reflections on the Revolution in France, Oxford World's Classics* (Oxford: Oxford University Press, 1993).

Cairns, Alan C., *Charter versus Federalism: The Dilemmas of Constitutional Reform* (Montreal/Kingston: McGill-Queen's University Press, 1992).

Caldwell, Gary, 《Le Québec ne doit pas se donner une constitution: Il en a déjà une qu'il abandonnerait à ses risques et périls》, *Philosophiques*, vol. XIX, 2 (1992).

Cardinal, Mario, *Pourquoi j'ai fondé Le Devoir: Henri Bourassa et son temps* (Montréal: Les Éditions Libre Expression, 2010).

Chevrier, Marc, 《Contrôle judiciaire et gouverne démocratique: de la 《législation judiciaire》 au Canada depuis 1982》, Thèse pour le doctorat de l'institut d'études politiques de Paris (2000).

Chevrier, Marc, "A language Policy for a Language in Exile", in Larrivée, Pierre (ed.), *Linguistic Conflict and language laws: Understanding the Quebec Question* (Hampshire: Palgrave, 2003).

Chevrier, Marc, *La République québécoise: Hommages à une idée suspecte* (Montréal: Boréal, 2012).

Coulombe, Pierre, "Federalist language policies: the cases of Canada and Spain", in Gagnon, Alain-G. and Tully, James (eds.), *Multinational Democracies* (Cambridge: Cambridge University Press, 2001).

Dicey, Albert, *An Introduction to the Study of the Law of the Constitution 10^h edition* (London: MaCmillan, 1962).

Dion, Léon, 《Séance plénière: synthèse et prospective》, dans la Conférence sur le parlementarisme britannique, *Le parlementarisme britannique anachronisme ou réalité moderne?: documents et débats* (Québec: Assemblée nationale, 1980).

Dion, Stéphane, 'Explaining Quebec Nationalism', in Weaver, Kent (ed.), *The Collapse of Canada* (Washington: The Brookings Institution, 1992).

Dumont, Fernand, *Raisons communes 2e éd.* (Montréal: Éditions du Boréal, 1997).

English, John, *Citizen of the World: the life of Pierre Elliott Trudeau* (Toronto: Vintage Canada, 2006).

Fogarty, Stephen, *Resume of federal-provincial constitutional conferences: 1927-1980* (Ottawa: Research Branch, 1980).

Fraser, Graham, *René Lévesque and the Parti Québécois in power* (Montreal/Kingston: McGill-Queen's University Press, 2001).

Friedrich, Carl J., *Trends of Federalism in Theory and Practice* (London: Pall Mall Press, 1968).

Gagnon, Alain-G. and Tully, James (eds.), *Multinational Democracies* (Cambridge: Cambridge University Press, 2001).

Gagnon, Alain-G. and Iacovino, Raffaele, *Federalism, Citizenship, and Quebec: Debating Multinationalism* (Toronto: University of Toronto Press, 2007).

【参考文献】

Gagnon, Alain-G., *La Raison du plus fort: Plaidoyer pour le fédéralisme multinational* (Montréal: Québec Amérique, 2008).

Gagnon, Alain-G., *The case for Multinational Federation-Beyond the all-encompassing nation* (London: Routledge, 2010).

Germain, Georges-Hébert, *Robert Bourassa* (Montréal: Les Éditions Libre Expression, 2012).

Gougeon, Gilles, *Histoire du nationalisme québécois* (Montréal: VLB ÉDITEUR, 1993).

Guibernau, Montserrat, "Between Autonomy and sucession: the accommodation of minority nationalism in Catalonia", in Gagnon, Alain-G., Guibernau, Montserrat and Rocher, François, *The Conditions of Diversity in Multinational Democracies* (Montreal: IRPP, 2003).

Hamilton, Alexander, Madison, James and John, Jay, *The Federalist Papers with an introduction by Garry Wills* (NewYork: Bantam, 1982).

Hogg, Peter W., *Constitutional Law of Canada* (Toronto: Caeswell, 1999).

Hogg, Peter W. and Bushell, Allison A., "The Charter Dialogue Between Courts and Legislatures", *Osgoode Hall Law Journal*, Vol. 35 No. 1 (1997), pp. 5-124.

Ignatieff, Michael, *The Rights Revolution* (Toronto: Anansi, 2007).

Jefferson, Thomas, *The complete Jefferson: Containing his major writings, published and unpublished, except his letters, assembled and arranged by Saul K. Padover* (New York: Duell, Sloan & Pearce, 1943).

Jennings, Sir Ivor, *The law and the constitution fifth edition* (London: University of London Press, 1959).

Jennings, Sir Ivor, *The British constitution* (Cambridge: Cambridge University Press, 1967).

Johnson, Daniel, *Égalité ou indépendance* (Montréal: Éd. renaisssance, 1965).

Keating, Michael, *Nations agains the State* (Hampshire: Palgrave, 2001).

Keating, Michael, *Plurinational Democracy* (Oxford: Oxford University Press, 2001).

Kelly, James B. and Manfredi, Christopher P. (eds.), *Contested Constitutionalism: Reflections on the Canadian Charter of Rights and Freedoms* (Vancouver: University of British Colombia Press, 2009).

Klinkenberg, Jean-Marie, 《L'impact de la politique linguistique québécoise vue de Belgique francophone》, dans Revue d'aménagement linguistique numéro Hors série, 2002, Office québécois de la langue française.

Kymlicka, Will, *Multicultural citizenship* (Oxford: Oxford University Press, 1995).

Kymlicka, Will, *Finding our way: Rethinking Ethnocultural Relations in Canada* (Oxford: Oxford University Press, 1998).

Kymlicka, Will, "Multinational Federalism in Canada: Rethinking the Partnership", in Gibbins, Roger and Laforest, Guy (eds.), *Beyond the impasse toward reconciliation* (Montreal: IRPP, 1998).

Laforest, Guy, *Trudeau and the End of a Canadian Dream* (Montreal/Kingston: McGill-Queen's University Press, 1995).

Laforest, Guy, 'The internal Exile of Quebecers in the Canada of the Charter', in Kelly, James B. and Manfredi, Christopher P. (eds.), *Contested Constitutionalism: Reflections on the Canadian Charter of Rights and Freedoms* (Vancouver: University of British Colombia Press, 2009).

Lajoie, Andrée, 《Le fédéralisme au Canada: provinces et minorités, même combat》, dans Gagnon, Alain-G. (dir.), *Le fédéralisme canadien contemporain: Fondements, traditions, institutions* (Montréal: Les Presses de l'Université de Montréal, 2006), pp. 183-209.

Lapalme, Georges-Émile, *Pour une politique: Le programme de la Revolution tranquille* (Québec: vlb éditeur, 1988).

Laurendeau, André, *André Laurendeau: Witness for Quebec Essays Selected and Translated by Philip Stratford* (Toronto: Macmillan of Canada, 1973).

Le Corre, Claude, *Le Code du travail à jour* (Cowanswill: Les Éditions Yvon Blais Inc, 2003).

Legault, Josée, 《Les Dangers d'une charte des droits enchâssée pour un Québec indépendant》, dans Seymour, Michel (dir.), *Une nation peut-elle se donner la constitution de son choix?* (Montréal: Editions Bellarmin, 1995).

Lemieux, Vincent, *Le Parti Libéral de Québec: Alliances, rivalités, et neutralités* (Sainte-Foy: Les Presses de l'Université Laval, 1993).

Lévesque, René, *Memoirs* (Toronto: McClelland and Stewart, 1986).

Lévesque, René, *Option Québec: Précédé d'un essai d'André Bernard* (Montréal: TYPO, 1997).

Lévesque, René, *René Lévesque: Textes et Entrevues 1960-1987 Textes colligés par Michel Lévesque en collaboration avec Rachel Casaubon* (Montréal: Presses de l'Université du Québec, 1991).

Levine, Marc V., *The Reconquest of Montreal: Language Policy and Social Change in a Bilingual City* (Philadelphia: Temple University Press, 1990).

Linteau, Paul André, Durocher, René, Robert, Jean-Claude, Ricard, François, *Histoire* du Québec contemporain: le Québec depuis 1930 tome 2 (Montréal: Boréal, 1989).

Locke, John, *Two Treatises of Government*; edited by Peter Laslette (Cambridge: Cambridge University Press, 1960).

Marcil, Olivier, *La raison et l'équilibre: Libéralisme, nationalisme et catholicisme dans la pensée de Claude Ryan au Devoir (1962-1978)* (Montréal: Éditions Varia, 2002).

McDonough, John, *Constitutional Debate: 1980-1981* (Ottawa: Research Branch of the Library of Parliament, 1981).

McRoberts, Kenneth, *Quebec: Social Change and Political Crisis* (Toronto: McClelland & Stewart, 1993).

McRoberts, Kenneth, *Misconceiving Canada: The Struggle for National Unity* (Toronto: Oxford University Press, 1997).

McWhinney, Edward, *Canada and the Constitution 1979-1982* (Toronto: University of Toronto Press, 1982).

Morel, André, 《La Charte québécoise des droits et libertés: un document unique dans l'histoire législative canadienne》, dans *Revue juridiques Thémis*, vol. 21 (1987).

Moreno, Luis, "Federalization in multinational Spain", in Burgess, Michael and Pinder, John (eds.), *Multinational Federations* (London: Routledge, 2007).

Morin, Jacques-Yvan, 《Une charte des droits de l'homme pour le Québec》, *McGill Law Journal*, vol. 9 (1963).

Morin, Jacques-Yvan, 《Une constitution nouvelle pour le Québec: Le pourquoi, le contenu et le comment》, *Revue québécoise de droit constitutionnel volume 2* (2008).

Morton, F. L. and Knopff, Rainer, *The Charter Revolution and the Court Party* (Peterborough: Broadview Press, 2000).

Noël, Alain, 《le chômage en héritage》, dans Gagnon, Alain-G. (dir.), *Québec: État et société* (Montréal: Québec Amérique, 1994).

Ouimet, Adolphe et Montigny, B. A. Testard de, *Riel: La vérité sur la question métisse* (Westmount: Desclez, 1979).

Pare, Jean, *Sur la piste de Trudeau* (Montréal: Éditions Rogers, 2014).

Paquet, Gilles, 《Duplessis et la croissance économique: une analyse exploratoire》, dans Gagnon, Alain-G. et Sarra-Bournet, Michel, (dir.), *Duplessis: Entre la Grande Noirceur et la société libéral* (Montréal: Québec Amérique, 1997).

Peeters, Patrick, "Multinational Federations, Reflections on the Belgian federal state", in Burgess, Michael and Pinder, John (eds.), *Multinational Federations* (London: Routedge, 2007).

Pelletier, Réjean, *Partis Politiques et Société Québécoise : De Duplessis à Bourassa 1944-1970* (Montréal: Québec Amériqne, 1989).

Pelletier, Réjean, 《L'asymétrie dans une fédération multinationale: le cas canadien》, dans Cardinal, Linda (dir.), *Le fédéralisme asymetrique et les minorités linguistiques et nationales* (Sudbury: Éditions Prise de parole, 2008).

Pelletier, Réjean, 《Constitution et fédéralisme》, dans Pelletier, R. et Tremblay, M. (dir.), *Le parlementarisme canadien*, 4e édition (Québec: Les Presses de l'Université Laval, 2009).

Poulin, Marguerite, *René Lévesque : une vie, une nation* (Montréal: XYZ éditeur, 2003).

Provencher, Jean, *René Lévesque : Portrait of a Québécois translated by David Ellis* (Florida: gage, 1975).

Quinn, Herbert F., *The Union Nationale : Quebec Nationalism from Duplessis to Levesque Second Edition* (Toronto: University of Toronto Press, 1979).

Radwanski, George, *Trudeau* (Toronto: Macmillan of Canada, 1978).

Reniu i Tresserras, Miquel, 《Le Québec et la Catalogne》, dans *Revue d'aménagement linguistique numéro Hors série*, 2012.

Resnick, Philip, "Toward a Multinational Federalism: Asymmetrical and Confederal Alternatives", in Seidel, F. Leslie (ed.), *Seeking a New Canadian Partnership* (Montreal: IRPP, 1994).

Rocher, François, Rouillard, Christian and Lecours, André, "Recognition claims, partisan politics and institutional constraints: Belgium, Spain and Canada in a comparative perspective", in Gagnon, Alain-G. and Tully, James (eds.), *Multinational Democracies* (Cambridge: Cambridge University Press, 2001).

Rocher, François, 《La dynamique Québec-Canada ou le refus de l'idéal fédéral》, dans Gagnon, Alain-G. (dir.), *Le fédéralisme canadien contemporain: Fondements, traditions, institutions* (Montréal: Les Presses de l'Université de Montréal, 2006).

Russell, Peter, "The Political purposes of the Canadian Charter of Rights and Freedoms," *Canadian Bar Review*, 61 (1983), pp. 30-54.

Russell, Peter, *Constitutional Odyssey : Can Canadians become a Sovereign People ? Third Edition* (Toronto: University of Toronto Press, 2004).

Russell, Peter, "The Charter and Canadian Democracy", in Kelly, James B. and Manfredi, Christopher P. (eds.), *Contested Constitutionalism* (Vancouver: UBC Press, 2009).

Ryan, Claude, 《Qui est Québécois》, *Le Devoir*, 18 juin, 1977.

Ryan, Claude, 《Le pouvoir judiciaire dans le Québec d'aujourd'hui》, *Le Devoir*, 14 septembre, 1977.

Ryan, Claude, *Regards sur le fédéralisme canadien* (Montréal: Boréal, 1995).

Schneiderman, David, "Human Rights, Fundamental Differences? Multiple Charters in a Partnership Frame", in Gibbins, Roger and Laforest, Guy (eds.), *Beyond the impasse toward reconciliation* (Montréal: IRPP, 1998).

Seymour, Michel, 《L'État fédéré du Québec》, dans Maclure, Jocelyn, et Gagnon, Alain-G. (dir.), *Repères en mutation: Identité et citoyenneté dans le Québec contemporain* (Montréal: Québec Amérique, 2001), pp. 351-375.

Seymour, Michel, *Dela tolérance à la reconnissance* (Montréal: Boréal, 2008).

Simeon, Richard and Robinson, Ian, *State, Society, and the Development of Canadian Federalism* (Toronto: University of Toronto Press, 1990).

Simeon, Richard and Conway, Daniel-Patrick, "Federalism and the management of conflict in multinational societies", in Gagnon, Alain-G. and Tully, James (eds.), *Multinational Democracies* (Cambridge: Cambridge University Press, 2001).

Smith Miriam, "The Impact of the Charter: Untangling the Effects of Institutional Change," *International Journal of Canadian Studies*, 36 (2007).

Taylor, Charles, *Multiculturalism and "The Politics of Recognition": An Essay by Charles Taylor* (Princeton: Princeton University Press, 1992).

Taylor, Charles, "Shared and Divergent Values", in *Reconciling the Solitudes* (Montreal/Kingston: McGill-Queen's University Press, 1993).

Thomson, Dale, *Jean Lesage and the Quiet Revolution* (Toronto: Macmillan, 1984).

Tremblay, André, *La Réforme de la constitution au Canada* (Montréal: Les Éditions Themis, 1995).

Trembley, Martine, *Derrriere les portes closes* (Montréal: Québec Amérique, 2006).

Trudeau, Pierre E., *Federalism and the French Canadians* (Toronto: The Macmillan Company of Canada Limited, 1968).

Trudeau, Pierre E., *Memoirs* (Toronto: McClelland & Stewart, 1993).

Turp, Daniel, 《La constitution québécoise: une perspective historique》, dans *Revue québécoise de droit constitutionnel volume 2* (2008).

Vastel, Michel, *Trudeau: le Québécois* (Montréal: Les Éditions de l'Homme, 1989).

Watts, Ronald, *Comparing Federal Systems, the third edition* (Montreal and Kingston: McGill-Queen's University Press, 2008).

Webber, Jeremy, "Chapter 7; An Asymmetrical constitution", in *Reimagining Canada: Language, Culture, Community, and the Canadian Constitution* (Montreal/Kingston: McGill-Queen's University Press, 1994).

Williams, Colin H., 《L'influence de l'aménagement linguistique au québec au-delà de ses frontières: le pays de Galles》, dans *Revue d'aménagement lingusitique numero Hor série*, 2002.

Woehrling, José, 《Les conséquences de l'application de la charte canadienne des droits et libertés pour la vie politique et démocratique et l'équilibre du système fédéral》, dans Gagnon, Alain-G. (dir.), *Le fédéralisme canadien contemporain: Fondements, traditions, institutions* (Montréal: Les Presses de l'Université de Montréal, 2006).

〔公的資料〕

Assemblée nationale du Québec, Projet de loi 1, *Le Devoir*, 28 avril, 1977.

A. G. (Que.) v. Quebec Protestant School Boards, [1984] 2 S. C. R. 66. 14.

Bill 22, Loi sur la langue officielle 1974, Éditeur officiel du Québec.

Canada, *Minutes of Proceedings and Evidence of the Special Joint Committee of the Senate and of the House of Commons on the Constitution of Canada* (Ottawa, 1980).

Canadian Constitutional Act (1867).

CASE "RELATING TO CERTAIN ASPECTS OF THE LAWS ON THE USE OF LANGUAGES IN EDUCATION IN BELGIUM" v. BELGIUM (MERITS), European court of human rights, 1968.

Charte des droits et libertés de la personne, loi de Québec sanctionnéss le 18 mars 1975, Éditeur officiel du Québec.

The Charter of Rights: Quebec's Position in Meeting of the continuing commitee of ministers on the constitution (Toronto: Library and Archives Canada, 1980).

Cité libre, 《Entretien avec Pierre Elliott Trudeau》, (vol. 26 no. 1, 1998).

Devine v. Quebec (Attorney General), [1988] 2 S. C. R. 790.

Documents relating to the constitution act, *McGill Law Journal* (1982).

Ford v. Quebec (Attorney General), [1988] 2 S. C. R. 712.

Government Canada, Aboriginal Affairs and Northern Development Canada, http://www.aadnc-aandc.gc.ca/eng/1100100019370/1100100019371. (2013年11月21日参照).

Gouvernement du Québec, Ministère des Relations internationales, *La démocratie*

【参考文献】

québécoise par les textes (*Études & Documents*) *Textes choisis et présentés par Marc Chevrier* (Québec city, 1998).

Gouvernment du Québec, Secrétariat aux affaires intergouvermentales canadiennes, *Positions du Québec dans les domaines constitutionnel et intergouvernemental de 1936 à mars 2001* (Québec city, 2001). The English version is entitled *Quebec's Positions on Constitutional and Intergovernmental issues from 1936 to March 2001*, http://www.saic.gouv.qc.ca/institutionnelles_constitutionnelles/table_matieres_en.htm. (2012年8月3日参照).

Journal des débats, commission parlementaire, Le 12 août 1977–No. 170, clf. 2138.

Journal des débats, commission parlementaire, Le 15 août 1977–No. 170, clf. 2207.

Journal des débats, commission parlementaire, Le 15 août 1977–No. 170, clf. 2221.

Lévesque, René, Transcript of the Prime minister's Statement at the First Ministers Conference on September 8, 1980, document 800-14/050 (1980), in *Federal-Provincial conference of the first ministers on the constitution* (Montréal: Bibliothèque de la ville de Montréal, 1980).

Lévesque, René, Transcript of Mr. René Levesque's Remarks on the Charter of Rights, Document: 800-14/077 (1980), in *Federal-provincial conference of the first ministers on the constitution* (Montréal: Bibliothèque de la ville de Montréal, 1980).

Lévesque, René, Allocution de M. René Lévesque Premier ministre du Québec, in *conference federale-provinciale des premiers ministres sur la constitution* (Montréal: Bibliothèque de la ville de Montréal, 1981).

Loi 101 sanctionné le 26 août 1977, assemblée nationale du québec.

Loi concernant la loi constitutionnelle de 1982, http://www2.publicationsduquebec.gouv.qc.ca/dynamicSearch/ (2013年4月6日参照).

Meeting of the continuing committee of ministers on the constitution (Toronto July 8-11, 1980).

Meeting of the Continuing committee of ministers on the constitution (Vancouver July 22-24, 1980).

Prime minister's Statement at the First Ministers Conference on September 8, 1980, document 800-14/050, *federal-provincial conference of first ministers on the constitution* (Montréal: Bibliothèque de la ville de Montréal, 1980).

Québec, *Le journal des débats* (25 novembre, 1981).

The Task Force on Canadian Unity: Future Together Observation and Recommendations (Ottawa: Canadian government Publishing Centre, 1979).

Trudeau, Pierre Elliott, *The constitution and the people of Canada: An approach to the Objectives of Confederation, the Rights of People and the Institutions of Government* (Ottawa: Government of Canada, 1969).

【索　引】

あ　行

アカディアン……………………129
アカン、フランソワ……………75
アクシオン・リベラル・ナシオナル……27
アスベスト・ストライキ………36
イアコヴィーノ、ラファエル……11
イギリス帝国……………………4
イグナティエフ、マイケル………3
石川一雄…………………………17
イドロ・ケベック社………39, 48
岩崎美紀子………………………16
ヴィクトリア
　「──」方式…………………120
　──憲章………………………120
ウェバー、ジェレミー…………11
ウェリング、ジョゼ……………118
ウルツビス、ルネ………………87
英仏植民地（フレンチ・インディアン）戦争……19
英領北アメリカ法………………23
エスニック集団…………………58
エベール、ジャック……………88
欧州経済共同体（EEC）………37
欧州人権裁判所…………………147
オプティング・アウト（選択的離脱）……11, 54
オムニバス法……………………145

か　行

カタルーニャ……………………163
　──言語正常化法……………166
　──の言語法…………………168
　──民主集中党………………165
カナダ・カトリック労働者連合……36
カナダ権利章典…………………108
カナダ条項………………………124
カナダ人権憲章…………………14
「カナダ連邦の中でのケベックの特別の地位」……55
カニンガム、フランク…………170
カルティエ、エティエンヌ……22
カルティエ、ジャック…………19
キーティング、マイケル………169
議会主権論………………………117
議会制民主主義…………………116
キムリッカ、ウィル……………10
ギャニオン、アラン……………11
キング、マッケンジー…………4
クチュール＝カレン協定………77
グリーン、トマス・ヒル………36
クリンケンベルグ、ジャン＝マリー……168
クレティエン、ジャン……2, 138
クロス、ジェームズ……………74
ケベコワ…………………………70
　──のフランス語政策………87
ケベック
　──・ナショナリズム………49
　──社会………………………89
　──植民地……………………20
　──人…………………………87
　──独自の年金制度…………48
　──法…………………………20
　──問題………………………5
　『──の選択』……………56, 91
　──のネイション決議………154
　純粋な──国家の独立………57
ケベック解放戦線………………74
ケベック自由党
　──第13回党大会決議………77
　1967年──党大会……………55
　1968年──党大会……………68
ケベック州におけるフランス語の地位と

言語権に関する調査委員会（ジャンドロン委員会）……29
ケベック人権憲章……112
ケベック人権連合……87
ケベック党……75
ケベック民主連合……153
ケベック連合……153
ゲルナー、アーネスト……16
言語共同体……59
言語法
　22号法……85
　63号法……85
　ウェールズの——……168
建国の2つの民族……24
憲章の適用除外条項……144
憲　法
　——移管……4
　——裁判所の設立……113
　——闘争……4
　「——とカナダ国民」……110
　1982年——……2
権利および自由のカナダ憲章……2
「行動の時」……105
公正な社会……67
公用語法……34
コーエン、マックスウェル……73
国王宣言……20
国民国家……9
国民独立連合（RIN）……75
国民連合（RN）……75
コケット、ジェローム……114
個人の権利（個人的権利）……4, 146
　——と集団の権利の相互補完性……146
　各人の——の進展……132
国家内ネイション……9

さ　行

サッチャー、マーガレット……166
サン・レオナール事件……84
ジェニングス、アイヴォア……117
ジェファーソン、トマス……134
ジェラン・ラジョワ、ポール……55
静かな革命……28
「シテ・リーブル」……36
自治領……49
シャーロットタウン協定……152
社会構成的文化……11
シャブー、マルセル……80
シャロン、クロード……97
シャンパーニュ、モーリス……87
シャンプラン、サミュエル・ド……19
10月危機……74
集団的権利……4, 146
州有化……40
主権連合……2, 56
　——運動……74
　「——」の州民投票……107
ジュトラ、ルネ……80
シュヴリエ、マルク……82
「将来のカナダにおけるケベック」……51
「将来のカナダ連邦」……109
ジョンソン、ダニエル……50
ジョンソン、ダニエル（Jr.）……153
ジョンソン、ピエール・マルク……151
新川敏光……7
人権憲章……111, 130
　——委員会……88
人権と基本的自由の保護のための条約（欧州人権条約）……147
「人民のパッケージ」……126
スアレス、アドルフォ……165
スター、マイケル……38
政治の司法化……131
宣言権限……54
ソリオル、ポール……71

た　行

タ－ディヴェル、ジュール・ポール……24
ターナー、ジョン……150
ダイシー、アルバート……116

【索　引】

多元ナショナル……………………169
多文化主義（マルチカルチャリズム）………9
ダラム報告…………………………21
ダルマーニュ、アンドレ………………80
チアッチア、ジョン……………………95
ディーフェンベイカー、ジョン…………38
ディオン、ステファン……………………7
デイビス、ウィリアム………………123
テイラー、チャールズ………………10, 81
デュプレシ、モーリス…………………27
デュモン、フェルナン………………156
「独特な社会」条項…………………12
特別の地位……………………………1
トランブレ委員会………………………44
トルドー、ピエール・E………………4
トルドーの2言語主義…………………63

な 行

2言語2文化調査委員会……………83
2民族契約論…………………………23
丹羽卓………………………………161
ヌーヴェル・フランス植民地……………19
ネイション……………………………1
ノヴァスコシア植民地………………20

は 行

バーク、エドマンド………………160
ハットフィールド、リチャード………123
ハーパー、スティーヴン……………153
パケット、ジルベール…………………95
バスク………………………………163
パピノー、ルイ・ジョセフ……………21
ハミルトン、アレクサンダー……………16
パリゾー、ジャック……………………151
バルタザール、ルイ……………………49
バンクーバー方式（1979）……………121
バンクーバー方式（1981）……………137
『平等か独立か』……………………112
ピアソン、レスター……………………62
2つのネイション……………………111

―論……………………………127
不均等連邦制…………………………10
ブシャール、ルシアン…………………2
プジョル、ジョルディ………………165
ブラサ、アンリ………………………23
ブラサ、ロベール………………………68
フランコ、フランシスコ……………165
フランス系カナダ
　―人………………………………7
　―・ナショナリズム………………49
フランス語
　―化証明書…………………………85
　―局………………………………98
　―系カナダ人………………………7
　―憲章（101号法）………………81
フランデレン…………………………163
　―運動……………………………163
ブルイエ、ウジェニー…………………16
フルトン・ファヴロー方式……………49
ブレア、トニー………………………166
ブレイクニー、アラン………………123
文化的2元性…………………………52
平衡交付金……………………………67
ペパン・ロバーツ委員会……………134
ベルギーの言語法……………………168
ベルティエ、ジェラール………………36
ベルトラン、ジャン・ジャック………84
細川道久………………………………43
ボワクレール、アンドレ……………154

ま 行

『マギル・ロー・ジャーナル』………115
マクドナルド、ジョン・A……………22
マクミラン、マイケル…………………82
マクリーン、アンガス………………127
マクロバーツ、ケネス……………15, 98
マニング、アーネスト…………………65
マニング、プレストン…………………79
マリタン、ジャック……………………35
マルシャン、ジャン……………………36

マルチナショナリズム……………9
マルチナショナル連邦制……………10
マルローニ、ブライアン……………150
ミーチレーク協定……………152
ミショー、イヴ……………72
ムーニエ、エマニュエル……………35
メージャー、ジョン……………166
メルシエ、オノレ……………25
モラン、ジャック・イヴァン……………114
モンテスキュー、シャルル・ド……………16

や 行

矢頭典枝……………101
柳原克行……………79
ユニオン・ナシオナル党……………27
ヨーロッパ連合（EU）……………169

ら 行

ライアン、クロード……………51
ライオン、スターリング……………123, 130
ラジオ・カナダ局……………38
　　——のストライキ……………38
ラスキ、ハロルド……………35
ラスキン、ボラ……………138
ラッセル、ピーター……………8
ラパルム、ジョルジュ・エミール……………27
ラフォレー、ギ……………16
「ラ・プレス」……………36
ラポルト、ピエール……………74

ラロンド、フェルナン……………96
リエル、ルイ……………24
立憲条例……………21
領域的連邦制……………10
「ル・ドゥヴォワール」……………51
ルーヴァン・カトリック大学事件……………164
ルサージュ、ジャン……………28, 47
ルナン、エルネスト……………13
レヴィーン、マルク……………103
レヴェック、ルネ……………5
レズニック、フィリップ……………10
連合法……………21
連邦・州憲法会議
　1968年――……………62
　1978年――……………105
　1980年――……………119
　1981年――……………136
連邦自由党……………27
連邦法 C-60法……………105
ローヒード、ピーター……………106
ローリエ、ウルフリッド……………25
ロック、ジョン……………134
ロラン、カミーユ……………87
ロランドー、アンドレ……………40

わ 行

我が家の主人……………41
ワロニー……………163

【著者紹介】

荒木　隆人（あらき　たかひと）

1979年　生まれ。京都大学大学院法学研究科博士後期課程在学中にカナダ・モントリオールに留学。ケベック大学モントリオール校（Université du Québec à Montréal）政治学研究科修士課程修了、政治学修士（M. A. en science politique）を経て、2014年、京都大学大学院法学研究科博士後期課程修了、博士（法学）（京都大学）。

現　在　京都大学大学院法学研究科特定助教。

主　著　「カナダにおける不均等連邦制の可能性と限界(1)、(2・完)」『法学論叢』第166巻3号（2009年）、第166巻5号（2010年）。
「ケベック言語法を巡る政治闘争――個人の権利と集団の権利の相克」『ケベック研究』第3号（2011年）。
「マルチナショナル連邦制におけるケベックの人権（言語権）を巡る論争についての考察――カナダ1982年憲法闘争を手掛かりに」『ケベック研究』第6号（2014年）。

Horitsu Bunka Sha

カナダ連邦政治とケベック政治闘争
――憲法闘争を巡る政治過程

2015年3月31日　初版第1刷発行

著　者　荒　木　隆　人
発行者　田　靡　純　子
発行所　株式会社 法律文化社

〒603-8053
京都市北区上賀茂岩ヶ垣内町71
電話 075(791)7131　FAX 075(721)8400
http://www.hou-bun.com/

＊乱丁など不良本がありましたら、ご連絡ください。
　お取り替えいたします。

印刷：共同印刷工業㈱／製本：㈱藤沢製本
装幀：前田俊平
ISBN978-4-589-03657-5

Ⓒ2015 Takahito Araki Printed in Japan

JCOPY　〈(社)出版者著作権管理機構　委託出版物〉

本書の無断複写は著作権法上での例外を除き禁じられています。複写される場合は、そのつど事前に、(社)出版者著作権管理機構（電話 03-3513-6969、FAX 03-3513-6979、e-mail: info@jcopy.or.jp）の許諾を得てください。

新川敏光編
現代日本政治の争点
A5判・272頁・4000円

政治学の幅広い領域で業績を残し、日本の政治学を牽引してきた大嶽秀夫先生の古稀を祝賀するために編まれた論文集。大嶽政治学の継承を試みるために、薫陶を受けた研究者が主要な現代的課題へ意欲的に取り組む。

高橋 進・石田 徹編
ポピュリズム時代のデモクラシー
―ヨーロッパからの考察―
A5判・246頁・3500円

ポピュリズム的問題状況が先行しているヨーロッパを対象として取り上げ、理論面と実証面から多角的に分析し、問題状況の整理と論点の抽出を試みた。同様の問題状況が現れつつある日本政治の分析にとって多くの示唆を与える。

吉田 徹編
ヨーロッパ統合とフランス
―偉大さを求めた1世紀―
A5判・330頁・3200円

フランスという国民国家が主権の枠組みを超える欧州統合という史上稀にみる構想を、どのようにして実現していったのか。経済危機で揺れる欧州の深層を探るべく、第一線の研究者とフランスの元外相が共同執筆。

安江則子編著
EUとフランス
―統合欧州のなかで揺れる三色旗―
A5判・230頁・2800円

EUによるガバナンスと加盟国による法の受容と政策の実施過程を、フランスを事例に多角的・包括的に分析する。憲法的アイデンティティ、移民政策、農業政策、メディア政策および仏独関係等アクチュアルな争点を考察する。

小堀眞裕著
ウェストミンスター・モデルの変容
―日本政治の「英国化」を問い直す―
A5判・324頁・4200円

日本の政治改革がお手本としてきた「ウェストミンスター・モデル」が揺らいでいる。その史的展開と変容のダイナミズムを実証的に考察。「英国化」する日本政治を英国から照射することにより日本政治の未成熟を衝く。

新川敏光著
幻視のなかの社会民主主義
―『戦後日本政治と社会民主主義』増補改題―
A5判・280頁・3800円

社会民主主義モデルの理論的検討をもとに、戦後日本政治における社会民主主義とその不在について分析する。増補改題にあたり、補論「新自由主義を超えて」を付し、脱国民国家時代の社会民主主義戦略の可能性を探る。

――法律文化社――

表示価格は本体(税別)価格です